商标审查审理指南

2021

国家知识产权局 制定

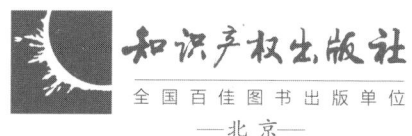

图书在版编目（CIP）数据

商标审查审理指南.2021/国家知识产权局制定.—北京：知识产权出版社，2022.1
ISBN 978-7-5130-7999-0

Ⅰ.①商… Ⅱ.①国… Ⅲ.①商标管理—中国—指南 Ⅳ.①F760.5-62

中国版本图书馆 CIP 数据核字（2021）第 262951 号

责任编辑：黄清明　王小玲　　　　　责任校对：潘凤越
封面设计：智兴设计室　　　　　　　责任印制：刘译文

商标审查审理指南 2021
国家知识产权局　制定

出版发行	知识产权出版社有限责任公司	网　　址	http://www.ipph.cn
社　　址	北京市海淀区气象路 50 号院	邮　　编	100081
责编电话	010-82000860 转 8117	责编邮箱	hqm@cnipr.com
发行电话	010-82000860 转 8101/8102	发行传真	010-82000893/82005070/82000270
印　　刷	三河市国英印务有限公司	经　　销	各大网上书店、新华书店及相关专业书店
开　　本	787mm×1092mm　1/16	印　　张	26.75
版　　次	2022 年 1 月第 1 版	印　　次	2022 年 1 月第 1 次印刷
字　　数	566 千字	定　　价	188.00 元
ISBN 978-7-5130-7999-0			

出版权专有　侵权必究
如有印装质量问题，本社负责调换。

总 目 录

上 编 形式审查和事务工作编

第一部分 商标申请形式审查 …………………………………………… 3
 第一章 形式审查的一般性要求 ………………………………………… 3
 第二章 注册申请形式审查 ……………………………………………… 12
 第三章 异议形式审查 …………………………………………………… 30
 第四章 评审形式审查 …………………………………………………… 40
 第五章 撤销注册商标申请形式审查 …………………………………… 48

第二部分 商品服务和商标检索要素的分类 …………………………… 53
 第六章 商品服务分类 …………………………………………………… 53
 第七章 商标文字检索要素分类 ………………………………………… 57
 第八章 商标图形要素分类 ……………………………………………… 66
 第九章 商标其他检索要素分类 ………………………………………… 74

第三部分 其他商标业务审查 …………………………………………… 75
 第十章 商标变更类申请 ………………………………………………… 75
 第十一章 商标权的处分类申请 ………………………………………… 81
 第十二章 注册商标的续展 ……………………………………………… 94

第四部分 马德里商标国际注册审查 …………………………………… 96
 第十三章 马德里商标国际注册申请审查 ……………………………… 96
 第十四章 马德里商标国际注册后续业务申请审查 …………………… 103
 第十五章 商标国际异议形式审查 ……………………………………… 111
 第十六章 马德里商标领土延伸申请审查 ……………………………… 116
 第十七章 领土延伸至中国的国际注册后续业务形式审查 …………… 117
 第十八章 领土延伸至中国的国际注册后续业务实质审查 …………… 121

第五部分 商标申请事务处理 …………………………………………… 129
 第十九章 商标申请文件的接收 ………………………………………… 129

第二十章　商标费用	133
第二十一章　商标文件的送达	136
第二十二章　出具和补发证明文件	138
第二十三章　商标档案	142
第二十四章　商标公告	146
第二十五章　电子申请有关规定	148

下编　商标审查审理编

第一章　概　述	153
第二章　不以使用为目的的恶意商标注册申请的审查审理	161
第三章　不得作为商标标志的审查审理	173
第四章　商标显著特征的审查审理	217
第五章　商标相同、近似的审查审理	239
第六章　三维标志商标的审查审理	280
第七章　颜色组合商标的审查审理	296
第八章　声音商标的审查审理	302
第九章　集体商标、证明商标的审查审理	307
第十章　复制、摹仿或者翻译他人驰名商标的审查审理	334
第十一章　擅自注册被代理人或者被代表人商标的审查审理	343
第十二章　特定关系人抢注他人在先使用商标的审查审理	347
第十三章　商标代理机构申请注册商标的审查审理	350
第十四章　损害他人在先权利的审查审理	351
第十五章　抢注他人已经使用并有一定影响商标的审查审理	359
第十六章　以欺骗手段或者其他不正当手段取得商标注册的审查审理	363
第十七章　撤销注册商标案件的审查审理	365
第十八章　《商标法》第五十条的审查审理	372
第十九章　审查意见书	373

附　录

《商标审查审理指南2021》的说明　379

分 目 录

上 编　形式审查和事务工作编

第一部分　商标申请形式审查 ·· 3
第一章　形式审查的一般性要求 ·· 3
　1　引　言 ··· 3
　2　审查原则 ·· 3
　　2.1　书面审查原则 ··· 3
　　2.2　一次性告知原则 ·· 4
　　2.3　确保效率原则 ··· 4
　3　审查程序 ·· 4
　　3.1　形式审查合格 ··· 4
　　3.2　申请文件的补正 ·· 4
　　3.3　通知书的答复 ··· 4
　　3.4　申请不予受理 ··· 4
　4　申请文件审查 ·· 4
　　4.1　申请文件基本要求 ··· 5
　　4.2　申请人 ·· 5
　　4.3　申请人联系信息/送达信息 ······································· 7
　　4.4　共同申请 ··· 8
　　4.5　代理信息 ··· 8
　　4.6　申请人章戳（签字） ··· 8
　5　其他申请文件审查 ··· 9
　　5.1　身份证明文件、主体资格证明文件 ·························· 9
　　5.2　商标代理委托书 ··· 11
　6　商标规费审查 ·· 11

第二章 注册申请形式审查

1 法律依据 ········ 12
2 申请途径和办理方式 ········ 12
3 形式审查内容 ········ 12
 3.1 申请书 ········ 12
 3.2 身份证明文件、主体资格证明文件 ········ 22
 3.3 商标代理委托书 ········ 22
 3.4 申请资格 ········ 23
 3.5 集体商标相关文件 ········ 23
 3.6 证明商标相关文件 ········ 23
 3.7 其他文件 ········ 23
4 审查结论 ········ 24
 4.1 形式审查合格 ········ 24
 4.2 需要补正的情形 ········ 24
 4.3 不予受理情形 ········ 25
5 申请人要求优先权 ········ 27
 5.1 申报要求 ········ 27
 5.2 审查内容 ········ 27
 5.3 优先权有效情形 ········ 27
 5.4 优先权无效情形 ········ 28
6 撤回注册申请 ········ 28
 6.1 申请文件 ········ 28
 6.2 内容与要求 ········ 28
 6.3 审查结论 ········ 29

第三章 异议形式审查

1 法律依据 ········ 30
2 引 言 ········ 30
 2.1 基本要求 ········ 30
 2.2 异议申请材料 ········ 30
3 形式审查 ········ 31
 3.1 异议期限 ········ 31
 3.2 异议主体 ········ 31
 3.3 内容及要求 ········ 32
 3.4 审查结论 ········ 34
4 答辩材料的审查 ········ 35
 4.1 答辩材料的要求 ········ 35
 4.2 审查结论 ········ 36

5 补充证据材料的审查 …………………………………………………… 36
     5.1 补充证据材料的要求 ……………………………………………… 36
     5.2 审查结论 …………………………………………………………… 36
     5.3 异议当事人申请变更代理机构 …………………………………… 36
   6 异议人变更 …………………………………………………………… 37
     6.1 相关解释 …………………………………………………………… 37
     6.2 异议人变更的审查 ………………………………………………… 37
   7 撤回商标异议申请审查 ……………………………………………… 38
     7.1 文件要求 …………………………………………………………… 38
     7.2 审查结论 …………………………………………………………… 38
   8 被异议商标撤回相关异议申请的处理 ……………………………… 39
   9 商标异议申请驳回 …………………………………………………… 39

第四章 评审形式审查 …………………………………………………… 40
   1 法律依据 ……………………………………………………………… 40
   2 引 言 ………………………………………………………………… 40
   3 形式审查 ……………………………………………………………… 40
     3.1 申请主体 …………………………………………………………… 40
     3.2 期 限 ……………………………………………………………… 40
     3.3 评审范围 …………………………………………………………… 42
     3.4 内容及要求 ………………………………………………………… 42
     3.5 审查结论 …………………………………………………………… 44
   4 答辩材料的审查 ……………………………………………………… 45
     4.1 答辩材料的要求 …………………………………………………… 45
     4.2 评审答辩材料审查结论 …………………………………………… 45
   5 补充证据材料的审查 ………………………………………………… 46
     5.1 补充证据材料的要求 ……………………………………………… 46
     5.2 审查结论 …………………………………………………………… 46
   6 变更及解除代理的审查 ……………………………………………… 46
   7 撤回评审申请的审查 ………………………………………………… 47

第五章 撤销注册商标申请形式审查 …………………………………… 48
   1 撤销连续三年不使用注册商标申请的形式审查 …………………… 48
     1.1 法律依据 …………………………………………………………… 48
     1.2 申请文件及要求 …………………………………………………… 48
     1.3 注册商标注册满三年的计算 ……………………………………… 48
     1.4 文件送达 …………………………………………………………… 49
     1.5 连续三年不使用之三年期间的确定 ……………………………… 50
     1.6 使用证据的接收 …………………………………………………… 50

1.7　审查过程中的变更 ·· 50
　　1.8　形式审查结论 ·· 50
　　1.9　撤回申请 ·· 51
　2　撤销成为通用名称商标申请的形式审查 ······························ 51
　　2.1　法律依据 ·· 51
　　2.2　形式审查内容 ·· 51
　　2.3　申请文件 ·· 52
　　2.4　形式审查结论 ·· 52
　　2.5　答辩通知书的送达 ·· 52
　　2.6　审查过程中的变更 ·· 52
　　2.7　撤回申请 ·· 52

第二部分　商品服务和商标检索要素的分类 ······························ 53
第六章　商品服务分类 ·· 53
　1　引　言 ·· 53
　2　商品和服务分类概述 ·· 53
　3　商品和服务项目申报原则 ·· 54
　4　商品和服务分类原则 ·· 54
　　4.1　商品分类原则 ·· 54
　　4.2　服务分类原则 ·· 55
　5　商品和服务项目申报基本要求 ······································ 55

第七章　商标文字检索要素分类 ·· 57
　1　引　言 ·· 57
　2　商标名称 ·· 57
　　2.1　商标名称确定原则 ·· 57
　　2.2　商标名称的修改 ·· 57
　3　文字检索分卡基本要求 ·· 58
　4　汉字分卡 ·· 58
　　4.1　多音字 ·· 58
　　4.2　非单一顺序排列 ·· 59
　　4.3　特殊字体 ·· 60
　5　拼音分卡 ·· 60
　6　英文分卡 ·· 61
　7　字头分卡 ·· 62
　8　数字分卡 ·· 63
　9　意译分卡 ·· 64
　10　特殊情形 ··· 64

  10.1 标点符号和特殊字符 ……………………………………………… 64
  10.2 不具备或缺乏显著特征部分 …………………………………… 64

第八章 商标图形要素分类 ……………………………………………… 66
 1 引 言 ………………………………………………………………… 66
 2 需要进行图形要素分类的情形 ……………………………………… 66
  2.1 商标包含图形的 …………………………………………………… 66
  2.2 商标包含文字或字母的 …………………………………………… 67
  2.3 商标包含符号的 …………………………………………………… 68
  2.4 商标包含数字的 …………………………………………………… 68
  2.5 商标指定颜色的 …………………………………………………… 68
  2.6 颜色组合商标 ……………………………………………………… 69
  2.7 三维标志商标 ……………………………………………………… 69
 3 图形要素划分原则 …………………………………………………… 70
  3.1 图形要素编码 ……………………………………………………… 70
  3.2 对商标的显著部分进行图形要素分类 …………………………… 71
  3.3 不可省略图形要素的情形 ………………………………………… 72
  3.4 需要增加图形要素的情形 ………………………………………… 72
  3.5 图形作为背景或为非显著部分的情形 …………………………… 73

第九章 商标其他检索要素分类 …………………………………………… 74
 1 引 言 ………………………………………………………………… 74
 2 音乐性质的声音商标 ………………………………………………… 74
 3 非音乐性质的声音商标 ……………………………………………… 74
 4 声音要素划分原则 …………………………………………………… 74

第三部分 其他商标业务审查 ……………………………………………… 75
第十章 商标变更类申请 ……………………………………………………… 75
 1 商标注册人/申请人名称或地址的变更 …………………………… 75
  1.1 法律依据 …………………………………………………………… 75
  1.2 变更申请文件 ……………………………………………………… 75
  1.3 申请人 ……………………………………………………………… 76
  1.4 商 标 ……………………………………………………………… 76
  1.5 全部注册商标一并变更 …………………………………………… 76
  1.6 审查结论 …………………………………………………………… 77
  1.7 变更申请的撤回和中止审查 ……………………………………… 78
 2 商标注册申请人的代理机构的变更 ………………………………… 78
  2.1 法律依据 …………………………………………………………… 78
  2.2 申请人 ……………………………………………………………… 78

2.3　商　标 ··· 78
　　2.4　审查结论 ·· 79
3　文件接收人的变更 ·· 79
　　3.1　法律依据 ·· 79
　　3.2　申请人 ··· 79
　　3.3　商　标 ··· 79
　　3.4　审查结论 ·· 79
4　商标申请/注册事项的更正 ··· 79
　　4.1　法律依据 ·· 79
　　4.2　申请文件 ·· 80
　　4.3　申请人 ··· 80
　　4.4　申请更正的商标 ·· 80
　　4.5　更正的范围和更正的事项 ·· 80
　　4.6　审查结论 ·· 80

第十一章　商标权的处分类申请 ··· 81
1　注册商标/注册申请的转让和移转 ·· 81
　　1.1　法律依据 ·· 81
　　1.2　转让申请文件 ··· 81
　　1.3　转让双方的民事主体资格 ·· 83
　　1.4　商　标 ··· 84
　　1.5　相同或者近似商标一并转让 ··· 84
　　1.6　商标相同或者近似和同一种或类似商品/服务的判断 ······················ 84
　　1.7　容易导致混淆或其他不良影响的转让 ··· 85
　　1.8　对他人权利的影响 ··· 85
　　1.9　审查结论 ·· 85
　　1.10　转让申请的撤回和中止审查 ··· 86
2　注册商标的使用许可备案（变更许可人、被许可人名称，许可提前终止） ··· 87
　　2.1　法律依据 ·· 87
　　2.2　商标使用许可备案材料 ··· 87
　　2.3　许可人 ··· 87
　　2.4　许可使用的商标 ··· 87
　　2.5　许可期限及许可商品/服务项目 ·· 87
　　2.6　许可人及被许可人名称变更 ··· 87
　　2.7　商标使用许可提前终止备案 ··· 88
　　2.8　撤回许可备案和中止审查 ·· 88
3　注册商标专用权质权登记 ·· 88

3.1	法律依据	88
3.2	质权登记申请	88
3.3	审查结论	89
3.4	质权登记变更	90
3.5	质权登记延期	90
3.6	质权登记注销	90
3.7	补发质权登记证	91

4 注册申请的商品/服务项目的删减 · 91
   4.1 法律依据 · 91
   4.2 申请人 · 91
   4.3 商　标 · 91
   4.4 申请删减的商品/服务项目 · 91
   4.5 审查结论 · 91

5 注册商标的注销 · 92
   5.1 法律依据 · 92
   5.2 申请文件 · 92
   5.3 商　标 · 92
   5.4 审查结论 · 92
   5.5 注销申请的撤回和中止审查 · 92

6 注册商标有效期满未续展的注销 · 93
   6.1 法律依据 · 93
   6.2 期满未续展注销 · 93
   6.3 刊发注销公告 · 93
   6.4 核查后刊发注销公告 · 93

第十二章　注册商标的续展 · 94

1 法律依据 · 94
2 续展申请文件 · 94
3 申请人 · 94
4 商　标 · 94
5 续展申请日期 · 94
6 审查结论 · 95
   6.1 补　正 · 95
   6.2 核准续展 · 95
   6.3 不予核准 · 95
7 续展申请的撤回和中止审查 · 95

第四部分　马德里商标国际注册审查

第十三章　马德里商标国际注册申请审查

1 法律依据 ········· 96
2 引　言 ········· 96
3 申请人资格与申请条件 ········· 96
　3.1 申请人资格 ········· 96
　3.2 申请条件 ········· 96
4 书式要求 ········· 97
5 马德里商标国际注册申请审查标准 ········· 97
　5.1 申请人信息 ········· 97
　5.2 代理人信息 ········· 97
　5.3 商标信息 ········· 98
　5.4 商品/服务信息 ········· 98
　5.5 缔约方信息 ········· 98
　5.6 申请人/代理人章戳或签字 ········· 99
　5.7 指定美国使用意图声明 ········· 99
　5.8 申请人身份证明文件 ········· 99
　5.9 马德里商标国际注册申请代理委托书 ········· 99
　5.10 审查结论 ········· 99
　5.11 规　费 ········· 99
6 国际申请撤回 ········· 100
　6.1 撤回申请文件 ········· 100
　6.2 审查标准 ········· 100
　6.3 审查结论 ········· 100
7 效力终止的通知 ········· 100
　7.1 条　件 ········· 100
　7.2 通知书式与通知方式 ········· 100
　7.3 审查标准 ········· 101

第十四章　马德里商标国际注册后续业务申请审查

1 法律依据 ········· 103
2 引　言 ········· 103
3 国际续展 ········· 103
　3.1 申请文件 ········· 103
　3.2 申请人资格 ········· 103
　3.3 续展期限 ········· 104
　3.4 内容及要求 ········· 104
4 注册人名称或地址变更 ········· 104

4.1	申请文件	104
4.2	申请人资格	104
4.3	内容及要求	104

5 国际转让 ··· 105
    5.1 申请文件 ··· 105
    5.2 申请人 ·· 105
    5.3 转让人、受让人主体资格证明文件 ··· 105
    5.4 内容及要求 ·· 106

6 国际删减 ··· 106
    6.1 申请文件 ··· 106
    6.2 申请人资格 ·· 106
    6.3 内容及要求 ·· 106

7 国际注销 ··· 107
    7.1 申请文件 ··· 107
    7.2 申请人资格 ·· 107
    7.3 内容及要求 ·· 107

8 代理人名称或地址变更 ··· 107
    8.1 申请文件 ··· 107
    8.2 申请人资格 ·· 107
    8.3 内容及要求 ·· 107

9 指定代理人 ·· 108
    9.1 申请文件 ··· 108
    9.2 申请人资格 ·· 108
    9.3 内容及要求 ·· 108

10 国际放弃 ·· 108
    10.1 申请文件 ·· 108
    10.2 申请人资格 ··· 108
    10.3 内容及要求 ··· 108

11 后期指定 ·· 109
    11.1 申请文件 ·· 109
    11.2 申请人资格 ··· 109
    11.3 内容及要求 ··· 109

12 审查结论 ·· 109
    12.1 补 正 ·· 109
    12.2 核 准 ·· 109
    12.3 不予受理 ··· 110

13 规 费 ··· 110

14　撤回申请 ··· 110

第十五章　商标国际异议形式审查 ·· 111
1　法律依据 ··· 111
2　商标国际异议申请材料的审查 ·· 111
　　2.1　提交期限 ··· 111
　　2.2　异议主体 ··· 111
　　2.3　书式要求 ··· 111
　　2.4　规　费 ··· 112
　　2.5　书式形审 ··· 112
　　2.6　审查结论 ··· 113
3　商标国际异议答辩回文的审查 ·· 113
　　3.1　提交期限 ··· 113
　　3.2　书式要求 ··· 113
　　3.3　书式形审 ··· 113
　　3.4　审查结论 ··· 113
4　商标国际异议补充材料的审查 ·· 114
　　4.1　提交期限 ··· 114
　　4.2　形式审查 ··· 114
　　4.3　审查结论 ··· 114
　　4.4　异议当事人申请变更商标代理机构 ··· 114
5　撤回商标国际异议申请材料的审查 ·· 114
　　5.1　提交期限 ··· 114
　　5.2　书式要求 ··· 114
　　5.3　审查结论 ··· 115
　　5.4　被异议商标撤回相关异议申请的处理 ·· 115
6　国际商标异议申请驳回 ·· 115

第十六章　马德里商标领土延伸申请审查 ··· 116
1　法律依据 ··· 116
2　审　查 ·· 116
　　2.1　形式审查 ··· 116
　　2.2　商品和服务项目翻译 ··· 116
　　2.3　实质审查 ··· 116

第十七章　领土延伸至中国的国际注册后续业务形式审查 ························· 117
1　国际注册转国内申请 ··· 117
　　1.1　法律依据 ··· 117
　　1.2　申请条件 ··· 117
　　1.3　申请途径 ··· 117

	1.4 申请材料	117
	1.5 审查内容	117
2	国际注册代替国内注册加注申请	118
	2.1 法律依据	118
	2.2 申请途径	118
	2.3 申请材料	118
	2.4 审查内容	118
3	国际更正分拣	118
	3.1 法律依据	118
	3.2 对领土延伸和后期指定通知更正的分拣标准	119
	3.3 对国际后续业务更正的分拣标准	119

第十八章 领土延伸至中国的国际注册后续业务实质审查 ········ 121

1	国际变更（注册人名称/地址变更）	121
	1.1 法律依据	121
	1.2 审查结论	121
2	国际续展	121
	2.1 法律依据	121
	2.2 审查结论	122
3	国际转让	122
	3.1 法律依据	122
	3.2 受让人资格	122
	3.3 一并转让	122
	3.4 混淆或者其他不良影响	122
	3.5 集体、证明商标	122
	3.6 转让补正	122
	3.7 转让无效	123
	3.8 转让终局	123
	3.9 核　准	123
	3.10 不予核准	123
4	国际部分转让	123
	4.1 法律依据	123
	4.2 受让人资格	123
	4.3 一并转让	123
	4.4 误认、混淆或者其他不良影响	124
	4.5 集体、证明商标	124
	4.6 转让补正	124
	4.7 转让无效	124

    4.8 转让终局 ··· 124
    4.9 核　准 ·· 124
    4.10 不予核准 ·· 124
  5 国际删减 ·· 124
    5.1 法律依据 ··· 125
    5.2 审查结论 ··· 125
    5.3 删减终局 ··· 125
    5.4 国际删减的登记项目 ·· 125
  6 国际注销 ·· 125
    6.1 法律依据 ··· 125
    6.2 注销类型 ··· 125
    6.3 审查结论 ··· 126
  7 国际部分注销 ··· 126
    7.1 法律依据 ··· 126
    7.2 部分注销的类型 ··· 126
    7.3 审查结论 ··· 126
    7.4 国际部分注销的登记项目 ·· 127
  8 国际放弃 ·· 127
    8.1 法律依据 ··· 127
    8.2 审查结论 ··· 127
  9 国际合并 ·· 127
    9.1 法律依据 ··· 127
    9.2 审查结论 ··· 127
  10 国际更正 ·· 128
    10.1 法律依据 ·· 128
    10.2 审查结论 ·· 128

第五部分　商标申请事务处理 ·· 129
第十九章　商标申请文件的接收 ·· 129
  1 申请途径 ·· 129
    1.1 自行办理 ··· 129
    1.2 委托商标代理机构办理 ··· 129
  2 办理方式 ·· 129
    2.1 书面提交 ··· 129
    2.2 数据电文方式提交 ··· 130
  3 申请材料 ·· 130
    3.1 适用文字 ··· 130

3.2　申请书件 …………………………………………………………………… 130
　4　申请文件接收程序 ……………………………………………………………… 130
　　4.1　确定收到日 …………………………………………………………………… 130
　　4.2　给出申请号 …………………………………………………………………… 130
　　4.3　确定寄出日 …………………………………………………………………… 131
　　4.4　纸质文件电子化 ……………………………………………………………… 131
　5　申请日和提交日 ………………………………………………………………… 131
　　5.1　商标注册申请日 ……………………………………………………………… 131
　　5.2　其　他 ………………………………………………………………………… 131
　6　期限届满日 ……………………………………………………………………… 131
　　6.1　期　限 ………………………………………………………………………… 131
　　6.2　期限计算和期限届满日 ……………………………………………………… 131
　7　商标代理机构备案 ……………………………………………………………… 132
　　7.1　商标代理机构 ………………………………………………………………… 132
　　7.2　商标代理从业人员 …………………………………………………………… 132
　　7.3　备案要求 ……………………………………………………………………… 132
　　7.4　其他要求 ……………………………………………………………………… 132

第二十章　商标费用 …………………………………………………………………… 133
　1　规费项目 ………………………………………………………………………… 133
　2　缴费期限和缴费日 ……………………………………………………………… 133
　3　缴纳方式 ………………………………………………………………………… 133
　4　退　款 …………………………………………………………………………… 134
　　4.1　退款规则 ……………………………………………………………………… 134
　　4.2　退款情形 ……………………………………………………………………… 134
　　4.3　退款手续 ……………………………………………………………………… 134

第二十一章　商标文件的送达 ………………………………………………………… 136
　1　商标文件的送达 ………………………………………………………………… 136
　　1.1　送达方式 ……………………………………………………………………… 136
　　1.2　收件人 ………………………………………………………………………… 136
　　1.3　送达日 ………………………………………………………………………… 136
　2　退件的处理和文件的查询 ……………………………………………………… 137
　　2.1　退件的处理 …………………………………………………………………… 137
　　2.2　文件的查询 …………………………………………………………………… 137

第二十二章　出具和补发证明文件 …………………………………………………… 138
　1　出具优先权证明文件 …………………………………………………………… 138
　　1.1　申请条件 ……………………………………………………………………… 138
　　1.2　申请文件 ……………………………………………………………………… 138

1.3 申请人 ··· 138
1.4 商　　标 ··· 138
1.5 审查结论 ··· 138
2 马德里国际商标出具商标注册证明 ··· 139
2.1 法律依据 ··· 139
2.2 申请文件 ··· 139
2.3 申请人 ··· 139
2.4 商　　标 ··· 139
2.5 申请时间 ··· 139
2.6 审查结论 ··· 139
3 商标变更、转让、续展证明的补发 ··· 140
3.1 法律依据 ··· 140
3.2 申请文件 ··· 140
3.3 申请人 ··· 140
3.4 商　　标 ··· 140
3.5 审查结论 ··· 140
4 商标注册证的补发 ··· 141
4.1 法律依据 ··· 141
4.2 申请文件 ··· 141
4.3 申请人 ··· 141
4.4 商　　标 ··· 141
4.5 审查结论 ··· 141

第二十三章　商标档案 ··· 142
1 档案组成 ··· 142
2 归档范围、整理和保管 ··· 142
2.1 归档范围 ··· 142
2.2 整理和归档 ··· 142
2.3 保　　管 ··· 142
3 对外查阅与复制 ··· 142
3.1 公检法等部门 ·· 142
3.2 律师事务所或商标代理机构 ·· 143
3.3 商标注册人 ··· 143
4 保管期限及销毁 ··· 144
4.1 商标注册纸质档案 ·· 144
4.2 商标注册电子档案 ·· 145

第二十四章　商标公告 ··· 146
1 引　　言 ··· 146

2	公告内容	146
3	马德里国际注册公告	147

第二十五章 电子申请有关规定 … 148

1	电子申请用户	148
2	商标数字证书	148
3	电子申请的接收	148
4	电子发文	149
5	电子商标注册证	149

下 编　商标审查审理编

第一章　概　述 … 153

1	审查审理适用的基本原则	153
1.1	诚实信用原则	153
1.2	以注册为主、以使用为补充的原则	153
1.3	保护合法在先权利原则	154
1.4	标准执行一致与个案审查原则	154
1.5	防止权利滥用原则	154
2	审查审理范围	155
2.1	绝对理由和相对理由	155
2.2	商标注册实质审查	155
2.3	商标异议审查	156
2.4	商标评审审理	156
2.5	注册商标撤销审查	157
2.6	注册商标转让审查	157
2.7	注册商标依职权主动宣告无效	157
3	基本概念	157
3.1	商　标	157
3.2	商标的显著特征	158
3.3	商标相同与近似	158
3.4	同一种与类似商品或者服务	158
3.5	混　淆	159
3.6	商标的使用	160
3.7	不正当手段与恶意	160

第二章　不以使用为目的的恶意商标注册申请的审查审理 … 161

1	法律依据	161

2 释　义 ………………………………………………………………… 161
3 适用要件 ……………………………………………………………… 162
4 考虑因素 ……………………………………………………………… 162
 4.1 申请人基本情况 ………………………………………………… 162
 4.2 申请人提交商标注册申请整体情况 …………………………… 162
 4.3 商标具体构成情况 ……………………………………………… 163
 4.4 申请人申请商标注册过程中及取得商标注册后的行为 ……… 163
 4.5 异议、评审程序中相关证据的情况 …………………………… 163
 4.6 其他考虑因素 …………………………………………………… 163
5 适用情形 ……………………………………………………………… 163
6 典型案例 ……………………………………………………………… 164
 6.1 商标注册申请数量巨大，明显超出正常经营活动需求，缺乏真实使用意图，扰乱商标注册秩序的 ………………………………………… 164
 6.2 大量复制、摹仿、抄袭多个主体在先具有一定知名度或者较强显著性的商标，扰乱商标注册秩序的 ………………………………… 166
 6.3 对同一主体具有一定知名度或者较强显著性的特定商标反复申请注册，扰乱商标注册秩序的 …………………………………………… 167
 6.4 大量申请注册与他人企业字号、企业名称简称、电商名称、域名，有一定影响的商品名称、包装、装潢，他人知名并已产生识别性的广告语、外观设计等商业标识相同或者近似标志的 ………………… 167
 6.5 大量申请注册与知名人物姓名、知名作品或者角色名称、他人知名并已产生识别性的美术作品等公共文化资源相同或者近似标志的 ……… 168
 6.6 大量申请注册与行政区划名称、山川名称、景点名称、建筑物名称等相同或者近似标志的 …………………………………………… 169
 6.7 大量申请注册指定商品或者服务上的通用名称、行业术语、直接表示商品或者服务的质量、主要原料、功能、用途、重量、数量等缺乏显著性的标志的 ……………………………………………… 170
 6.8 大量提交商标注册申请，并大量转让商标，且受让人较为分散，扰乱商标注册秩序的 ……………………………………………… 170
 6.9 申请人有以牟取不当利益为目的，大量售卖，向商标在先使用人或者他人强迫商业合作，索要高额转让费、许可使用费或者侵权赔偿金等行为的 ………………………………………………………… 171
 6.10 其他可被认定为有恶意的申请商标注册行为的情形 ………… 171

第三章　不得作为商标标志的审查审理 ……………………………… 173
1 法律依据 ……………………………………………………………… 173
2 释　义 ………………………………………………………………… 173
 2.1 同中华人民共和国的国家名称、国旗、国徽、国歌、军旗、军徽、

　　　　军歌、勋章等相同或者近似的，以及同中央国家机关的名称、标
　　　　志、所在地特定地点的名称或者标志性建筑物的名称、图形相同的 …… 174
　　2.2　同外国的国家名称、国旗、国徽、军旗等相同或者近似的 …………… 175
　　2.3　同政府间国际组织的名称、旗帜、徽记等相同或者近似的 …………… 175
　　2.4　与表明实施控制、予以保证的官方标志、检验印记相同或者近似的 …… 175
　　2.5　同"红十字""红新月"的名称、标志相同或者近似的 ………………… 176
　　2.6　带有民族歧视性的 ……………………………………………………… 176
　　2.7　带有欺骗性，容易使公众对商品的质量等特点或者产地产生误认的 …… 176
　　2.8　有害于社会主义道德风尚或者有其他不良影响的 …………………… 177
　　2.9　含地名标志的审查审理 ………………………………………………… 177
　3　具体适用 …………………………………………………………………… 178
　　3.1　同中华人民共和国的国家名称、国旗、国徽、国歌、军旗、军徽、
　　　　军歌、勋章等相同或者近似的，以及同中央国家机关的名称、标
　　　　志、所在地特定地点的名称或者标志性建筑物的名称、图形相同的 …… 178
　　3.2　同外国的国家名称、国旗、国徽、军旗等相同或者近似的 …………… 179
　　3.3　同政府间国际组织的名称、旗帜、徽记等相同或者近似的 …………… 181
　　3.4　与表明实施控制、予以保证的官方标志、检验印记相同或者近似的 …… 182
　　3.5　同"红十字""红新月"的名称、标志相同或者近似的 ………………… 182
　　3.6　带有民族歧视性的 ……………………………………………………… 183
　　3.7　带有欺骗性，容易使公众对商品的质量等特点或者产地产生误认的 …… 183
　　3.8　有害于社会主义道德风尚或者有其他不良影响的 …………………… 194
　　3.9　含有地名的商标 ………………………………………………………… 211

第四章　商标显著特征的审查审理 ……………………………………………… 217
　1　法律依据 …………………………………………………………………… 217
　2　释　义 ……………………………………………………………………… 217
　　2.1　仅有本商品的通用名称、图形、型号的 ……………………………… 217
　　2.2　仅直接表示商品的质量、主要原料、功能、用途、重量、数量及其
　　　　他特点的 ………………………………………………………………… 218
　　2.3　其他缺乏显著特征的 …………………………………………………… 219
　　2.4　经过使用取得显著特征的 ……………………………………………… 219
　3　具体适用：缺乏显著特征的 ……………………………………………… 220
　　3.1　仅有本商品的通用名称、图形、型号的 ……………………………… 220
　　3.2　仅直接表示商品的质量、主要原料、功能、用途、重量、数量及其
　　　　他特点的 ………………………………………………………………… 222
　　3.3　其他缺乏显著特征的 …………………………………………………… 227
　　3.4　商标含有不具备显著特征的标志的审查 ……………………………… 235
　4　具体适用：经过使用取得显著特征的 …………………………………… 237

第五章　商标相同、近似的审查审理 · 239
1　法律依据 · 239
2　释　义 · 239
3　判定原则和方法 · 240
　3.1　隔离观察、整体比对和要部比对方法 · 240
　3.2　相关考虑因素 · 240
4　具体适用：商标相同的审查 · 241
　4.1　文字商标相同的审查 · 241
　4.2　图形商标相同的审查 · 242
　4.3　组合商标相同的审查 · 243
5　具体适用：商标近似的审查 · 244
　5.1　文字商标近似的审查 · 244
　5.2　图形商标近似的审查 · 270
　5.3　组合商标近似的审查 · 271
6　具体适用：普通商标与集体商标、证明商标相同、近似的审查 · 278

第六章　三维标志商标的审查审理 · 280
1　法律依据 · 280
2　释　义 · 280
3　三维标志商标实质审查 · 281
　3.1　三维标志商标禁用条款审查 · 281
　3.2　三维标志商标显著特征审查 · 281
　3.3　三维标志商标功能性审查 · 288
　3.4　三维标志商标相同、近似的审查 · 290
4　三维标志商标实质审查时的其他注意事项 · 294

第七章　颜色组合商标的审查审理 · 296
1　法律依据 · 296
2　释　义 · 296
3　颜色组合商标实质审查 · 297
　3.1　颜色组合商标禁用条款审查 · 297
　3.2　颜色组合商标显著特征的审查 · 297
　3.3　颜色组合商标相同、近似的审查 · 300

第八章　声音商标的审查审理 · 302
1　法律依据 · 302
2　释　义 · 302
3　声音商标实质审查 · 302
　3.1　声音商标禁用条款审查 · 303
　3.2　声音商标显著特征审查 · 303

3.3　声音商标相同、近似审查 ………………………………………… 306

第九章　集体商标、证明商标的审查审理 ……………………………………… 307
　1　法律依据 …………………………………………………………………… 307
　2　释　义 ……………………………………………………………………… 308
　3　集体商标和证明商标标志的审查 ………………………………………… 308
　　3.1　集体商标和证明商标禁用条款的审查 …………………………… 308
　　3.2　集体商标和证明商标显著特征的审查 …………………………… 309
　　3.3　集体商标和证明商标相同、近似的审查 ………………………… 310
　　3.4　含无其他含义的县级以上行政区划地名的集体商标和证明商标的审查 …… 311
　4　集体商标和证明商标特有事项的审查 …………………………………… 314
　　4.1　集体商标特有事项的审查 ………………………………………… 315
　　4.2　证明商标特有事项的审查 ………………………………………… 316
　5　地理标志集体商标和地理标志证明商标标志的审查 …………………… 318
　　5.1　地理标志集体商标和地理标志证明商标禁用条款的审查 ……… 318
　　5.2　地理标志集体商标和地理标志证明商标显著特征的审查 ……… 321
　　5.3　地理标志集体商标和地理标志证明商标相同、近似的审查 …… 323
　6　地理标志集体商标和地理标志证明商标特有事项的审查 ……………… 325
　　6.1　指定商品的审查 …………………………………………………… 325
　　6.2　申请人主体资格的审查 …………………………………………… 326
　　6.3　地理标志所标示地区县级以上人民政府或者行业主管部门批准
　　　　文件的审查 ………………………………………………………… 326
　　6.4　申请人监督检测证明能力的审查 ………………………………… 327
　　6.5　地理标志所标示的生产地域范围的审查 ………………………… 327
　　6.6　地理标志产品特定质量、信誉或其他特征与该地域自然因素、
　　　　人文因素关系说明的审查 ………………………………………… 328
　　6.7　地理标志客观存在及其声誉证明材料的审查 …………………… 330
　　6.8　使用管理规则的审查 ……………………………………………… 331
　　6.9　外国人或者外国企业申请地理标志集体商标和地理标志证明
　　　　商标的审查 ………………………………………………………… 333

第十章　复制、摹仿或者翻译他人驰名商标的审查审理 …………………… 334
　1　法律依据 …………………………………………………………………… 334
　2　释　义 ……………………………………………………………………… 335
　3　驰名商标认定的原则 ……………………………………………………… 335
　　3.1　个案认定原则 ……………………………………………………… 335
　　3.2　被动保护原则 ……………………………………………………… 335
　　3.3　按需认定原则 ……………………………………………………… 335
　　3.4　诚实信用原则 ……………………………………………………… 336

21

4 适用要件 ... 336
4.1 《商标法》第十三条第二款的适用要件 ... 336
4.2 《商标法》第十三条第三款的适用要件 ... 336
5 驰名商标的判定 ... 336
5.1 相关公众 ... 336
5.2 考虑因素 ... 336
5.3 相关证据 ... 337
5.4 认定驰名的其他证据要求 ... 337
5.5 驰名商标持有人再次请求驰名商标保护 ... 338
6 复制、摹仿或者翻译他人驰名商标的判定 ... 338
6.1 复制 ... 338
6.2 摹仿 ... 338
6.3 翻译 ... 339
7 混淆、误导可能性的判定 ... 339
7.1 混淆、误导的主要情形 ... 339
7.2 混淆、误导的判定要件 ... 339
7.3 混淆、误导可能性判定的考虑因素 ... 339
8 恶意注册的判定 ... 339
9 典型案例 ... 340

第十一章 擅自注册被代理人或者被代表人商标的审查审理 ... 343
1 法律依据 ... 343
2 释义 ... 343
3 适用要件 ... 343
4 代理关系、代表关系的判定 ... 343
4.1 代理人、代表人的含义 ... 343
4.2 代理人、代表人擅自注册行为的认定 ... 344
4.3 证明代理关系、代表关系存在的证据 ... 344
5 被代理人、被代表人的商标 ... 344
5.1 被代理人的商标 ... 344
5.2 被代表人的商标 ... 345
6 代理人、代表人取得商标注册授权的判定 ... 345
7 典型案例 ... 345
7.1 代理人以自己的名义将被代理人的商标进行注册的情形 ... 345
7.2 代表人以自己的名义将被代表人的商标进行注册的情形 ... 346

第十二章 特定关系人抢注他人在先使用商标的审查审理 ... 347
1 法律依据 ... 347
2 释义 ... 347

3	适用要件	347
4	"在先使用"的判定	347
5	合同、业务往来关系及其他关系的判定	347
	5.1 合同、业务往来关系及其他关系的含义	347
	5.2 常见的合同、业务往来关系	348
	5.3 常见的其他关系	348
	5.4 证明合同、业务往来关系及其他关系存在的证据	348
6	典型案例	349
	6.1 因营业地址邻近明知他人商标存在而申请注册的情形	349
	6.2 与他人具有委托加工关系明知他人商标存在而申请注册的情形	349

第十三章 商标代理机构申请注册商标的审查审理 …… 350

1	法律依据	350
2	释 义	350
3	商标代理机构申请注册商标的审查	350

第十四章 损害他人在先权利的审查审理 …… 351

1	法律依据	351
2	释 义	351
3	具体在先权利的审查审理	351
	3.1 字号权	351
	3.2 著作权	352
	3.3 外观设计专利权	353
	3.4 姓名权	353
	3.5 肖像权	354
	3.6 地理标志	356
	3.7 有一定影响的商品或者服务名称、包装、装潢	356
	3.8 其他应予保护的合法在先权益	357

第十五章 抢注他人已经使用并有一定影响商标的审查审理 …… 359

1	法律依据	359
2	释 义	359
3	适用要件	359
4	已经使用并有一定影响商标的判定	359
	4.1 含 义	359
	4.2 证据材料	360
	4.3 时 间	360
5	不正当手段的判定	360
6	典型案例	361

第十六章 以欺骗手段或者其他不正当手段取得商标注册的审查审理 …… 363

1 法律依据	363
2 释　义	363
3 适用要件	363
3.1 以欺骗手段取得商标注册的行为	363
3.2 以其他不正当手段取得商标注册的行为	363

第十七章　撤销注册商标案件的审查审理 ……… 365

1 法律依据	365
2 释　义	366
3 是否存在自行改变注册商标、注册人名义、地址或者其他注册事项情形的判定	366
4 是否存在注册商标成为其核定使用商品的通用名称情形的判定	366
4.1 含　义	366
4.2 判　定	366
4.3 适用要件	367
5 连续三年不使用注册商标情形的判定	367
5.1 含义和时间起算	367
5.2 商标使用的判定	367
5.3 商标使用在指定商品上的具体表现形式	368
5.4 商标使用在指定服务上的具体表现形式	368
5.5 系争商标不存在连续三年不使用情形的举证责任由系争商标注册人承担	369
6 典型案例	369

第十八章　《商标法》第五十条的审查审理 ……… 372

1 法律依据	372
2 释　义	372
3 适用情形	372

第十九章　审查意见书 ……… 373

1 法律依据	373
2 释　义	373
3 适用情形	374

附　录

《商标审查审理指南2021》的说明 ……… 379

上 编
形式审查和事务工作编

第一部分　商标申请形式审查

第一章　形式审查的一般性要求

1　引　言

收到商标申请后,经形式审查认为符合《商标法》及其实施条例要求的,予以受理。形式审查是接收商标申请之后,受理商标申请之前的一个必要程序。

形式审查的主要任务是:

(1) 审查申请人提交的申请文件是否符合《商标法》及其实施条例的规定,申请手续是否齐备,申请人是否具备申请资格。

发现申请手续不齐备、未按规定填写申请文件的,商标注册部门不予受理,书面通知申请人并说明理由。发现申请手续基本齐备或者申请文件基本符合规定,但是需要补正的,商标注册部门书面通知申请人予以补正。申请人在规定期限内按照指定内容补正并交回商标注册部门的,保留申请日期。期满未补正的或者未按照要求进行补正的,不予受理并书面通知申请人。

(2) 审查申请人缴纳有关费用的金额和期限是否符合《商标法》及其实施条例的规定。未在规定期限内足额缴纳费用的,不予受理并书面通知申请人。

(3) 审查异议、评审、续展等相关申请是否在法定期限内提交。未在法定期限内提交的,不予受理并书面通知申请人。

2　审查原则

形式审查中,审查员应当遵循以下原则。

2.1　书面审查原则

申请人为办理商标申请事宜所申报的事项和所提供的材料应当真实、准确、完整。审查员应当以申请人提交的书面文件为基础进行审查。主要对申请人提交的申请书、证明文件等书面文件是否齐全,以及申请书填写内容、所附证明文件及其所记载的事项是否符合《商标法》及其实施条例的规定进行审查。申请材料和证明文件是否真实的责任由申请人承担。申请人及其商标代理机构提交虚假材料的,应当承担相应法律后果。

受理通知、不予受理通知或补正通知等审查结果以书面形式通知申请人。

2.2 一次性告知原则

对于可以通过补正克服缺陷的申请，审查员应当针对本环节的审查要求进行全面审查，并尽可能在一次补正通知书中指出全部应补正的内容并说明理由。

2.3 确保效率原则

审查员应在符合规定的情况下尽可能缩短形式审查周期。如在受理后发现申请文件存在瑕疵的，一般情况下由实质审查员视情况发出审查意见书或者驳回商标注册申请。

3 审查程序

3.1 形式审查合格

经形式审查，申请手续齐备，申请文件符合《商标法》及其实施条例有关规定的商标申请，包括经过补正符合形式审查要求的商标申请，应当认为形式审查合格。

3.2 申请文件的补正

形式审查中，对于申请文件存在可以通过补正克服的缺陷的商标申请，审查员应进行全面审查，并发出补正通知书。补正通知书应当指明商标申请存在的缺陷，说明理由，同时指定答复期限。

3.3 通知书的答复

申请人在收到补正通知书后，应当在指定的期限内补正或者陈述意见。申请人对商标申请进行补正的，应当提交补正通知书和相应的修改文件。对于申请文件的修改应当针对补正通知书指出的需补正的内容进行。修改的内容不得超出原申请文件所载的事项范围。期满未补正的或者未按照要求进行补正的，不予受理并书面通知申请人。

3.4 申请不予受理

经形式审查，申请文件不符合《商标法》及其实施条例有关规定的，或者经补正后仍不符合有关规定的，审查员可以作出不予受理决定。

4 申请文件审查

对商标申请文件的审查主要包括以下内容：申请书式是否正确；申请书填写是否符合规定；申请所附身份证明文件复印件、主体资格证明文件复印件等是否清晰；申请人的名称、地址、盖章或签字及所附身份证明文件、主体资格证明文件等是否一致。委托代理机构提交的，代理委托书是否符合要求。

为办理商标申请所申报的事项和所提供的材料应当真实、准确、完整。商标注册部门发现申请人及其商标代理机构提交虚假材料，商标申请尚未受理的，不予受理该申请；商标申请已受理的，在审查环节予以驳回。

4.1 申请文件基本要求

申请商标注册或者办理其他商标事宜应当使用商标注册部门制定并公布的书式，不得修改格式。以纸质方式提出申请的，申请书应当打字或者印刷；以数据电文方式提出申请的，应当按照规定通过互联网提交，按要求在线如实填写。

申请商标注册或者办理其他商标事宜，应当使用中文。申请文件应当按照规定并使用国家公布的通用规范汉字填写，不应使用异体字、繁体字、非规范简化字。依照《商标法》及其实施条例规定提交的各种证件、证明文件和证据材料是外文的，应当附送中文译文；未附送的，视为未提交该证件、证明文件或者证据材料。

申请人提交的商标申请文件或者其他文件，应当按照规定由申请人（或商标注册人）、其他利害关系人或者其代表人盖章或者签字；办理直接涉及共有权利的手续，应当由全体权利人盖章或者签字。委托商标代理机构的，还应当由商标代理机构盖章。

4.2 申请人

4.2.1 国内申请人

4.2.1.1 内地（大陆）申请人

4.2.1.1.1 法人或者其他组织

申请人应当填写身份证明文件上的名称。"申请人名称"与"申请人章戳"处所盖章戳以及所附身份证明文件中的名称应当一致。

"申请人地址"应当与身份证明文件记载地址一致。证明文件中的地址未冠有省、市、县等行政区划的，申请人应当增加相应行政区划名称。

"统一社会信用代码"填写其身份证明文件上标注的统一社会信用代码。

申请人无须填写"申请人国籍/地区""申请人名称（英文）""申请人地址（英文）"。

4.2.1.1.2 自然人

申请人应当填写身份证明文件上的名称。"申请人名称"与"申请人签字"处的签字以及所附身份证明文件、主体资格证明文件中的名称应当一致。申请人是自然人的，还应当在姓名后注明身份证明文件号码。

以自然人名义申请的，"申请人地址"应当冠以省、市、县等行政区划详细完整填写。

"统一社会信用代码"填写其主体资格证明文件上标注的统一社会信用代码。

申请人无须填写"申请人国籍/地区""申请人名称（英文）""申请人地址（英文）"。

4.2.1.2 香港特别行政区、澳门特别行政区及台湾地区申请人

4.2.1.2.1 法人或者其他组织

我国香港特别行政区、澳门特别行政区及台湾地区申请人所附身份证明文件中载明中文名称的,"申请人名称(中文)"与所附身份证明文件中的中文名称应当一致;未载明的,申请人中文名称应当与身份证明文件译文一致,并同时在"申请人名称(英文)"栏内填写英文名称。

申请人所附身份证明文件中载明中文地址的,"申请人地址(中文)"与所附身份证明文件中的中文地址应当一致;未载明的,申请人中文地址应当与身份证明文件译文一致,并同时在"申请人地址(英文)"栏内填写英文地址。

申请人应正确填写"申请人国籍/地区"。例如,香港特别行政区申请人填写"中国""中国香港",澳门特别行政区申请人填写"中国""中国澳门",台湾地区申请人填写"中国""中国台湾"。

我国香港特别行政区、澳门特别行政区和台湾地区申请人不用填写"统一社会信用代码"。

4.2.1.2.2 自然人

我国香港特别行政区、澳门特别行政区及台湾地区申请人所附身份证明文件中载明中文名称的,"申请人名称(中文)"与所附身份证明文件中的中文名称应当一致;未载明的,申请人中文名称应当与身份证明文件译文一致,并同时在"申请人名称(英文)"栏内填写英文名称。申请人还应当在姓名后注明身份证明文件号码。

"申请人地址"栏应当冠以行政区划详细完整填写。申请人填写英文地址的,应与中文地址对应。

4.2.2 外国申请人

4.2.2.1 法人或者其他组织

外国申请人所附主体资格证明文件中载明中文名称的,"申请人名称(中文)"与所附主体资格证明文件中的中文名称应当一致;未载明的,申请人中文名称应当与主体资格证明文件译文一致。外国申请人应当同时在"申请人名称(英文)"栏内填写英文名称,应与所附主体资格证明文件中的名称一致或为其名称的英文译文。

外国申请人应按要求填写"申请人国籍/地区","申请人国籍/地区"与所附主体资格证明文件中记载的内容应当一致。

外国申请人所附主体资格证明文件中载明中文地址的,"申请人地址(中文)"与所附主体资格证明文件中的中文地址应当一致;未载明的,申请人中文地址应当与主体资格证明文件译文一致。外国申请人应当同时在"申请人地址(英文)"栏内填写英文地址,应与所附主体资格证明文件中的地址一致或为其地址的英文译文。

外国申请人不用填写"统一社会信用代码"。

4.2.2.2 自然人

外国自然人所附身份证明文件中载明中文名称的,"申请人名称(中文)"与所附身份证明文件中的中文名称应当一致;未载明的,申请人中文名称应当与身份证明文件译文一致。外国自然人应当同时在"申请人名称(英文)"栏内填写英文名称,应与所附身份证明文件中的名称一致或为其名称的英文译文。外国自然人还应当在姓名后注明身份证明文件号码。

外国自然人应按要求填写"申请人国籍/地区","申请人国籍/地区"与所附身份证明文件中记载的内容应当一致。

外国自然人应当同时详细填写"申请人地址(中文)""申请人地址(英文)"栏。

4.3 申请人联系信息/送达信息

4.3.1 国内申请人

4.3.1.1 内地(大陆)申请人

4.3.1.1.1 自行办理

(1)填写"国内申请人联系地址""邮政编码"。关于该商标该申请业务的各种文件将送达该地址。申请人未填写联系地址的,文件送达"申请人地址"栏填写的地址。文件无法送达的,通过公告方式送达。

商标注册申请人、商标转让受让人填写的联系地址,还用于接收后继商标业务的法律文件。商标注册申请人、商标转让受让人未填写联系地址的,文件送达"申请人地址"栏填写的地址。文件无法送达的,通过公告方式送达。

(2)申请人可以申请一并变更其名下所有商标的联系地址。

(3)国内申请人可填写"国内申请人电子邮箱""联系人""电话"。

4.3.1.1.2 委托商标代理机构办理

申请人委托商标代理机构办理的,文件送达商标代理机构视为送达当事人。

4.3.1.2 香港特别行政区、澳门特别行政区及台湾地区申请人

申请商标注册或者转让商标,商标注册申请人或者商标转让受让人为我国香港特别行政区、澳门特别行政区及台湾地区自然人或企业的,应当在申请书中指定位于内地(大陆)的文件接收人负责接收后继商标业务的法律文件,填写"文件接收人""接收人地址""邮政编码"栏。接收人地址应当冠以省、市、县等行政区划详细填写。

4.3.2 外国申请人

申请商标注册或者转让商标,商标注册申请人或者商标转让受让人为外国自然人、

法人或者其他组织的，应当在申请书中指定国内接收人负责接收后继商标业务的法律文件，填写"文件接收人""接收人地址""邮政编码"栏。接收人地址应当冠以省、市、县等行政区划详细填写。

4.4 共同申请

两个以上的自然人、法人或者其他组织可以共同申请注册同一商标，共同享有和行使该商标专用权。共同申请注册同一商标或者办理其他共有商标事宜的，应当在申请书中指定一个代表人；没有指定代表人的，以申请书中顺序排列的第一人为代表人。

商标注册部门的文件应当送达代表人。

4.4.1 代表人

申请书首页应填写代表人信息。

4.4.2 其他共同申请人

其他共同申请人名称应在申请书附页中列明。共同申请人为外国申请人的，应同时对应填写英文名称。共同申请人为自然人的，应同时填写身份证件号码。

其他共同申请人应在申请书附页加盖公章，自然人签字，并附送身份证明文件复印件、主体资格证明文件复印件。

4.5 代理信息

申请人委托商标代理机构办理的，应当填写代理机构信息栏，并提交符合规定的由申请人盖章或签字的代理委托书。

商标代理机构从事商标注册部门主管的商标事宜代理业务的，应当向商标注册部门备案。商标代理机构提交的有关申请文件，应当加盖该代理机构公章并由相关商标代理从业人员签字。

4.5.1 代理机构名称、章戳

申请书中"代理机构名称""代理机构章戳"及商标代理委托书中代理机构名称应当一致。

"代理机构章戳"应为该代理机构公章，不得使用合同章、专用章、业务章等其他章戳。

4.5.2 代理人签字

商标代理从业人员应当在"代理人签字"栏签署其姓名。不得签署简称、昵称、代码，如"王先生""李R"等。

4.6 申请人章戳（签字）

申请人章戳（签字）应当与所附的身份证明文件、主体资格证明文件一致，且申

请人章戳（签字）应当清晰完整。

申请人为自然人的，可以签字；其他申请人应当加盖公章，不得使用合同章、专用章、业务章等其他章戳。

5 其他申请文件审查

5.1 身份证明文件、主体资格证明文件

5.1.1 基本要求

5.1.1.1 身份证明文件

身份证明文件是证明申请人身份的文件。申请人办理商标申请事宜，应附送身份证明文件复印件。自然人的身份证明文件包括但不限于身份证、护照。法人或者其他组织的身份证明文件是指其依法成立的证明文件，包括但不限于营业执照、事业单位法人证书、社会团体法人登记证书、民办非企业单位登记证书、基金会法人登记证书、律师事务所执业许可证。

除我国香港特别行政区、澳门特别行政区和台湾地区申请人外，国内法人或者其他组织办理注册、异议、变更、转让、续展等商标事宜，应当使用标注统一社会信用代码的身份证明文件。

同一申请人同时办理多件商标的注册申请、转让、续展、注销、许可备案、更正及补发注册证等申请事宜时，只需要提供一套身份证明文件，并在未附送文件的有关申请书首页，明确注明相关文件所在的具体申请件位置。

5.1.1.2 主体资格证明文件

主体资格证明文件是证明申请人具备申请资格的文件。申请人按照所办理业务的具体要求附送相应主体资格证明文件：

（1）申请人申请商标注册，应当符合《商标法》第四条的规定。申请人所提交的身份证明文件已证明其符合规定的，无须另行提交主体资格证明文件。申请人为内地（大陆）自然人的，应提供载有统一社会信用代码的个体工商户营业执照、农村土地承包经营合同复印件（申报类别以自营的农副产品为限）等表明申请人从事生产经营活动的主体资格证明文件。

（2）以违反《商标法》第十三条第二款和第三款、第十五条、第十六条第一款、第三十条、第三十一条、第三十二条规定提出异议申请的，异议人应提交其作为在先权利人或利害关系人的主体资格证明。

（3）依据《商标法》第四十五条第一款规定对注册商标提出无效宣告申请的，申请人应提交其作为在先权利人或利害关系人的主体资格证明。

（4）其他情况下，申请人所提交的身份证明文件即可表明其具备申请资格，身份证明文件同主体资格证明文件。

5.1.1.3 其他

申请人所提交的相关文件均应在载明的有效期之内。

外国申请人应当同时提交其身份证明文件及主体资格证明文件的中文译文;未附送的,视为未提交该证明文件。

通过商标网上服务系统提交申请的,申请人应当在复印件上盖章或签字,将已加盖公章或签字的复印件经彩色扫描后上传。申请人的章戳或签字应当清晰完整。

5.1.2 国内申请人

5.1.2.1 内地(大陆)申请人

5.1.2.1.1 法人或者其他组织

申请人为内地(大陆)法人或者其他组织的,应当提交标注统一社会信用代码的身份证明文件,如营业执照、法人登记证书、事业单位法人证书、民办非企业单位登记证书、基金会法人登记证书、社会团体法人登记证书、律师事务所执业许可证等有效证件的复印件。

期刊证、办学许可证、卫生许可证等不能作为申请人身份证明文件。

代表处、办事处不能以自己的名义申请商标注册。

5.1.2.1.2 自然人

申请人为内地(大陆)自然人的,应当提交身份证、户籍证明等有效身份证件的复印件。内地(大陆)自然人在办理商标注册、转让等申请事宜时,还应当按照《商标法》第四条的规定,提供证明其从事生产经营活动的主体资格证明文件,如个体工商户营业执照、农村土地承包经营合同等。

5.1.2.2 香港特别行政区、澳门特别行政区及台湾地区申请人

5.1.2.2.1 法人或者其他组织

申请人为我国香港特别行政区、澳门特别行政区及台湾地区法人或者其他组织的,应当提交所属地区登记证件复印件作为身份证明文件。身份证明文件为英文的,应当提交对应的中文翻译件。

5.1.2.2.2 自然人

申请人为我国香港特别行政区、澳门特别行政区及台湾地区自然人的,应当提交身份证明文件复印件。

5.1.3 外国申请人

5.1.3.1 法人或者其他组织
申请人为外国法人或者其他组织的，应当提交所属地区或国家的登记证件复印件，同时应当提交对应的中文翻译件。外国企业在华的办事处、常驻代表机构的登记证不能作为身份证明文件。

5.1.3.2 自然人
申请人为外国自然人的，应当提交身份证明文件复印件，同时应当提交对应的中文翻译件。

5.2 商标代理委托书
当事人委托商标代理机构申请商标注册或者办理其他商标事宜，应当提交代理委托书，载明代理内容及权限，并由委托人在"委托人章戳（签字）"栏盖章或签字。

商标代理委托书应当使用规范简体汉字完整填写，包括委托人名称、地址、代理权限、代理事项及授权日期。外国人或者外国企业的代理委托书还应当载明委托人的国籍。相关内容应与申请书一致。

商标代理委托书中委托人名称、委托人章戳（签字）应与申请书中申请人名称、申请人章戳（签字），以及所附身份证明文件、主体资格证明文件一致。委托人章戳（签字）应当清晰完整。委托人为自然人的，可以签字；其他委托人应当加盖公章，不得使用合同章、专用章、业务章等其他章戳。

商标代理委托书应当为原件。通过商标网上服务系统提交申请的，应当上传商标代理委托书原件的彩色扫描件，扫描件内容应当完整、清晰。

6 商标规费审查
申请人办理商标申请，应当按规定及时足额缴纳商标规费。

第二章　注册申请形式审查

1　法律依据

《商标法》第四条、第五条、第八条、第十八条、第十九条、第二十二条、第二十五条、第二十六条、第二十七条、第七十二条

《商标法实施条例》第四条、第五条、第六条、第九条、第十条、第十二条、第十四条、第十五条、第十六条、第十八条、第二十条、第九十七条

《集体商标、证明商标注册和管理办法》第四条、第五条、第六条

2　申请途径和办理方式

申请人可自行办理商标注册申请，也可以委托依法设立的商标代理机构办理。

我国香港特别行政区、澳门特别行政区及台湾地区申请人应当委托依法设立的商标代理机构办理。

外国申请人应当委托依法设立的商标代理机构办理。

具体要求参见第五部分第十九章"商标申请文件的接收"。

3　形式审查内容

商标注册申请形式审查内容主要包括：

（1）申请人是否具有申请注册商标的主体资格；

（2）申请书填写是否符合规定，商标图样是否符合规定，指定的商品或者服务的类别是否正确、名称是否规范具体；

（3）我国香港特别行政区、澳门特别行政区及台湾地区申请人是否委托了依法设立的商标代理机构办理；

（4）外国申请人是否委托了依法设立的商标代理机构办理；

（5）委托商标代理机构的，其委托书填写是否符合规定；

（6）应交送的证明文件是否完备；

（7）是否按时足额缴纳商标规费。

3.1　申请书

办理商标注册申请，应当提交《商标注册申请书》。

3.1.1 申请人信息

填写要求参见第一部分第一章4"申请文件审查"。

3.1.2 代理信息

填写要求参见第一部分第一章4"申请文件审查"。

3.1.3 商标申请声明

申请注册集体商标、证明商标的，应当在"商标申请声明"栏声明，并附送相关文件。申请人未声明的，视为不申请注册集体商标、证明商标，不对其所附相关文件进行审查。

以三维标志、颜色组合、声音标志申请商标注册的，应当在"商标申请声明"栏声明，并附送相关文件。申请人未声明的，视为不以三维标志、颜色组合、声音标志申请商标注册，不对其所附相关文件进行审查。

两个以上申请人共同申请注册同一商标的，应当在"商标申请声明"栏声明，并附送相关文件。申请人未声明的，视为以单一申请人申请商标注册，不对其所附相关文件进行审查。

3.1.4 商标图样

3.1.4.1 一般图样要求

（1）通过纸质方式提交申请的，在申请书的指定位置打印或粘贴商标图样1张，长和宽应当不大于10厘米，不小于5厘米。

通过数据电文方式提交申请的，在指定位置按规定格式上传符合要求的电子文件。

（2）商标图样应当清晰。商标中包含文字的，文字部分应当清晰可辨识。

（3）以着色图样申请商标注册的，应当提交着色图样；不指定颜色的，应当提交黑白图样。

3.1.4.2 三维标志商标

三维标志商标，通常也称为立体商标。以三维标志申请商标注册的，应当在申请书中"商标申请声明"栏选择"以三维标志申请商标注册"，在"商标说明"栏内说明商标使用方式。未声明"以三维标志申请商标注册"的，即便商标图样含有多面视图或者是立体效果图，按非三维标志商标进行审查。

3.1.4.2.1 图 样

以三维标志申请商标注册的，申请人应当提交能够体现三维效果且能够识别、确定三维形状的商标图样。提交的商标图样应当至少包含三面视图（如正视图、侧视图、仰视图、俯视图等），且多面视图应属于同一个三维标志。包含多面视图的图样整体长和宽应当不大于 10 厘米，不小于 5 厘米。三维标志包含文字的，文字部分应当标示在三维形状视图中的正确位置，不可独立于视图之外。申请人可在商标说明中对三维标志商标的图样作文字描述，也可以在申请书中对商标中不主张权利部分声明放弃专用权。

对于提交的图样中未尽展示部分，一般视为无特殊设计或无显著特征，可看作基于图样已体现的三维形状的合理延伸，申请人不要求专用权保护。

（1）提交的商标图样能够体现三维效果且能够识别、确定三维形状的，视为三维标志商标。

例如：

以上示例中的图样能够体现三维效果，基于生活常识可以推测、识别、确定三维形状，符合申请三维标志商标的形式要件要求。

（2）如果申请书中声明是三维标志商标，但提交的商标图样不能体现三维效果或者无法识别、确定三维形状，或者是由两个以上独立的三维形状构成的，则不能视为三维标志商标。

例如：

A. 纯平面要素：

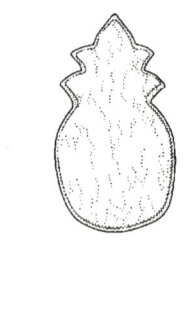 

B. 三维形状文字：

C. 图样存在误差：

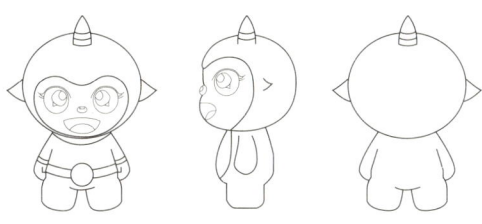

（示例图中，左侧正视图与中间侧视图的人偶腰部、手腕部及眼睛部分均存在误差。该三面视图无法严格还原、确定三维形状，不符合三维标志商标申请的形式要件要求，不能视为三维标志商标）

D. 图样无法辨认：

（示例图虽为多视图实物照片，但不够清晰，难以辨认，无法确定三维形状，不符合三维标志商标申请的形式要件要求，不能视为三维标志商标）

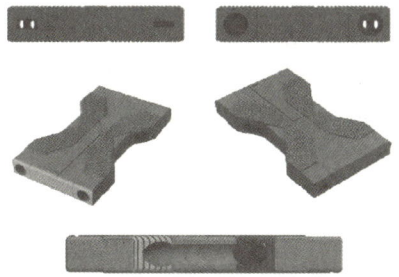

（示例图虽有三面视图，但无法单独以图样辨认、确定三维形状，不符合三维标志商标申请的形式要件要求，不能视为三维标志商标）

E. 包含多个三维形状：

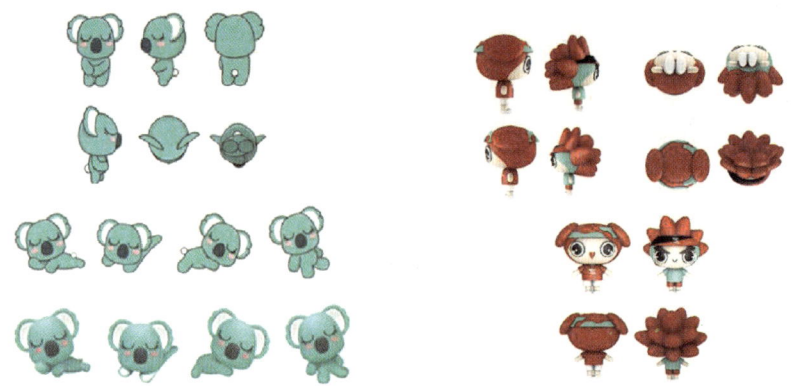

（示例图虽为多视图，但展现了多个三维形状，不符合三维标志商标申请的形式要件要求，不能视为三维标志商标）

3.1.4.2.2　商标说明和使用方式

申请人应当在商标说明中说明三维标志商标在商品或服务上的使用方式。申请人可以在商标说明中对三维标志商标的图样作文字描述，也可以对商标中不主张权利部分声明放弃专用权。

例如：

（商标说明：该三维标志商标将在商品及商品包装上使用，也将作为立体广告使用）

（商标说明：商标为奶盖贡茶宝宝三维标志商标。指定颜色：白色、黑色、茶色、肤色、暗红色。使用方式：商标用于指定商品的广告宣传、展览、促销和其他商业活动中）

(商标说明：申请商标为申请人自创三维标志图形商标，本三维标志商标使用方式为作为商品外形使用)

(商标说明：此商标将用于商品包装和品牌日常推广宣传使用，主要涉及花盆等商品)

3.1.4.3 颜色组合商标

颜色组合商标是指由两种或两种以上颜色按照特定方式进行组合构成的商标。我国目前只接受颜色组合作为商标申请注册，不接受单一颜色作为商标申请注册。

以颜色组合申请商标注册的，应当在申请书中"商标申请声明"栏选择"以颜色组合申请商标注册"；在"商标说明"栏内列明颜色名称和色号，并说明商标使用方式。未声明的，按非颜色组合商标进行审查。

3.1.4.3.1 图 样

以颜色组合申请商标注册的，申请人应当提交清晰的彩色图样。商标图样应当是表示颜色组合方式的色块，或是表示颜色使用位置的图形轮廓。该图形轮廓不是商标构成要素，必须以虚线表示，不得以实线表示。

3.1.4.3.2 商标说明和使用方式

申请人应当在商标说明中说明颜色组合商标在商品或者服务上的使用方式。

（1）申请人用色块表示颜色组合方式，或用虚线图形轮廓表示颜色使用位置，应当在商标说明中列明颜色名称和色号，可以说明各颜色所占比例等相关信息。商标说明中还应当描述该颜色组合商标在商业活动中的具体使用方式。

例如：

［商标说明：该颜色组合商标由绿色、无烟煤色和橙色三种颜色组合构成。其中绿色（Pantone 368C）占60%、无烟煤色（Pantone 425C）占30%、橙色（Pantone 021C）占10%，按图示排列，使用于车辆加油站外观。其中绿色用于加油站顶棚，无烟煤色用于加油站立柱，橙色用于加油机器外部整体］

又如：

（商标说明：该颜色组合商标由绿色和黄色两种颜色组合构成。其中绿色为Pantone 364C，黄色为Pantone 109C，绿色用于车身，黄色用于车轮。虚线部分用以表示颜色在该商品上的位置，车辆轮廓和外形不是商标构成要素）

（2）申请人应当提交两种或两种以上的颜色组合作为商标图样，不得对单一颜色进行申请注册。

例如：

（单一颜色——紫红色，非颜色组合）

3.1.4.4　声音商标

声音商标，是指由用以区别商品或者服务来源的声音本身构成的商标。声音商标可以由音乐性质的声音构成，例如一段乐曲；也可以由非音乐性质的声音构成，例如自然界的声音、人或动物的声音；还可以由兼有音乐性质与非音乐性质的声音构成。以声音标志申请商标注册的，应当在申请书中"商标申请声明"栏选择"以声音标志申请商标注册"，并在"商标说明"栏内说明商标使用方式。未声明的，按非声音商标进行审查。

3.1.4.4.1 声音样本

以声音标志申请商标注册的，提交符合要求的声音样本。声音样本应当存放在一个音频文件中。通过纸质方式提交的，音频文件应当存放在只读光盘中，且该光盘内应当仅有该音频文件。通过数据电文方式提交的，应按照要求正确上传声音样本。声音样本的音频文件格式为 wav 或 mp3（声音文件格式），小于 5MB（信息容量单位）。声音样本应当清晰，易于识别。

3.1.4.4.2 声音商标描述

以声音标志申请商标注册的，应当在商标图样中对申请注册的声音商标进行描述。声音商标描述与声音样本应当一致。商标描述包括五线谱、简谱、文字说明、文字描述，其作为声音商标的商标图样，应当符合图样清晰、可辨识的一般性要求。

注意，商标描述与声音样本应当一致，例如声音样本中有歌词的，商标描述中也应说明歌词。整个商标描述（包括五线谱或者简谱，以及文字说明）应制作在 1 份商标图样中。描述应当准确、完整、客观并易于理解。

（1）音乐性质声音商标描述。

音乐性质声音商标应当用五线谱或简谱加以描述，并附加文字说明。五线谱或简谱和文字说明作为该声音商标的商标图样。五线谱或简谱应当清晰、准确、完整，可以包括谱号、调号、拍号（节拍）、小节、音符、休止符、临时符号（升号、降号、还原号）等。文字说明可以对配器进行描述。

例如：

（该商标图样中文字说明为：该申请声音商标共 9 小节，主要由降 B 大调音乐和弦组成，和弦部分由四分音符、八分音符和十六分音符组成）

又如：

（该商标图样中文字说明为：该声音商标是由"降 D 大调，降 D 大调，降 G 大调，降 D 大调以及降 A 大调" 5 个音符组成的乐音及和弦相继进行的旋律）

又如：

（该商标图样中文字说明为：商标为一段音乐，共 13 个音符，按顺序为：E，D，F 升调，G 升调，C 升调，B，D，E，B，A，C 升调，E，A）

（2）非音乐性质声音商标描述。

非音乐性质声音商标应当用文字加以描述。文字描述作为该声音商标的商标图样。文字描述应当准确、完整、客观并易于理解。

例如：

本件声音商标是由牛在石板路上走两步之牛蹄声，以及之后伴随一声牛叫声（clip，clop，moo——牛蹄和牛叫拟声词）所构成。

又如：

本件声音商标开始是一下双手敲击鼓边声，接着是十二下渐强的击鼓声，随后是渐弱的电子键盘乐器颤音，最后以结合了高尔夫球挥杆和裁纸机的声音结束。

（3）兼有音乐性质与非音乐性质的声音商标描述。

兼有音乐性质与非音乐性质的声音商标，应当用五线谱或简谱对音乐性质部分进行描述并附加文字说明，用文字对非音乐性质部分进行描述。文字说明可以对配器进行描述。

例如：

该声音商标是中国国际广播电台广播节目的开始曲，全长40秒，共18小节，四分之二拍慢板节奏，G大调和C大调交替转换。前四小节为整段声音商标前奏部分，曲调为G大调；中间11小节为整段声音商标主题部分，曲调为C大调，其中第十二、十三小节播音员报出"中国国际广播电台"的呼号后音乐延续两小节，主题部分结束；最后三小节钢片琴再次奏响主题音乐，转调回G大调，该声音商标结束。

（该商标图样中文字说明为：该声音商标是中国国际广播电台广播节目的开始曲，全长40秒，共18小节，四分之二拍慢板节奏，G大调和C大调交替转换。前四小节为整段声音商标前奏部分，曲调为G大调；中间11小节为整段声音商标主题部分，曲调为C大调，其中第十二、十三小节播音员报出"中国国际广播电台"的呼号后音乐延续两小节，主题部分结束；最后三小节钢片琴再次奏响主题音乐，转调回G大调，该声音商标结束）

又如：

此声音商标由人声组成，音频采用四四拍，E大调。商标总共两小节，第一小节为1个八分音符，第二小节第一拍为2个八分音符，第二拍为2个八分音符，以二分休止符结束。
此声音商标由"hello kugou"组成，其中"hello"是英文发音，"kugou"是酷狗的中文拼音，用女声发出"hello kugou"的声音。

（该商标图样中文字说明为：此声音商标由人声组成，音频采用四四拍，E大调。商标总共两小节，第一小节为1个八分音符，第二小节第一拍为2个八分音符，第二拍为2个八分音符，以二分休止符结束。此声音商标由"hello kugou"组成，其中"hello"是英文发音，"kugou"是酷狗的中文拼音，用女声发出"hello kugou"的声音）

3.1.4.4.3 商标说明和使用方式

申请人应当在商标说明中说明声音商标在商品或者服务上的使用方式,即应当具体说明以何种方式或者在何种情形下使用声音商标,如:在打开、关闭或使用商品过程中使用;在开始、结束或提供服务过程中使用;在经营或服务场所使用;在公司网站上使用;在广播、电视、网络或者户外等广告宣传中使用等。

例如:

"使用在智能手机、MP3、MP4等数码播放设备开机启动时的提示性音乐"("望子成龙小霸王"声音商标)。

"广播电台开始时播放使用"("中国国际广播电台"声音商标)。

"主要用于在申请人出品的电影、视频、声音产品的开头进行播放,或用于广告宣传"(某电影公司"和弦"声音商标)。

"使用在申请人指定商品/服务上,具体表现为申请人所提供应用程序中信息提示时的短促'嘀嘀嘀嘀嘀嘀'的声音"("嘀嘀嘀嘀嘀嘀"声音商标)。

"用于宣传视频、商业广告、展览以及活动中,用于识别商品和服务的来源"("YAHOO"声音商标)。

3.1.5 商品/服务项目

申请商标注册,应当按规定的商品和服务分类表填报使用商标的类别、商品或者服务项目名称。商品或者服务项目名称未列入商品和服务分类表的,应当附送对该商品或者服务的说明。

商标注册申请人可以通过一份申请就多个类别的商品或者服务项目申请注册同一商标。填报时,应按类别对应填写类别号、商品或者服务项目名称。

申报的商品或者服务项目,项目名称应表述清晰、准确,符合提交申请时施行的商品和服务分类表的分类原则;应能够与其他类别的商品或者服务项目相区分,避免使用含混不清、过于宽泛、不足以确定其所属类别或易产生误认的名称;项目名称还应符合公众的语言习惯和文字使用规则。

商品和服务分类表见商标注册部门对外发布的《类似商品和服务区分表》。

3.1.6 共同申请人

填写要求参见第一部分第一章4"申请文件审查"相关栏目。

3.2 身份证明文件、主体资格证明文件

具体要求参见第一部分第一章5.1"身份证明文件、主体资格证明文件"。

3.3 商标代理委托书

具体要求参见第一部分第一章5.2"商标代理委托书"。

3.4 申请资格

(1) 申请人申请商标注册,应当符合《商标法》第四条的规定。申请人所提交的身份证明文件已证明其符合规定的,无须另行提交主体资格证明文件。申请人为内地(大陆)自然人的,应提供载有统一社会信用代码的个体工商户营业执照、农村土地承包经营合同复印件(申报类别以自营的农副产品为限)等表明申请人从事生产经营活动的主体资格证明文件。

(2) 商标代理机构除对其代理服务申请商标注册外,不得申请注册其他商标。

3.5 集体商标相关文件

集体商标是指以团体、协会或者其他组织名义注册,供该组织成员在商事活动中使用,以表明使用者在该组织中的成员资格的标志。

申请注册集体商标的,除满足商标注册申请一般文件要求外,申请人还应提交使用管理规则(包括集体组织成员名单)。

以地理标志作为集体商标注册的,还应当提交证明其或其委托机构有监督检测能力的证明文件,管辖该地理标志所标示地区的县级以上人民政府或行业主管部门的授权文件,地理标志所标示的商品的生产地域范围证明,地理标志所标示的商品的特定质量、信誉或其他特征由该地理标志所标示的地区的自然因素和人文因素决定的关系说明,以及地理标志商品客观存在及信誉情况的证明。

3.6 证明商标相关文件

证明商标是指由对某种商品或者服务具有监督能力的组织所控制,而由该组织以外的单位或者个人使用于其商品或者服务,用以证明该商品或者服务的原产地、原料、制造方法、质量或者其他特定品质的标志。

申请注册证明商标的,除满足商标注册申请一般文件要求外,申请人还应提交使用管理规则、证明其或其委托机构有监督检测能力的证明文件。

以地理标志作为证明商标注册的,还应当提交管辖该地理标志所标示地区的县级以上人民政府或行业主管部门的授权文件,地理标志所标示的商品的生产地域范围证明,地理标志所标示的商品的特定质量、信誉或其他特征由该地理标志所标示的地区的自然因素和人文因素决定的关系说明,以及地理标志商品客观存在及信誉情况的证明。

3.7 其他文件

商标注册部门认为需要提交的其他文件。例如,申请人为未成年人的,应当提供申请人监护人的证明材料。

4 审查结论

4.1 形式审查合格

经形式审查，对于申请文件符合《商标法》及其实施条例有关规定的商标注册申请，包括经过补正符合形式审查要求的商标注册申请，应当认为形式审查合格。

4.2 需要补正的情形

申请手续基本齐备或者申请文件基本符合规定，但是有以下情形需要补正的，通知申请人予以补正。

4.2.1 申请事项

（1）申请人为自然人，未按要求填写身份证件号码的。

（2）申请书中申请人地址与身份证明文件不一致的，或者未详细填写地址的。

（3）申请书中申请人名称或地址中含有非中文简化汉字的。例如申请人名称、外国申请人的国内接收人名称中含有繁体字、日文文字的，或是外国申请人中文名称未完整翻译为中文的。

（4）外国申请人未填写申请书中申请人英文名称或地址的，或者英文名称或地址与身份证明文件不一致的，或者英文名称或地址含有非英文文字的。

（5）外国申请人未填申请书中"申请人国籍/地区"的，或者填写内容与身份证明文件不一致的。

（6）外国申请人未填写申请书中"外国申请人的国内接收人""国内接收人地址""邮政编码"栏的，或者填写内容不正确的［如非中国内地（大陆）地址］。

（7）国内申请人填写申请书中"外国申请人的国内接收人""国内接收人地址"栏的。

（8）未在"商标申请声明"栏声明以三维标志、颜色组合、声音标志申请商标注册，但在"商标说明"栏内明确说明以三维标志、颜色组合、声音标志申请商标注册的（注意：经补正，申请人仍未在"商标申请声明"栏声明的，视为不以三维标志、颜色组合、声音标志申请商标注册，不对其所附相关文件进行审查）。

（9）申请书中申请人章戳与申请人名称一致，但非公章的（如合同章等）。

（10）声明申请注册集体商标或证明商标，未附送相关文件的，或者附送相关文件不齐备的。

（11）申请事项中存在依照《商标法》及其实施条例规定应补正的其他情形。

4.2.2 商标图样和声音样本

（1）申请书中的商标图样不清晰，图形或文字难以辨认的。

（2）商标图样中含有商标注册标记的，或者需要对商标图样中的文字或商标设计予以说明的。

（3）声明以三维标志申请商标注册，但商标图样不符合要求的，或者未在申请书中报送商标使用方式的。

（4）声明以颜色组合申请商标注册，但商标图样不符合要求的，或者未在申请书中报送商标使用方式的，或者未在申请书中列明颜色名称或色号的。

（5）声明以声音标志申请商标注册，但商标描述或者声音样本不符合要求的，或者未在申请书中报送商标使用方式的，或者未附送声音样本的。

4.2.3 商品服务项目

（1）商品或者服务项目名称填写不规范、不具体、不明确的。

（2）商品或者服务项目不属于申请类别的。

（3）商品或者服务项目跨类或类别不明确的。

（4）商品或者服务项目为中国不接受的。

（5）申请地理标志商标，指定商品不准确的。

4.2.4 委托事项

（1）委托商标代理机构办理，申请书中代理机构章戳并非公章的（如代理章等），或者代理人未在申请书上签字的（包括签字明显不是人名的）。

（2）委托商标代理机构办理，未提交委托书原件的，或者委托书中委托人国籍、委托事项填写内容不正确的，或者委托人章戳非公章的（如合同章等）。

4.2.5 其 他

（1）申请人为未成年人，但未提供申请人监护人证明材料的。

（2）经审查后，需要申请人报送其他相关材料的。

4.3 不予受理情形

有以下申请手续不齐备、未按照规定填写申请文件情形的，不予受理并书面通知申请人。

根据确保效率的审查原则，在受理后发现申请文件存在瑕疵的，一般情况下由实质审查员视情形发出审查意见书或者作出驳回决定。

4.3.1 申请事项

（1）商标注册申请书式不规范或使用书式不正确的。

（2）未填写申请书中申请人名称或申请人地址的。

（3）以纸质方式提交，商标注册申请书未打字或印刷的，或者内容打印不清晰、无法辨认的，或者章戳加盖在文字上造成商标注册申请书部分内容不清晰、无法辨认，影响后续审查的。

（4）外国申请人的申请人名称或申请人地址未翻译为中文的，或者其英文名称或地址未使用英文规范填写的。

（5）申请书中申请人名称、章戳（签字）与报送的身份证明文件三者不一致的。

（6）声明两个以上申请人共同申请注册同一商标，但未报送申请书附页的，或者未报送其他共同申请人身份证明文件的。

（7）证明文件为外文，但未报送中文译文的，或者中文译文与申请书中内容不一致的。

4.3.2　商标图样和声音样本

（1）未在申请书中图样框内打印或粘贴商标图样的，或者打印或粘贴的商标图样超过规定大小范围的。

（2）补正后变更商标图样的。

（3）补正后商标图样仍不够清晰，图形或文字难以辨认的。

（4）补正后商标图样中仍含有商标注册标记的。

（5）声明以三维标志申请商标注册，补正后商标图样仍不符合要求的，或者仍未在申请书中报送商标使用方式的。

（6）声明以颜色组合申请商标注册，补正后商标图样仍不符合要求的，或者仍未在申请书中报送商标使用方式的，或者仍未在申请书中列明颜色名称或色号的。

（7）声明以声音标志申请商标注册，补正后商标描述或声音样本仍不符合要求的，或者仍未在申请书中报送商标使用方式的，或者仍未附送声音样本的。

4.3.3　商品/服务项目

（1）未在申请书中填写商品或者服务项目名称的。

（2）补正后商品或者服务项目名称仍不符合申报要求的。

（3）补正后商品或者服务项目超过原申报范围的。

4.3.4　委托事项

（1）委托商标代理机构办理，代理机构未在申请书上盖章的，或者章戳不清晰无法辨认的，或者与申请书或委托书中代理机构名称不一致的。

（2）委托商标代理机构办理，但未提交代理委托书的；声明两个以上申请人共同申请注册同一商标，但未报送其他共同申请人委托书的。

（3）委托商标代理机构办理，委托人未在委托书上盖章或签字的，或者委托人章戳（签字）不清晰无法辨认的，或者与委托人名称、申请书中申请人名称不一致的。

（4）委托商标代理机构办理，委托书未载明代理机构名称的，或者与申请书中内容不一致的。

4.3.5　其　他

（1）未报送申请人身份证明文件的，或者报送的文件与申请人不一致的，或者文件不清晰无法辨认的，或者文件超出载明的有效期已失效的，或者明显存在造假情形的。

（2）申请人（其他共同申请人）未提供或所提供的文件未能有效证明其从事生产经营活动，不符合《商标法》第四条"自然人、法人或者其他组织在生产经营活动中，对其商品或者服务需要取得商标专用权的，应当向商标局申请商标注册"相关规定的。

（3）农村承包经营户在其自营的农副产品以外提出商标注册申请的。

（4）商标代理机构申请注册其代理服务以外其他商标的。例如：申请人营业执照上的经营范围中明确含有"商标代理"或"知识产权代理"，但申报第45类4506类似群组相关服务以外其他商品或者服务项目的。

（5）申请书内容涂改且影响后续审查，但申请人或代理机构未在涂改之处盖章或签字确认的。

（6）申请商标不符合《商标法》第八条要求的。

（7）要求申请人予以补正，申请人期满未补正或者不按照要求进行补正的。

（8）其他应当不予受理的情形。

5 申请人要求优先权

5.1 申报要求

申请人依据《商标法》第二十五条要求优先权的，《商标注册申请书》中选择"基于第一次申请的优先权"，并填写"申请/展出国家/地区""申请/展出日期""申请号"栏。

申请人依据《商标法》第二十六条要求优先权的，《商标注册申请书》中选择"基于展会的优先权"，并填写"申请/展出国家/地区""申请/展出日期"栏。

申请人应当同时提交优先权证明文件（包括原件和中文译文）；优先权证明文件不能同时提交的，应当选择"优先权证明文件后补"，并自申请日起三个月内提交。

5.2 审查内容

（1）申请人要求优先权的，应当在申请书中予以声明。未声明的，视为未要求优先权。

（2）要求优先权的，还应同时提交或在提出商标注册申请的三个月内提交优先权证明文件。证明文件为外文的，应当同时附送中文译文；未附送中文译文的，视为未提交该证明文件。逾期未提交优先权证明文件的，视为未要求优先权。

5.3 优先权有效情形

（1）书面声明要求基于第一次申请的优先权，完整填写申请书中"申请/展出国家/地区""申请/展出日期""申请号"栏，在规定期限内提交符合《商标法》第二十五条及《商标法实施条例》第二十条规定的优先权证明文件（包括原件和中文译文）

的,优先权有效。

(2)书面声明要求基于展会的优先权,完整填写申请书中"申请/展出国家/地区""申请/展出日期"栏,在规定期限内提交符合《商标法》第二十六条规定的优先权证明文件(包括原件和中文译文)的,优先权有效。

5.4 优先权无效情形

(1)要求基于第一次申请的优先权,但未完整填写申请书中"申请/展出国家/地区""申请/展出日期""申请号"栏的。

(2)要求基于展会的优先权,但未完整填写申请书中"申请/展出国家/地区""申请/展出日期"栏的。

(3)商标注册申请的申请日期超过"申请/展出日期"六个月的。

(4)未同时提交优先权证明文件(包括原件和中文译文),也未在自申请日起三个月内补交的。

(5)优先权证明文件(包括原件和中文译文)不符合规定的。

(6)优先权证明文件(包括原件和中文译文)与申请书中"申请/展出国家/地区""申请/展出日期""申请号"栏填写内容不一致的。

6 撤回注册申请

申请人在其申请注册的商标核准注册之前,可以申请撤回该商标的注册申请。

6.1 申请文件

申请人撤回商标注册申请的,应当提交:

(1)《撤回商标注册申请申请书》;

(2)经盖章或者签字确认的身份证明文件;

(3)委托商标代理机构办理的,应当提交载明代理内容及权限的商标代理委托书。

除上述文件外,原申请人名义发生变更的,应当以变更后的申请人名义申请撤回商标注册申请,并同时提交有关登记机关出具的申请人名义变更的证明文件复印件。

6.2 内容与要求

(1)申请文件是否符合要求(参见第一部分第一章4"申请文件审查"和5"其他申请文件审查")。

(2)撤回申请人是否与申请商标注册的申请人一致。

(3)申请撤回的商标注册申请是否尚在审查过程中。

提交撤回商标注册申请,不需要缴纳规费,但已经缴纳的受理商标注册费不予退回。

6.3 审查结论

6.3.1 准予撤回
经审查符合规定的,准予撤回。

6.3.2 不予受理
存在以下情形之一,该撤回申请不予受理:
(1) 申请文件不齐备、填写不符合要求;
(2) 撤回申请人与申请商标注册的申请人不一致;
(3) 申请撤回的商标注册申请已核准注册;
(4) 申请撤回的商标注册申请已经驳回;
(5) 其他不予受理撤回商标注册申请的情形。

第三章　异议形式审查

1　法律依据

《商标法》第十八条、第三十三条、第七十二条

《商标法实施条例》第五条、第六条、第九条、第十二条、第十四条、第十五条、第十八条、第二十四条、第二十五条、第二十六条、第二十七条、第九十七条

2　引　言

异议形式审查包括异议申请及相关材料、异议答辩书及相关材料、异议人变更及撤回申请等内容的审查。异议申请形式审查遵循商标申请形式审查的一般性要求，但也有异议程序的特殊规定。

2.1　基本要求

（1）异议申请应当在法律规定的异议期限内提出；

（2）异议人应符合《商标法》第三十三条规定的主体资格要求；

（3）以法定理由提出；

（4）申请书及其他申请材料齐备；

（5）按规定缴纳异议费用。

2.2　异议申请材料

异议申请应提交的材料主要包括：

（1）商标异议申请书；

（2）异议人的身份证明文件；

（3）明确的异议理由、事实和法律依据，并附相关证据材料。内容较多的，可以另附"异议理由书"；

（4）以违反《商标法》第十三条第二款和第三款、第十五条、第十六条第一款、第三十条、第三十一条、第三十二条规定为由提出异议的，异议人应提交作为在先权利人或利害关系人的主体资格证明文件；

（5）委托商标代理机构提出异议申请的，应提交代理委托书。

3 形式审查

3.1 异议期限

异议法定期限为自初步审定公告之日起三个月内。按照《商标法实施条例》第十二条规定，异议期限起算日从初步审定公告之日的次日开始计算，初审公告当日不计算在期限内。异议期限以商标初步审定公告最后一月的相应日为期限届满日，该月无相应日的，以该月最后一日为期限届满日，期限届满日是节假日的，以节假日后的第一个工作日为期限届满日。

3.1.1 邮寄提交的

以邮寄方式提交的，以异议人寄出的邮戳日为准；邮戳日不清晰或者没有邮戳的，以商标注册部门实际收到日为准。

异议人根据《商标法实施条例》第九条主张实际邮戳日的，可以提交县级以上邮政部门出具的加盖红色公章的实际递交日证明。

挂号信有两个寄出邮戳的，采信经审查核对与中国邮政集团官网记录的邮路信息一致的寄出邮戳日期。

3.1.2 通过邮政企业以外的快递企业递交的

以快递企业收寄日为准；收寄日不明确的，以商标注册部门实际收到日为准，但是异议人能够提出实际收寄日证据的除外。

3.1.3 直接递交的

异议人直接递交的，以商标注册部门记录的收文日为准。

3.1.4 以电子方式提交的

异议人以电子方式提交的，以商标注册部门收到商标电子申请文件的时间为准。异议人的电子材料未能被正常接收的，视为未提交。

3.2 异议主体

在先权利人、利害关系人认为初步审定公告的商标违反《商标法》第十三条第二款和第三款、第十五条、第十六条第一款、第三十条、第三十一条、第三十二条规定的，可以在法定期限内向商标注册部门提出异议。任何人认为初步审定公告的商标违反《商标法》第四条、第十条、第十一条、第十二条、第十九条第四款规定的，可以在法定期限内向商标注册部门提出异议。

在先权利人是指在先权利的所有者。在先权利包括但不限于在先商标权、字号权、著作权、外观设计专利权、姓名权和肖像权。

利害关系人是指系争商标的申请注册可能损害或削弱其相关在先权利，使其利益受到侵犯的主体，包括但不限于：

（1）在先商标权及其他在先权利的被许可使用人；

（2）在先商标权及其他在先权利的合法继受人；

（3）在先商标权的质权人；

（4）在先商标权及其他在先权利人的控股股东；

（5）就相关人身权提交了特别授权文件的被授权人；

（6）其他有证据证明与在先商标权及其他在先权利有利害关系的主体。

仅因系争商标的申请注册而受到影响，但与在先权利不具有直接利害关系的主体，不宜认定为"利害关系人"。

判断异议人是否为利害关系人原则上以提出异议时为准。

任何人包括自然人、法人或者其他组织。

3.3 内容及要求

3.3.1 申请书

办理商标异议事宜应当使用中文。

异议申请书应当采用商标注册部门正式发布的规范书式，以纸质方式提出的应当打字或印刷。

异议申请书及相关证据材料应当提交一式两份并标明正、副本（异议人特别注明涉及商业秘密的材料除外），证据材料应当编排目录及页码。

异议人自行办理异议申请的，异议申请书应当由异议人盖章或签字；委托代理机构办理的，异议申请书应当由代理机构加盖公章，并由代理人签字。

异议人需要补充证据材料的，应当在异议申请书中勾选声明，并应自提交异议申请之日起3个月内提交。

一份异议申请只能对一件初步审定的商标提出异议。针对一标多类商标提出异议的，异议人可以在一份异议申请中列明多个类别，也可以按照被异议商标的类别分别提交异议申请。

3.3.2 身份证明文件

异议人应当提交身份证明文件，异议人名称应当与异议人章戳、异议人身份证明文件完全一致。

具体要求参见第一部分第一章5.1"身份证明文件、主体资格证明文件"。

3.3.3 明确的异议理由、事实和法律依据

异议申请应当有明确的请求和事实依据。

基于《商标法》第十三条第二款和第三款、第十五条、第十六条第一款、第三十条、第三十一条、第三十二条的规定提出异议申请的，应当明确相关在先权利的信息，包括但不限于权利类型和权利对象。

基于《商标法》第四条、第十条、第十一条、第十二条和第十九条第四款的规定提出异议申请的，应当提交明确的事实依据和相关证据材料。

3.3.4 主体资格证明文件

以违反《商标法》第十三条第二款和第三款、第十五条、第十六条第一款、第三十条、第三十一条、第三十二条规定提出异议的，应提交异议人作为在先权利人或利害关系人的主体资格证明。

3.3.4.1 文件提交

异议人可根据在先权利的类型提交如下材料作为在先权利人或利害关系人的主体资格证明：

（1）基于在先注册或在先申请的商标提出异议的，应当在申请中列明商标注册号或商标申请号；

（2）基于在先使用商标提出异议的，应当提交在先使用的证据，在先使用证据应当能够显示所使用的商标标识、商品或者服务、使用日期和使用人；

（3）基于主张代理或代表关系、特定关系人抢注提出异议的，应提供能够证明被异议人与其存在代理或代表关系或其他特定关系的证据；

（4）基于地理标志保护提出异议的，应提供相关地理标志材料；

（5）基于在先字号权提出异议的，应提交企业营业执照、个体工商户营业执照等证件的复印件或者登记部门出具的载有异议人字号信息，且能体现出字号的登记、使用日早于被异议商标的注册申请日；

（6）基于在先著作权或外观设计专利权提出异议的，应提交著作权或专利权证书、委托创作合同、著作权或专利权转让合同或作品公开发表的证明复印件等；

（7）基于在先姓名权提出异议的，应当提交自然人身份证或护照，基于艺名、笔名、别号、雅号等主张权利的，还应当提交能够证明自然人与该名称对应关系的文件复印件；

（8）主张其他在先权利的，应提交证明存在在先权利的证明文件。

3.3.4.2 主体资格证明文件的一般性要求

（1）在先权利的权利证书或证明文件应当能够证明相应权利的产生时间早于被异议商标的申请日期。

（2）异议人为利害关系人的，应当提交证明其与所主张的在先权利存在直接利害关系的文件，例如许可使用合同、代理合同、经销合同、特许经营合同、转让合同、委托创作合同、经纪合同、出资证明、权利转让受理通知书、地理标志所标示地区的相关经营者证明等。

（3）异议人身份证明文件与主体资格证明文件相同或重合的，提交一份即可。

（4）异议人作为在先权利人或者利害关系人的证明及证据材料应当在提出异议申请时提交。

3.3.5 商标代理委托书

异议人委托商标代理机构办理异议事宜的，应当提交代理委托书。代理委托书应当载明委托人名称、地址、被异议商标名称、代理权限、代理事项及授权日期，并有委托人签字或章戳。委托代理机构办理异议申请的，委托书代理事项应当为"商标异议申请"。

异议人是我国香港特别行政区、澳门特别行政区及台湾地区的，应当委托依法设立的商标代理机构办理，商标代理委托书中委托人名称、地址、委托事项应翻译成中文。

异议人是外国主体的，应当委托依法设立的商标代理机构办理。商标代理委托书中委托人名称、地址、委托事项应翻译成中文。

商标代理委托书应为原件。

同一代理机构不能在同一商标异议案件中同时代理异议双方当事人。

3.4 审查结论

3.4.1 受 理

商标注册部门收到商标异议申请后，经审查，符合受理条件的，予以受理，向异议人发出受理通知书。

3.4.2 不予受理

商标注册部门收到商标异议申请后，经审查，不符合受理条件的，不予受理，书面通知异议人。

异议申请存在下列情形之一的，不予受理：

（1）异议申请未在法定期限内提出，包括涉案商标尚未刊登初步审定公告、异议申请在初步审定公告当天提出和异议申请日期超过法律规定的异议期限三种类型；

（2）异议人主体资格、异议理由不符合《商标法》第三十三条规定；

（3）异议申请缺少身份证明文件（外国人或外国企业提交的身份证明文件是外文的，应当附送中文译文，未附送的，视为未提交该证明文件）；

（4）异议申请无明确的异议理由、事实和法律依据；

（5）同一异议人以相同的理由、事实和法律依据对同一商标再次提出异议申请的，包括异议人以相同理由先后直接递交和委托代理机构递交以及异议人以相同理由先后委托不同代理机构提交的情形，按收文日期，在确保第一件异议申请受理的前提下，后续的异议申请不予受理；

（6）异议申请未按规定使用中文；

（7）未按规定缴纳异议费用；

（8）我国香港特别行政区、澳门特别行政区及台湾地区申请人未委托依法设立的商标代理机构提交异议申请；

（9）外国人或外国企业未委托依法设立的商标代理机构提交异议申请；

（10）异议人未补正或未按要求补正；

（11）异议人申请撤回商标异议申请且异议申请尚未受理；

（12）其他按照《商标法》及其实施条例应当不予受理的情形。

3.4.3 补 正

商标注册部门收到商标异议申请后，经审查，需要补正的，书面通知异议人，要求其在规定期限内补正。

异议申请需要补正的情形包括：

（1）被异议商标初步审定公告期、商标注册号、被异议商标名称、被异议商标类别等填写有误；

（2）被异议人与被异议商标的申请人不一致；

（3）委托代理机构办理但商标异议申请书首页未加盖代理机构公章，代理人未签字；

（4）异议人自行办理但异议人未盖章或签字；

（5）通过邮寄寄交但异议申请邮戳日不清或没有邮戳；

（6）通过邮政以外的快递企业递交，但快递企业收寄日不明确；

（7）委托代理机构办理但缺少代理委托书或代理委托书填写有误、不完整；

（8）未提供异议申请副本或正、副本不一致（涉商业秘密并已声明的除外）；

（9）一件商标异议申请，对多件商标提出异议申请；

（10）我国香港特别行政区、澳门特别行政区及台湾地区申请人身份证明文件翻译有误；

（11）外国异议人身份证明文件翻译有误；

（12）其他按照《商标法》及其实施条例需要补正的情形。

异议申请补正回文须连同补正通知书一并交回。经补正，符合要求的异议申请予以通过。逾期未补正或未按要求补正的，该异议申请不予受理。

4 答辩材料的审查

4.1 答辩材料的要求

异议答辩材料应符合以下要求：

（1）被异议人应当在收到《商标异议答辩通知书》之日起30日内提交异议答辩材料，并交回《商标异议答辩通知书》。

（2）答辩人应与被异议商标注册申请人名义一致。答辩人名义发生变更，但未在商标注册部门办理商标注册申请人名义变更的，在答辩过程中，可以在提供企业登记机关出具的变更证明的情况下以变更后的名义进行答辩。

（3）答辩人直接递交（含邮寄）答辩材料的，答辩书应当由答辩人盖章或签字。

（4）委托代理机构进行答辩的，应附送商标代理委托书，答辩书尾页应当加盖代理机构公章。委托书应当填写委托事项及委托日期，委托人是法人或者其他组织的，应当加盖公章；委托人是自然人的，应当签字。

（5）被异议人是我国香港特别行政区、澳门特别行政区、台湾地区的，应当委托依法设立的商标代理机构进行答辩。

（6）被异议人是外国主体的，应当委托依法设立的商标代理机构进行答辩。

（7）异议人代理机构不得代理被异议人进行答辩。

4.2 审查结论

（1）答辩人在规定期限内作出答辩且材料符合规定的，予以通过。

（2）答辩材料需要补正的，商标注册部门书面通知答辩人，要求其在规定时间内，按照指定内容补正。

答辩人按要求补正的，答辩材料予以通过。逾期未补正或未按要求补正的，视为未答辩。

5 补充证据材料的审查

当事人需要在提出异议申请或者答辩后补充有关证据材料的，应当在商标异议申请书或者答辩书中声明，并在提交商标异议申请书或者答辩书之日起3个月内提交。

5.1 补充证据材料的要求

异议补充证据材料分为异议申请补充证据材料和异议答辩补充证据材料，应符合以下要求：

（1）补充证据材料应当自提交异议申请书或答辩书之日起3个月内递交；

（2）异议申请补充证据材料需提交正、副本一式两份；

（3）异议人自行办理的，异议补充证据材料应当由异议人盖章或签字；委托代理机构办理的，异议补充证据材料应当由代理机构加盖公章，并由代理人签字。签字或加盖的章戳应与异议申请或答辩材料上一致，异议当事人申请变更代理机构的除外。

5.2 审查结论

（1）有关补充证据材料在期限内提交，且符合规定的，予以通过。

（2）补充证据材料需要补正的，商标注册部门书面通知当事人，要求其在规定时间内，按照指定内容补正。

当事人按要求补正的，补充证据材料予以通过。逾期未补正或未按要求补正的，视为未提交（答辩）补充证据材料。

5.3 异议当事人申请变更代理机构

异议当事人申请变更代理机构的，应以补充证据材料的形式提交解除与原代理机构委托关系并委托新的代理机构的声明和新的代理委托书。

6 异议人变更

6.1 相关解释

异议人变更是指异议申请提交之后至异议决定作出之前，异议人据以提出异议申请的在先权利转移至案外第三人，由第三人承继异议人主体地位、参加后续异议程序并承担相应后果。

在先权利的转移包括异议人和第三人之间自愿的转让，也包括因合并、继承、诉讼等事由导致的法定移转。

在先权利的转移应当合法、有效、完整，致使异议人失去适格的主体资格、第三人获得适格的主体资格。

6.2 异议人变更的审查

6.2.1 申请材料

异议人变更应由第三人以异议申请补充证据材料的形式向商标注册部门提出书面申请，应当一次性提交以下材料：

（1）异议人变更的书面申请，该申请书无固定格式；
（2）身份证明；
（3）在先权利转移证明；
（4）原异议人同意变更的书面文件。

异议人变更书面申请中应当有第三人承继异议人主体地位、参加后续异议程序并承担相应后果的明确意思表示。在先权利转移证明应当包含在先权利转移的双方主体、转移时间、权利范围和法律效力等内容。

6.2.2 相关要求

（1）商标注册部门准予异议人变更后，后续的异议发文均送达变更后的异议人（原第三人），并在异议决定书中说明该变更情况，不再单独作出变更决定。变更后的异议人参加后续程序，但不能再次启动已经完成的程序。

不予变更异议人的，继续进行原程序。

（2）变更后的异议人参加异议程序委托代理机构的，应当重新提交代理委托书；未提交的，视为自行办理。

变更后的异议人在法定补充证据期限内可以提交证据材料。在期满后生成或者当事人有其他正当理由未能在期满前提交的证据，在期满后提交的，商标注册部门将证据交被异议人并质证后可以采信。原异议人已发表的意见、已提交的证据继续有效，变更后的异议人不得撤回或否认。

6.2.3 不予变更情形

异议人变更存在下列情形之一的,应不予变更:
(1) 在先权利转移前,异议申请依法应当不予受理的;
(2) 异议人变更申请材料不齐备或有重大瑕疵的;
(3) 其他不予变更的情形。

7 撤回商标异议申请审查

异议人在商标注册部门作出决定前,可以书面向商标注册部门要求撤回申请并说明理由,商标注册部门认为可以撤回的,异议程序终止。

7.1 文件要求

撤回商标异议申请应符合以下要求:
(1) 撤回异议的申请人应当与异议人名义一致。
(2) 被异议商标信息及撤回异议申请的类别信息填写应当准确无误。
(3) 异议人直接提交撤回异议申请的,应加盖异议人章戳或签字,并与异议申请书所盖章戳或签字一致;委托代理机构提交的,应加盖代理机构公章并由代理人签字。
(4) 委托代理机构提交撤回申请的,应当附送商标代理委托书,委托书应当加盖委托人章戳(应与异议申请书所盖章戳一致),载明代理权限、代理事项及授权日期,代理事项应为"撤回异议申请"。
(5) 应当提交由异议人盖章或签字的身份证明文件复印件,证件和盖章或签字应与提交异议申请时的一致。
(6) 被异议人代理机构不能代理异议人撤回商标异议申请,被异议商标已核准转让给异议人的除外。

7.2 审查结论

(1) 经审查,撤回商标异议申请符合规定的,商标注册部门发出《撤回商标异议申请核准通知书》或《异议结案通知书》。《撤回商标异议申请核准通知书》主送异议人,抄送被异议人。《异议结案通知书》送达双方当事人。异议申请尚未受理的,向异议人发出《异议申请不予受理通知书》。
(2) 经审查,撤回异议申请需补正的,书面通知申请人在指定期限内补正。经补正,符合规定的,核准撤回或结案。经补正后仍然不符合规定的,不予核准撤回异议申请,商标注册部门向异议人发出《撤回商标异议申请不予核准通知书》。
(3) 异议人提交书面材料明确表示未递交撤回商标异议申请的,该撤回异议申请不予核准。

（4）异议申请代理机构与撤回申请代理机构不同的，通知书抄送原异议申请代理机构。

8　被异议商标撤回相关异议申请的处理

被异议商标已核准撤回的，相关异议案件予以结案，商标注册部门书面通知双方当事人。

9　商标异议申请驳回

已经受理的异议申请，发现不符合受理条件或出现了不符合受理条件的新情况时，予以驳回并书面通知当事人。

第四章　评审形式审查

1　法律依据

《商标法》第四条、第五条、第八条、第十八条、第十九条、第三十四条、第三十五条、第四十四条、第四十五条、第五十四条、第七十二条

《商标法实施条例》第五条、第六条、第八条、第九条、第十条、第十一条、第十二条、第十四条、第十五条、第十六条、第四十九条、第五十一条、第五十三条、第五十七条、第五十八条、第五十九条、第六十一条、第六十二条

2　引　言

商标评审是指商标注册部门依据《商标法》的相关规定审理有关商标争议事宜。

商标评审案件包括五种类型：驳回复审、不予注册复审、无效宣告复审、撤销复审、无效宣告。

驳回复审、不予注册复审、无效宣告复审、撤销复审案件为复审类案件。

3　形式审查

3.1　申请主体

提交商标评审申请，申请人应符合《商标法》规定的主体资格要求。

复审类案件：申请人应为原审程序当事人。复审商标发生转让、移转情形的，受让人可承继评审主体资格。

无效宣告案件：任何组织和个人可以依据《商标法》第四十四条第一款规定对注册商标提出无效宣告申请。

在先权利人、利害关系人可以依据《商标法》第四十五条第一款规定对注册商标提出无效宣告申请。

在先权利人、利害关系人的具体要求参见第一部分第三章3.2"异议主体"。

3.2　期　限

申请人应在法律规定的期限内提出商标评审申请。

复审类案件：申请人应当自收到原审程序决定之日起十五日内向商标注册部门申请复审。原审决定尚未发出，申请人不得提出复审。

无效宣告案件：依照《商标法》第四十四条第一款提出申请的无效宣告案件，不受时限限制。申请宣告国际注册商标无效的，应当自系争商标国际注册申请的驳回期限届满后提出；若驳回期限届满时系争商标仍处在驳回复审或者异议相关程序的，应当自准予注册决定生效后提出。

依照《商标法》第四十五条第一款提出申请的无效宣告案件，应自系争商标注册之日起五年内提出；对恶意注册的，驰名商标所有人不受五年的时间限制。申请宣告国际注册商标无效的，应当自系争商标国际注册申请的驳回期限届满之日起五年内提出；若驳回期限届满时系争商标仍处在驳回复审或者异议相关程序的，应当自准予注册决定生效之日起五年内提出申请。

《商标法》第三次修正自2014年5月1日起施行后，对经异议程序或不予注册复审程序核准注册的商标提出无效宣告请求的，需在该商标重新刊登注册公告后提出。

3.2.1 送达日的确定

送达日是指原审程序文书送达的时间。确定送达日关系到评审期限的计算，是形式审查的重要内容。

（1）以邮寄方式送达的，申请人可以提交原审程序文书的邮政挂号信信封原件作为证明送达日的证据，邮戳清晰的，以收到的邮戳日为准；邮戳不清晰的，自文件发出之日起满15日视为送达。申请人能够证明实际送达日的除外。

申请人无法提交邮政挂号信信封的，应当提交凭借邮政挂号信条码查询到的邮路信息，由商标注册部门结合发文信息进行综合判定，确定实际送达日。

申请人主张实际送达日与挂号信邮戳、邮路信息不一致的，可以提交县级以上邮政部门出具的加盖公章的证明原件，该证明应注明实际送达日期及邮政部门的联系人、联系电话等，由商标注册部门审查核实后，确定实际送达日。

（2）以公告方式送达的，自公告发布之日起满三十日视为送达。申请人在公告期间内领取的，实际领取之日为送达日。公告期满后领取的，仍以公告发布之日起满三十日视为送达，申请人实际领取材料的时间不影响公告送达期间的计算。

（3）以数据电文方式送达的，自文件发出之日起满十五日视为送达。文件发出之日以商标注册部门网上服务系统载明的日期为准。

（4）马德里国际注册商标的送达，以世界知识产权组织（WIPO）通知函上所载国际局转发申请人的时间为准。

3.2.2 提交日的确定

提交日是指评审申请提交的时间。确定提交日关系到判断该评审申请是否超出法定期限，是形式审查的重要内容。

（1）以邮寄方式提交的，以申请人寄出的邮戳日为准。以快递方式提交的，以快递企业收寄日为准。

邮戳日及快递收寄日不清晰的或者没有邮戳日或快递收寄日的，以商标注册部门实际收到日为准。申请人能够证明实际提交日的除外。

（2）申请人主张实际提交日与邮戳不一致的，可以提交县级以上邮政部门出具的加盖公章的证明原件，该证明应注明实际提交日期及邮政部门的联系人、联系电话等，由商标注册部门审查核实后，确定实际提交日。

（3）以数据电文方式提交的，以商标注册部门收到商标数据电文申请文件的时间为准。申请人的数据电文材料未能被正常接收的，视为未提交。

3.2.3 期限的计算

《商标法》及其实施条例规定的各种期限开始的当日不计算在期限内。期限以年或者月计算的，以期限最后一月的相应日为期限届满日；该月无相应日的，以该月最后一日为期限届满日；期限届满日是节假日的，以节假日后的第一个工作日为期限届满日。

评审申请的提交日应当在期限届满日之前，最迟在届满日同一天。

3.3 评审范围

对商标注册部门作出的驳回商标注册申请的决定不服提起复审，属于驳回复审案件的评审范围。对商标注册部门作出的对初步审定的商标不予注册的决定不服提起复审，属于不予注册复审案件的评审范围。对商标注册部门作出的对注册商标撤销或不予撤销的决定不服提起复审，属于撤销复审案件的评审范围。对商标注册部门作出的对注册商标宣告无效的决定不服提起复审，属于无效宣告复审案件的评审范围。对已经注册的商标请求予以无效宣告的，属于无效宣告案件的评审范围。

申请人不得以评审申请的形式提交商标注册申请、分割申请、商标变更申请、商标续展申请、商标转让申请、商标异议申请、商标撤销申请、行政复议申请、信访等不属于评审范围的材料。

申请人撤回评审申请后，不得以相同的事实和理由再次提出评审申请。

已经作出评审裁定或决定的，任何人不得以相同的事实和理由再次提出评审申请；经不予注册复审程序予以核准注册后请求宣告注册商标无效的除外。

3.4 内容及要求

提出商标评审申请必须以纸件形式或数据电文形式提交书面申请材料。书面申请材料应当制作、下载或者参照填写对应案件类型的评审申请书。以纸质方式提出的，应当打字或者印刷，具体参见第一部分第一章4.1"申请文件基本要求"。以数据电文方式提出的，应当符合商标网上服务系统要求的数据格式，具体参见第五部分第二十五章3"电子申请的接收"。

申请人通过商标注册部门网上服务系统提交评审申请的，应当注意选择对应的评审案件通道。

3.4.1 首 页

首页内容包括：申请商标/系争商标、注册号、类别、申请人名称和联系地址，是否委托商标代理机构，在委托商标代理机构的情况下，该商标代理机构的名称、联系方式等信息。是否需要提交补充证据材料需在首页勾选。

申请人应当准确填写申请书首页所载的申请商标/系争商标名称、注册号、类别、商标注册部门发文号、申请人名称、联系地址、组织机构代码证号等内容。申请人是自然人的，应当在首页签字；申请人是法人或者其他组织的，应当在首页加盖公章。申请人委托商标代理机构的，商标代理机构应当在首页加盖公章。以数据电文方式提交申请的，以商标网上服务系统实时生成的经用户预览确认的首页信息为准。

3.4.2 明确的评审理由、事实和法律依据

商标评审申请应当有明确的评审请求，申请人应当罗列其评审请求所依据的商标法律条款，并详细陈述相应的事实与理由。

3.4.3 证 据

商标评审申请可以提交证据。申请人如提交证据，应制作相应的证据目录，一并附在正文后。

申请人或商标代理机构应当在证据目录上签字或盖章；应当对证据材料进行编码，且该编码与证据目录一致；如提交的是外文证据，应当对外文证据进行翻译；证据材料为正、副本的，正、副本应当一致，如不一致，应当在证据目录的正、副本中逐一备注说明。

3.4.4 代理委托书

申请人委托商标代理机构办理商标评审事宜，应当提交代理委托书。代理委托书应当注明委托事项和代理权限。申请人为外国人或者外国企业的，商标代理委托书还应当载明委托人的国籍。申请人是自然人的，应当在代理委托书上签字；申请人是法人或者其他组织的，应当在代理委托书上盖章。

同一家商标代理机构不能在不予注册复审、撤销复审、无效宣告案件中同时代理双方当事人。

3.4.5 身份证明文件

身份证明文件的具体要求参见第一部分第一章5.1"身份证明文件、主体资格证明文件"。

商标评审申请人应当提交身份证明文件，身份证明文件与评审申请书首页载明的申请人名义应当一致。

3.4.6 主体资格证明文件

依据《商标法》第四十五条第一款规定对注册商标提出无效宣告申请的，申请人应提交在先权利人或者利害关系人的主体资格证明，主体资格证明文件的具体要求参见第一部分第一章5.1"身份证明文件、主体资格证明文件"。

复审类案件：申请人提交的身份证明文件即能表明其申请资格，身份证明文件同主体资格证明文件；申请人名义发生变更的，需提交名义变更核准通知书等相关证明文件。

无效宣告案件：依据《商标法》第四十四条第一款规定对注册商标提出无效宣告申请的，申请人提交的身份证明文件即能表明其申请资格，身份证明文件同主体资格证明文件，具体要求参见第一部分第一章5.1"身份证明文件、主体资格证明文件"。

3.5 审查结论

3.5.1 受 理

商标评审申请经形式审查符合要求的，予以受理，并通知申请人。

3.5.2 不予受理

商标注册部门收到商标评审申请并进行形式审查后，认为该申请中存在主体不适格、超过法定时限、不属于商标评审范围以及未缴纳评审费用的任一情形，作出不予受理决定，并通知申请人。

3.5.3 补 正

商标注册部门收到商标评审材料经形式审查后，认为有相关需要补正的情形的，通知申请人进行补正。

评审申请需要补正的情形包括：

（1）未提交首页或首页信息填写有误；
（2）复审类案件未提交原审程序决定；
（3）复审类案件未提交原审程序决定送达的证据；
（4）未写明具体的评审请求、事实、理由和法律依据；
（5）申请书/补充材料未按照被申请人的数量提交相应份数的副本；
（6）提交的证据材料正、副本不一致，且未说明；
（7）申请人依据《商标法》第三十条、第三十一条规定提出无效宣告申请时，未列明引证商标；
（8）申请人提交的证据材料未逐一分类编号和制作证据目录清单，未对证据材料来源、待证明事实等具体事项作简要说明；
（9）委托代理机构办理但缺少代理委托书或申请人未在代理委托书上签字/盖章；
（10）提交的身份证明文件/主体资格证明文件不清晰或签字/盖章与证明文件所载

不一致；

（11）其他应予补正的情形。

申请人应当在规定期限内按照通知要求进行补正。

经补正仍不符合规定的评审申请，不予受理，书面通知申请人并说明理由；期满未补正的，视为撤回申请，商标注册部门应当书面通知申请人。

3.5.4 形审结案

商标评审案件在形式审查期间，有以下情形的，商标注册部门经审查认为可以结案的，终止评审，予以结案并通知当事人：

（1）申请人死亡或者终止后无继承人或继承人放弃评审权利，有相应书面材料说明或提供相应证明的；

（2）申请人提交书面材料表示自愿撤回评审申请的；

（3）自行或者经调解达成和解，申请人提交书面材料或和解协议等请求撤回评审申请的；

（4）有其他应当终止评审的情形，有相应书面材料说明或申请人提交终止评审申请的。

3.5.5 形审驳回

在形式审查期间，发现已经受理的商标评审申请，不符合受理条件或出现了不符合受理条件的新情况，商标注册部门经审查后，予以驳回并通知申请人。

3.5.6 视为撤回

申请人未在规定期限内按照补正通知要求进行补正的，视为撤回评审申请，商标注册部门作出视为撤回通知。

4 答辩材料的审查

评审申请有被申请人的，商标注册部门受理后，应当及时将申请书副本及有关证据材料送达被申请人并通知被申请人进行答辩。被申请人应当自收到答辩通知之日起三十日内提交答辩材料；未在规定期限内答辩的，不影响审理。

4.1 答辩材料的要求

评审答辩材料要件与异议答辩材料的具体要求一致，参见第一部分第三章4.1"答辩材料的要求"。

4.2 评审答辩材料审查结论

（1）答辩人在规定期限内作出答辩且材料符合要求的，商标注册部门应当及时将答辩材料副本送达申请人并通知申请人进行质证。申请人应当自收到证据交换通知之日起三十日内提交质证意见，未在规定期限内提交质证意见的，不影响审理。

（2）答辩材料需要补正的，商标注册部门书面通知答辩人，要求其在规定期限内，按照指定内容补正。经补正仍不符合规定的评审答辩，或者未在规定期限内补正的，视为未答辩，不影响审理。

评审答辩需要补正的情形包括：未提交答辩通知书及其送达证据；答辩书内容不清晰、无法辨认的；答辩书/答辩补充材料正、副本不一致（包含未提交副本情形）且未说明；答辩人提交的证据材料未逐一分类编号和制作证据目录清单，未对证据材料来源、待证明事实等具体事项作简要说明；声明委托代理人的，未提交商标评审代理委托书或未在商标评审代理委托书上签字/盖章；提交的身份证明文件不清晰或签字/盖章与证明文件所载不一致；以及其他经审查应予补正的情形。

5 补充证据材料的审查

当事人需要在提出评审申请或者提交评审答辩后补充有关证据材料的，应当在申请书或答辩书中声明，并自提交申请书或答辩书之日起三个月内一次性提交；未在申请书或答辩书中声明或者期满未提交的，视为放弃补充。

5.1 补充证据材料的要求

评审补充证据材料的具体要求与异议补充证据材料的具体要求一致，参见第一部分第三章5.1"补充证据材料的要求"。

5.2 审查结论

（1）有关补充证据材料在期限内提交，且符合规定的，予以通过。

（2）补充证据材料需要补正的，商标注册部门书面通知当事人，要求其在规定期限内，按照指定内容补正。经补正仍不符合规定的，或者未在规定期限内补正的，视为未提交该补充证据材料。

6 变更及解除代理的审查

当事人委托商标代理机构办理商标评审事宜，代理权限发生变更、代理关系解除或者变更代理人的，应当及时书面告知商标注册部门。

当事人变更或解除与商标代理机构的委托关系，需提交相应的变更代理材料或解除代理材料。经审查认为材料符合要求的，予以变更或解除代理关系。

当事人委托同一家商标代理机构但赋予该代理的权限发生变更的，应当提交变更代理权限的说明书及含有变更后代理事项或代理权限的商标代理委托书，并签字或盖章。当事人重新委托商标代理机构的，应当提交与原商标代理机构解除委托关系的声明及新的代理委托书，并签字或盖章。当事人解除与商标代理机构的委托关系的，应当提交解除委托关系的声明，并签字或盖章。对于委托书的审查参见本章3.4.4"代理委托书"。

7　撤回评审申请的审查

当事人有权依法处分自己与商标评审有关的权利。当事人请求撤回评审申请，应符合《商标法》的要求。

请求撤回评审申请的，需提交撤回评审申请书及主体资格证明材料，如委托商标代理机构的，需提交代理委托书。

当事人应当准确填写撤回评审申请书的相关信息，并就撤回原因予以说明。当事人提交的主体资格证明材料应与申请人名义一致，并签字或盖章。当事人委托商标代理机构撤回评审申请的，应当提交代理权限注明撤回评审申请或放弃评审申请的代理委托书，参见本章3.4.4"代理委托书"。

第五章　撤销注册商标申请形式审查

1　撤销连续三年不使用注册商标申请的形式审查

1.1　法律依据

《商标法》第十八条、第四十九条第二款、第七十二条

《商标法实施条例》第五条、第六条、第八条、第九条、第十条、第十一条、第十二条、第十四条、第十七条、第六十六条

1.2　申请文件及要求

撤销连续三年不使用注册商标申请（以下简称撤三申请）的形式审查主要是对申请文件进行书面审查，审查申请文件是否齐全、是否符合要求。

（1）申请书填写的商标注册人、注册号、商标、类别、撤销商品或者服务项目应与档案记录的信息一致。

（2）被申请撤销商标应为有效注册商标，且注册已满三年。

（3）应列明具体撤销理由，撤销理由应当说明被申请商标连续三年不使用的有关情况，并列出初步调查的证据。

（4）委托代理机构办理的，委托书和身份证明文件应符合要求。

申请文件应满足形式审查的一般性要求（参见第一部分第一章"形式审查的一般性要求"）。

1.3　注册商标注册满三年的计算

被申请撤销商标应当为有效注册商标，且注册满三年。不符合要求的，不予受理该撤销申请。

1.3.1　国内注册商标

一般情况下，三年起算点为商标注册公告之日。

1.3.2　马德里国际注册商标

（1）一般情况下，以国际注册商标在中国的驳回期限届满之日作为该商标注册满三年的起算点。

根据《商标国际注册马德里协定》进行的商标国际注册，驳回期限届满之日为从商标注册部门收到的申请文件上注明的"通知日期"之日起加12个月；根据《商标国际注册马德里协定有关议定书》进行的商标国际注册，驳回期限届满之日为从商标注册部门收到的申请文件上注明的"通知日期"之日起加18个月。同属《商标国际注册马德里协定》和《商标国际注册马德里协定有关议定书》的缔约方的，根据议定书第九条之六的规定，驳回期限届满之日为从商标注册部门收到的申请文件上注明的"通知日期"之日起加12个月。

（2）在领土延伸程序中部分驳回的，其中予以核准的部分商品或者服务应从该部分商品或者服务延伸至中国的驳回期限届满日起算。

（3）驳回期限届满时仍处在驳回复审或者异议相关程序的，自准予注册决定生效之日起算。

（4）驳回期限届满前驳回复审或者异议相关程序作出的准予注册决定已生效的，自驳回期限届满日起算。

1.4 文件送达

《提供使用证据通知》送达主送当事人视为送达，抄送当事人收到该通知不作为送达依据。

1.4.1 主　送

（1）注册人为内地（大陆）自然人、法人或者其他组织的，按照商标档案记录的注册人地址直接送达注册人。经查证，注册人的名义地址信息在国家企业信用信息公示系统发生变更的，可以按照该系统显示的变更后的名义地址送达；对于正在办理注册人名义、地址变更的，可以按变更后的名义、地址送达。

（2）注册人为我国香港特别行政区、澳门特别行政区及台湾地区自然人、法人或者其他组织的，按照商标档案记录的文件接收人直接送达注册人。没有指定文件接收人的，主送给该商标最近业务代理机构。

（3）注册人为外国主体的，按照商标档案记录的文件接收人直接送达注册人。没有指定文件接收人的，主送给该商标最近业务代理机构。

（4）通过马德里体系注册的国际商标，根据世界知识产权组织网站记载的注册代理人名义及地址送达注册人；没有代理人的，按照注册人的通讯名义及地址送达注册人，没有注册人的通讯名义及地址的，按照注册人登记的名义及地址送达注册人。

1.4.2 抄　送

为提高实际有效送达比例，维护商标注册人权益，可选择将《提供使用证据通知》抄送以下相关当事人：

（1）对于正在办理转让的商标，可抄送受让人和转让人代理机构；

（2）对于正处于冻结或质押状态的商标，可抄送冻结方或质押方；

(3) 对于已完成转让、变更、续展、许可备案等业务的商标，抄送最近业务委托的商标代理机构；

(4) 注册人此前办理过的其他商标业务的商标代理机构。

1.4.3 送达公告

主送方式无法送达商标注册人或者主送邮件退回的，商标注册部门刊登送达公告，自公告之日起 30 日视为送达。

抄送邮件退回的，不刊登送达公告。

1.5 连续三年不使用之三年期间的确定

《提供使用证据通知》应说明要求注册人提供的使用证据所覆盖的三年时间期限。该三年时间期限自申请人向商标注册部门申请撤销该注册商标之日起，向前推算三年（例如：2020 年 10 月 20 日商标注册部门收到撤销申请，注册人应提供 2017 年 10 月 20 日至 2020 年 10 月 19 日使用该商标的证据）。

1.6 使用证据的接收

注册人应按照《提供使用证据通知》要求，在规定期限内提交使用证据。注册人提交的说明材料和使用证据材料应制作目录，并按照目录顺序装订成册。提交的使用证据一般不予退还。

注册人提交的使用证据虽然超出规定期限，但仍在商标注册部门完成相关审查程序之前，该部分证据可以作为在案使用证据参考采纳。

在商标注册部门完成相关审查程序之后提交的使用证据，不作为在案使用证据予以审查。

1.7 审查过程中的变更

审查过程中发生名义、地址或代理变更的：

(1) 撤销申请人或商标注册人在其主管部门登记名义或地址发生变更的，应按照变更后的名义提供申请补充材料进行说明，并提交变更的相关证明。

(2) 申请人请求更换撤销申请代理机构、注册人请求更换提供使用证据代理机构，应提供申请补充材料，说明相关情况，并提供经申请人盖章、签字的新商标代理委托书，注明相应委托事项，新的代理机构及其代理人在补充材料中应盖章、签字确认。

1.8 形式审查结论

经形式审查，申请手续不符合要求、重复提交相同内容的撤销申请、申请撤销的商品或商标已经无效、商标注册未满三年的，不予受理。

申请手续基本齐备或者申请文件基本符合要求，通过补正可以符合受理条件的，通知申请人补正；期满未补正、经补正仍未符合要求、未按照要求进行补正的，不予受理。

符合受理条件的，予以受理，书面通知申请人，并向注册人发送《提供使用证据通知》。申请人未缴纳商标规费或未按要求足额缴纳的，不予受理并书面通知申请人。

1.9 撤回申请

申请人在提交撤回撤三申请时，商标注册部门对该案的相关审查程序尚未终结的，经审查可以准许其撤回。

1.9.1 撤回申请文件

申请文件应满足形式审查的一般性要求（参见第一部分第一章"形式审查的一般性要求"）。

申请人办理撤回撤三申请时委托的代理机构与原撤三申请代理机构不一致的，应同时提交变更代理机构的书面文件。

1.9.2 内容与要求

撤回申请主要从以下几个方面进行审查：
（1）原撤三申请是否已审查终结；
（2）撤回申请人是否与撤三申请人一致；
（3）撤回申请人委托的代理机构与注册人答辩的代理机构或商标注册人的文件接收人、注册代理人是否为同一代理机构。

1.9.3 审查结论

商标注册部门针对撤三申请已作出审查决定的，撤回申请不予受理。
撤回申请不符合要求的，不予受理，该撤三申请继续审查。
撤回申请符合要求的，予以受理，准予撤回。该撤三申请结案，审查终止。

2 撤销成为通用名称商标申请的形式审查

2.1 法律依据

《商标法》第十八条、第四十九条第二款、第七十二条

《商标法实施条例》第五条、第六条、第八条、第九条、第十条、第十一条、第十二条、第十四条、第十七条、第六十五条

2.2 形式审查内容

形式审查主要是对申请文件进行书面审查，审查申请文件是否齐全、是否符合要求：

（1）申请书填写的商标注册人、注册号、商标、类别、撤销商品或者服务项目应与商标注册信息一致；

（2）应列明具体撤销理由，撤销理由应当说明被申请商标成为通用名称的有关情况，并附送相关证据，申请文件及证据材料应当提交一式两份；

（3）委托代理机构办理的，委托书应符合规定要求；

（4）被申请撤销商标应为有效注册商标。

2.3　申请文件

申请文件应满足形式审查的一般性要求（参见第一部分第一章"形式审查的一般性要求"）。另需附送撤销理由书及有关证据材料，并提供副本一份供转送注册人使用。

2.4　形式审查结论

具体内容参见本章1.8"形式审查结论"。

2.5　答辩通知书的送达

撤销申请受理后，应通知注册人答辩。答辩通知书送达主送当事人视为送达，抄送当事人收到该通知不作为送达依据。

寄送主送方当事人答辩通知书的同时需附送申请方证据材料副本，抄送方当事人不需附送。

注册人应按照答辩通知要求，在规定期限内提交理由和证据。注册人提交的材料和证据应制作目录，并按照目录顺序装订成册。提交的证据一般不予退还。

注册人提交证据虽然超出规定期限，但仍在商标注册部门完成相关审查程序之前，该部分证据可以作为在案使用证据参考采纳。

在完成相关审查程序之后提交的使用证据，不作为撤销审查在案证据。

其他具体内容参见本章1.4"文件送达"。

2.6　审查过程中的变更

具体内容参见本章1.7"审查过程中的变更"。

2.7　撤回申请

具体内容参见本章1.9"撤回申请"。

第二部分　商品服务和商标检索要素的分类

第六章　商品服务分类

1　引　言

依据《商标法》第四条、第二十二条，《商标法实施条例》第十三条、第十五条、第九十三条的规定，自然人、法人或者其他组织在生产经营活动中，对其商品或者服务需要取得商标专用权的，应当申请商标注册。提出注册申请时，商标注册申请人应当按规定的商品分类表填报使用商标的商品类别和商品名称。指定使用在商品上的商标为商品商标，指定使用在服务上的商标为服务商标。商标注册用商品和服务分类表，由商标注册部门制定并公布。

中国作为尼斯联盟成员国，采用《商标注册用商品和服务国际分类》（尼斯分类）。商标注册部门将尼斯分类的商品和服务项目划分类似群，并结合实际情况增加我国常用商品和服务项目名称，制定《类似商品和服务区分表》。

2　商品和服务分类概述

现行尼斯分类将商品和服务分成45个大类，其中商品为第1类至第34类，共34个类别；服务为第35类至第45类，共11个类别。

《类似商品和服务区分表》依据尼斯分类制定。《类似商品和服务区分表》中45个类别项下含有类别标题、类别注释、商品和服务项目名称。类别标题指出了归入本类的商品或者服务项目范围；类别注释对本类主要包括及不包括哪些商品或者服务项目作了说明；《类似商品和服务区分表》中所列出的商品和服务项目名称为标准名称。

尼斯分类每年修订一次，《类似商品和服务区分表》随之予以调整。申请人应当依照提交申请时施行的尼斯分类和《类似商品和服务区分表》进行申报。例如：申请日为2021年的商标注册申请，在进行商品服务项目分类时适用尼斯分类第十一版2021文本，申请日在此之前的商标注册申请适用对应的尼斯分类版本。

尼斯分类修订时，会对部分商品和服务项目的类别和可接受性进行调整。申请人不得申报提交申请时已经失效或尚未生效的商品和服务项目名称。例如：2017年尼斯分类将"药皂"由第3类移入第5类，如果申请人2016年在第5类申请"药皂"，或是2017年在第3类申请"药皂"，都将被要求予以改正。

3 商品和服务项目申报原则

（1）在商标注册时应当依据尼斯分类进行申报。

（2）申请人既可以申报标准名称，也可以申报未列入《类似商品和服务区分表》中的商品和服务项目名称。申请人在申报《类似商品和服务区分表》上没有的商品和服务项目时，应根据类别标题、类别注释，比照标准名称申报类别。

例如，坚果壳制工艺品。根据类别标题，"未加工或半加工的骨、角、鲸骨或珍珠母"属于第20类，类别注释中说明第20类"主要包括家具及其部件，由木、软木、苇、藤、柳条、角、骨、象牙、鲸骨、贝壳、琥珀、珍珠母、海泡石以及这些材料的代用品或塑料制成的某些制品"，"木、蜡、石膏或塑料制艺术品"为第20类的标准名称。比照上述内容，"坚果壳制工艺品"应申报在第20类。

又如，基因筛查服务。根据类别标题，"科学技术服务和与之相关的研究与设计服务"属于第42类，类别注释中说明第42类尤其包括"为医务目的所做的科学研究服务"；"医疗服务"属于第44类，类别注释中说明第44类尤其包括"医疗诊所服务和由医学实验室提供的、用于诊断和治疗的医学分析服务。例如：X光检查和取血样"。基因筛查可以广泛用于科学研究和医学治疗，因此"基因筛查（为科学研究目的）"应申报在第42类，"基因筛查（为医疗目的）"应申报在第44类。

（3）根据类别标题、类别注释，比照标准名称仍无法分类的，按照商品和服务分类原则申报。

4 商品和服务分类原则

对商品和服务项目进行分类时，一般遵照下列原则。

4.1 商品分类原则

（1）商品为制成品，原则上按功能或用途进行分类。

例如，手套类商品，应依据具体产品的功能、用途进行分类。"手套（服装）"属于服装，应申报在第25类；"防事故用手套"属于救护器具，应申报在第9类；"医用手套"属于医疗用辅助器具，应申报在第10类；"绝缘手套"属于绝缘用品，应申报在第17类；"家务手套"属于家务用具，应申报在第21类；"竞技手套"属于体育和运动用品，应申报在第28类。"一次性手套"为不规范名称，因为该商品的功能用途并不明确，例如，"医用一次性手套"应申报在第10类；"家务用一次性手套"应申报在第21类。

（2）商品为多功能的组合制成品，应依据主要功能或用途进行分类。

例如，"带有图书的电子发声装置"，主要功能是电子发声装置，应申报在第9类；"带电子发声装置的图书"，主要功能是图书，应申报在第16类。

（3）商品为原料、未加工品或半成品，原则上按其组成的原材料进行分类。

例如，根据类别标题，"金属建筑材料"属于第6类，那么"建筑用金属衬板"应申报在第 6 类。同理,"金属制人工鱼礁"是由金属材料制成,应申报在第 6 类。

(4) 商品按其组成的原材料分类时,如果是由几种不同原材料制成,原则上按其主要原材料进行分类。

例如,"牛奶饮料(以牛奶为主)"应按牛奶申报在第 29 类;"加奶咖啡饮料"的本质仍是咖啡饮料,应申报在第 30 类。

(5) 商品是构成其他产品的一部分,且该商品在正常情况下不能用于其他用途,则该商品原则上与其所构成的产品分在同一类。

例如,"电话机听筒"是构成"电话机"的一部分,应申报在第 9 类。

(6) 用于盛放商品的专用容器,原则上与该商品分在同一类。

此处的"用于",是指专门用于,即该专门容器为盛放该商品进行了专门的设计,具有特殊的形状和样式。

例如,"专用化妆包"为盛放化妆用具进行了专门的设计,应申报在第 21 类;"非专用化妆包"应申报在第 18 类。

4.2 服务分类原则

比照《类似商品和服务区分表》所列标准名称,依据服务所属的行业,并结合服务的目的、内容、方式、对象等因素进行综合判断。

例如,"广告片制作"属于广告类服务,应申报在第 35 类;"除广告片外的影片制作"属于娱乐类服务,应申报在第 41 类;但"制作电视购物节目"属于广告类服务,应申报在第 35 类。

出租服务、咨询服务、特许经营服务可依据以下原则分类:

(1) 出租服务,原则上与通过出租物所实现的服务分在同一类别。

例如:"出租电话机"实现的是通讯服务,应申报在第 38 类;租赁服务与出租服务相似,应采用相同的分类原则;但融资租赁是金融服务,属于第 36 类。

(2) 提供建议、信息或咨询的服务,原则上与提供服务所涉及的事物归于同一类别。以电子方式(如电话、计算机网络)提供建议、信息或咨询不影响这种服务的分类。

例如:"运输信息"应申报在第 39 类,与运输服务归入同一类别;"金融咨询"应申报在第 36 类,与金融服务归入同一类别;"通过网站提供金融信息"与"金融信息"的分类相同,应申报在第 36 类。

(3) 特许经营的服务,原则上与特许人所提供的服务分在同一类别。

例如:"特许经营的商业管理"应申报在第 35 类,与特许人所提供的商业管理服务归入同一类别。

5 商品和服务项目申报基本要求

申请人申请商标注册时,应首先考虑使用《类似商品和服务区分表》中已列出的标准名称。在申报时,应填写具体的商品和服务项目名称,即《类似商品和服务区分表》中六位代码之前的具体名称，不可填写类别号、类别标题、类别注释、类似群号、类似群名称、项目编号。

申请人也可选择商标注册部门公布的《类似商品和服务区分表》以外可接受商品和服务项目名称。申请人在使用《类似商品和服务区分表》中的标准名称以及《类似商品和服务区分表》以外可接受名称时，应当依照提交申请时施行的尼斯分类和《类似商品和服务区分表》版本进行申报，不得申报提交申请时已经失效或尚未生效的商品和服务项目名称。

申请人申请商标注册时，还可申报《类似商品和服务区分表》以外的其他商品或者服务项目名称，但应符合以下要求：

（1）符合提交申请时施行的尼斯分类和《类似商品和服务区分表》版本分类原则。

（2）申报的商品或者服务项目名称应对商品或者服务项目进行准确的表述。该名称应足以使此商品或者服务项目与其他类别的商品或者服务项目相区分。应避免使用含混不清、过于宽泛、不足以确定其所属类别或易产生误认的商品或者服务项目名称。

以计算机相关产品为例，"计算机硬件"属于第9类，"计算机硬件安装、维护和修理"属于第37类，"计算机硬件设计和开发咨询"属于第42类；"计算机软件（已录制）"属于第9类，"计算机软件安装""计算机软件设计"属于第42类。如果申请人申报"计算机系统安装"，则可能包括计算机硬件安装和计算机软件安装，而两类安装服务分别属于尼斯分类不同类别，因此该申报名称不规范。如果申请人申报"计算机操作系统安装"，则属于可以接受的规范名称。

（3）申报的商品或者服务项目名称应符合国家通用语言文字法、标点符号用法及社会公众语言习惯，应使用规范简体汉字表述，不得出现错别字及繁体字。

（4）申请人可附送对该商品或者服务项目的说明。该说明材料仅为对商品或者服务项目的补充解释说明，并非商品或者服务项目名称组成部分。即使申请人附送了对商品或服务项目的说明材料，该商品或者服务项目名称本身也应符合上述所有申报要求。

第七章　商标文字检索要素分类

1　引　言

商标文字检索要素分类是为方便文字商标的事先查询和审查而做的一项基础性工作，针对商标文字部分制定，包括汉字、少数民族文字、外文、数字。

2　商标名称

本章所称商标名称供档案显示用，用以提示审查员该商标图样的主要内容，并非对商标图样具体内容进行详细界定。商标名称以便于呼叫为原则，仅列出商标图样文字的主要部分。商标注册部门各类文书中对商标的表述，遵循各类文书的要求。

2.1　商标名称确定原则

三维标志商标的商标名称为"三维标志"，颜色组合商标的商标名称为"颜色组合"，声音商标的商标名称为"声音商标"。其他类型商标的商标名称按以下原则确定：

（1）商标为纯图形的，商标名称为"图形"。商标为文字和图形组合的，图形部分不写在商标名称里。

（2）商标含有汉字、英文字母和数字的，商标名称应包括文字的主要部分（汉字为对应的简化汉字），并按惯常呼叫顺序排列，各部分之间可以用空格适当隔开。如"妃丽思 FINESSE""1 课 3 练""E 心 E 意""九佳益 9＋1＝？""Y＋X/2""6@8""8.1－9.1""W&W'S""9：00"等。

商标为汉字和拼音的，若拼音与汉字相对应，则拼音不写在商标名称里。

（3）少数民族文字（蒙文、满文、藏文等）、非英文文字按图形处理。

（4）文字艺术化、图形化明显的，按图形处理。自造字、非规范汉字，按图形处理。

2.2　商标名称的修改

商标注册申请已经审查完毕的，商标名称原则上不再修改，商标名称存在文字错误情形的除外。

在本指南制定前按原有标准确定的商标名称，不再修改。

3 文字检索分卡基本要求

文字检索分卡分为汉字、拼音、英文、意译、字头、数字六种类型，可单独划分，也可组合划分。

同一类型的文字，其字体、大小、颜色等视觉效果有较大差异的，除整体划分一个检索分卡外，显著部分还应分别划分检索分卡。

商标名称：风韵飘
汉字分卡：风韵飘；风韵；飘
拼音分卡：FENG YUN PIAO；FENGYUN；PIAO

商标名称：BLUE FOREST
意译分卡：蓝色森林；蓝色；森林
汉字分卡：蓝色森林；蓝色；森林
拼音分卡：LAN SE SEN LIN；LAN SE；SEN LIN
英文分卡：BLUEFOREST；BLUE；FOREST

同一类型分卡中的文字，按惯常顺序排列。难以判断惯常顺序的，按照从左到右、从上到下的读写顺序排列。若申请人已说明顺序，可参照其说明划分。

4 汉字分卡

商标中含有汉字的，应当划分汉字分卡。汉字间有特殊字符，划分去掉该字符的整体汉字分卡。汉字分卡必须同时划分与之对应的拼音分卡。

AIMIXIANNU
爱米&仙奴

商标名称：爱米&仙奴
汉字分卡：爱米仙奴
拼音分卡：AI MI XIAN NU

卡路·约翰

商标名称：卡路·约翰
汉字分卡：卡路约翰
拼音分卡：KA LU YUE HAN

4.1 多音字

商标中包含多音字的，拼音分卡一般应为惯常读音的组合。

和平

商标名称：和平
汉字分卡：和平
拼音分卡：HE PING

朝阳

商标名称：朝阳
汉字分卡：朝阳
拼音分卡：CHAO YANG，ZHAO YANG

商标名称：星乐飞
汉字分卡：星乐飞
拼音分卡：XING LE FEI, XING YUE FEI

商标图样中已标明读音的，按指定读音划分。

商标名称：长康
汉字分卡：长康
拼音分卡：CHANG KANG

商标为含有多音字的常用词组，但商标图样中所标明读音与惯常读音不符的，除划分所标明的拼音分卡外，还应划分惯常读音的组合。

商标名称：人参
汉字分卡：人参
拼音分卡：REN CAN, REN SHEN

示例中，"REN CAN"为指定读音，"REN SHEN"为惯常读音，不划分"REN CEN"的读音。

4.2 非单一顺序排列

（1）常用固定短语按照固定搭配划分汉字分卡。

商标名称：天工开物
汉字分卡：天工开物
拼音分卡：TIAN GONG KAI WU

（2）对于"斋、堂、坊、厅、印"等特殊用词，原则上按照惯常呼叫习惯划分汉字分卡。

商标名称：玉合堂
汉字分卡：玉合堂
拼音分卡：YU HE TANG

（3）某些固定的特殊形状，如铜钱型设计，原则上按照该形状的固定读法划分汉字分卡。

商标名称：开元通宝
汉字分卡：开元通宝
拼音分卡：KAI YUAN TONG BAO

（4）无法判断排列顺序的，以通顺连贯、符合习惯（包括现代书写顺序、传统书写顺序等）为原则，确定汉字排列顺序。实在无法判断的，按照从左到右、从上到下的读写顺序，划分汉字分卡。

商标名称：维冰康阳

汉字分卡：维冰康阳；冰阳维康

拼音分卡：WEI BING KANG YANG；BING YANG WEI KANG

4.3 特殊字体

（1）汉字为行书、草书、篆书等书法字体，或是繁体字及其他非常用字体的，应按照对应的简体汉字划分汉字分卡。

商标名称：龙凤

汉字分卡：龙凤

拼音分卡：LONG FENG

商标名称：德宝

汉字分卡：德宝

拼音分卡：DE BAO

（2）汉字的某一部分艺术化，但能明显识别为汉字的，划分汉字分卡。划分时，应当注意区分艺术化汉字与自造字。

商标名称：龙

汉字分卡：龙

拼音分卡：LONG

商标名称：润坛

汉字分卡：润坛；润

拼音分卡：RUN TAN；RUN

汉字的某一部分艺术化，如剩下的部分为独立汉字，也应当划分汉字分卡。

商标名称：姝丽

汉字分卡：姝丽；朱丽

拼音分卡：SHU LI；ZHU LI

（3）商标含有自造字的，自造字部分视为图形，不划分汉字分卡。

商标名称：图形

（4）商标含有日文的，日文部分视为图形，不划分汉字分卡。下例中，"発"为日本汉字。

商标名称：达

汉字分卡：达

拼音分卡：DA

5 拼音分卡

商标图样上有英文字母且符合拼音规则的，应当划分拼音分卡。拼音分卡中只能出现大写英文字母和空格。

（1）纯拼音商标，或是商标拼音部分与汉字部分不一致的，除划分拼音分卡外，还应划分英文分卡。

商标名称：安居
汉字分卡：安居
拼音分卡：AN JU
（"ANJU"为"安居"的拼音）

商标名称：特耐 SHENG JIANG
汉字分卡：特耐
拼音分卡：TE NAI；SHENG JIANG
英文分卡：SHENG JIANG

（2）有多种拼读方式的，应按惯常拼读方式分别划分拼音分卡。

商标名称：AOLIE
拼音分卡：AO LIE；AO LI E
英文分卡：AOLIE

6 英文分卡

检索分卡为三个或三个以上英文字母（含空格和"&"）的，视为英文分卡。英文分卡中只能出现大写英文字母、空格和"&"。

（1）无汉字的英文商标，均应划分英文分卡。商标英文部分非汉字部分拼音的，英文部分应划分英文分卡。

TABCIN

商标名称：TABCIN
英文分卡：TABCIN

商标名称：雷临三一 LELINSANI
汉字分卡：雷临三一
拼音分卡：LEI LIN SAN YI
英文分卡：LELINSANI

（2）英文商标有中文含义的，应划分意译分卡及与之相对应的汉字分卡、拼音分卡。

商标名称：FLOWER
意译分卡：花
汉字分卡：花
拼音分卡：HUA
英文分卡：FLOWER

（3）英文字母之前含有数字、标点符号的，划分去掉数字、标点符号的英文分卡。

KO&CO

商标名称：KO&CO
英文分卡：KOCO

商标名称：JOCHEM'S
英文分卡：JOCHEMS

特例：商标为两个英文字母之间加一个"&"的，除划分字头分卡外，整体还应划分英文分卡。

商标名称：A&G
英文分卡：A&G
字头分卡：AG

（4）英文某一部分艺术化，但能明显识别为英文字母的，将艺术化部分还原为英文字母，划分英文分卡；再将艺术化部分去掉，划分英文分卡。同时根据情况划分字头分卡。

商标名称：GODSUS
英文分卡：GODSUS；ODSUS
字头分卡：G

商标名称：ANAZOR
英文分卡：ANAZOR；ANAZR

7　字头分卡

检索分卡为一个或两个英文字母的，视为字头分卡。字头分卡中只能出现一个或两个大写英文字母。

（1）商标英文部分仅为一个或两个英文字母的，应当划分字头分卡。

商标名称：D
字头分卡：D

商标名称：BF
字头分卡：BF；B；F

商标名称：H_2O
数字分卡：2
字头分卡：HO

特例：商标为两个英文字母之间加一个"&"的，除划分字头分卡外，整体还应划分英文分卡。

商标名称：A&G
英文分卡：A&G
字头分卡：AG

（2）商标英文部分为三个以上字母的，若其中一个或两个英文字母的字体、大小、颜色等视觉效果与其他部分有较大差异，除整体划分英文分卡外，应根据情况划分字头分卡。

商标名称：GEB
英文分卡：GEB
字头分卡：G；EB

商标名称：POLAVISOR
英文分卡：POLAVISOR；POLAISOR
字头分卡：V

（3）英文字母艺术化但能明显识别为英文字母的，应划分字头分卡。

商标名称：K
字头分卡：K

过于艺术化的，可以不划分，按图形检索。

商标名称：图形

（4）商标由一至两个字母重复而成的，该重复字母应划分字头分卡，并根据情况划分英文分卡。

商标名称：G 图
字头分卡：G

当字母整体图形化或成为背景图案时，不划分分卡。

商标名称：图形
（不划分字头分卡"V"）

8 数字分卡

（1）商标含有阿拉伯数字的，划分数字分卡；含有汉字数字的，划分汉字分卡。

商标名称：505 五味清
汉字分卡：五味清
拼音分卡：WU WEI QING
数字分卡：505

商标名称：九九九久牛王
汉字分卡：九九九；久牛王
拼音分卡：JIU JIU JIU；JIU NIU WANG

（2）罗马数字不划分数字分卡，按英文字母划分英文分卡。再划分一个去掉罗马数字的英文分卡。

商标名称：NXT II
英文分卡：NXT II；NXT

(3) 数字与汉字、符号等混合排列，若整体含义与数字、汉字部分含义有较大不同，应视情况增加整体的汉字分卡。

商标名称：1 课 3 练
汉字分卡：课练；一课三练
拼音分卡：KE LIAN；YI KE SAN LIAN
数字分卡：13

商标名称：1＋1
汉字分卡：一加一
拼音分卡：YI JIA YI
数字分卡：11

9 意译分卡

商标包含英文且该英文有中文含义的，应当划分意译分卡及与之相对应的汉字分卡、拼音分卡。意译分卡仅用于档案显示，审查中按与之相对应的汉字分卡、拼音分卡进行检索。

英文含义一般以常用含义为准。由于英文可能具有两个或两个以上中文含义，具体采用何种中文含义直接影响商标实质审查的检索结果和审查结论，审查人员在审查时，应根据英文商标具体情况确定。

商标包含少数民族文字或除英文外的其他外文的，应根据审查的实际需要确定是否划分意译分卡及与之相对应的汉字分卡、拼音分卡。

10 特殊情形

10.1 标点符号和特殊字符

（1）对于"·""@"等标点符号和英文特殊字符，划分检索分卡时应去掉该部分，再按相应规则划分。商标名称可根据情况予以保留。

（2）对于非英文字母或文字，如"π""Φ""Ю""ぢ""Ω""Σ"等，划分商标名称和检索分卡时，去掉该部分。

若商标中外文部分多数为英文字母，仅有个别非英文字母且与英文字母近似，可增加一个用相近的英文字母替代这些非英文字母的英文分卡。

商标名称：NETE
英文分卡：NETE；NEOETE
（分别用"O""E"替代"Ω""Σ"）

10.2 不具备或缺乏显著特征部分

为了便于审查、提高检索效率，原则上对具备显著特征的文字部分划分检索分卡。由于有时可能无法判定文字是否具备显著特征，例如"桥牌"的"牌"字，或是需要结合申报的商品/服务项目综合判断,例如"好运馒头""太阳红木",因此,对于难以判断的情形,无论申请人是否声明放弃专用权,均按商标原样划分检索分卡。审查人员在实质审查时,应根据实际情况确定其放弃专用权部分,并修改分卡。

(1)商标为网址或带有"牌""公司""实业""集团"等字样的,除按商标原样划分外,将"WWW"和"COM""牌""公司""实业""集团"等字样去掉后,再按相应规则划分分卡。

商标名称:保得实业
汉字分卡:保得实业;保得
拼音分卡:BAO DE SHI YE;BAO DE

商标名称:皇牌
汉字分卡:皇牌;皇
拼音分卡:HUANG PAI;HUANG

商标名称:WWW.VCOTTO.COM
英文分卡:WWWVCOTTOCOM;VCOTTO

(2)烟标中的焦油含量、香烟类型,酒标中的酒精含量、酒的类型、酿造年份,防晒产品中的防晒指数等此类非显著部分,不划分分卡。

第八章 商标图形要素分类

1 引 言

商标图形要素分类是为方便图形商标的事先查询和审查而做的一项基础性工作。中国的商标图形要素分类标准，是以《商标图形要素国际分类》（维也纳分类）为基础，参考商标图形要素国际分类原则，结合中国商标工作实际情况而制定的。

2 需要进行图形要素分类的情形

2.1 商标包含图形的

图形商标的图形要素分类，应仅根据图形商标的实际形状进行分类，不考虑其组成材料和具体用途。

3.7.6；4.2.20；29.1.15

（该小鸭子图形商标，不考虑它是塑料的还是陶瓷的，是装饰品还是玩具，只根据图形形状确定其分类）

7.1.8–10；29.1.15

（该房子图形商标，不考虑它是砖瓦结构的还是木制的，是真实的还是画出来的，只根据图形形状确定其分类）

2.2 商标包含文字或字母的

（1）规范的汉字不需要进行图形要素分类，古文字或者类似汉字的，应进行图形要素分类，划分 28.17。

28.17

28.17

汉字图形化明显的，也应进行图形要素分类，根据图形特征标注相应的图形要素编码。

3.3.1；3.3.24；28.17

5.3.1；5.3.11-15；29.1.12

（2）少数民族文字和除英文外的外国文字应进行图形要素分类。其中日本文字划分 28.3，其他文字划分 28.19。

28.19

28.19

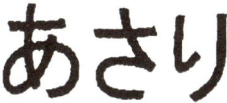

28.3

28.19

（3）规范的英文不需要进行图形要素分类。已经具有显著图形特征的，应进行图形要素分类。

3.7.4；5.3.11-15

18.1.7-9

2.3 商标包含符号的

标点符号、数学符号、音乐符号、男性或女性标志、货币符号等,应进行图形要素分类。

24.17.1

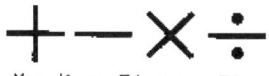

24.17.5

24.17.10

24.17.25

2.4 商标包含数字的

规范的阿拉伯数字和中文数字,不需要进行图形要素分类。只有罗马数字应进行图形要素分类,划分27.7.1-23。

27.7.1-23

27.7.1-23

若罗马数字是构成其他图形(如钟表、仪器)的一部分,不再单独划分。例如:下图罗马数字和圆形共同构成钟表,不再单独划分。

2.3.5;2.3.8;17.1.1-2(省略27.7.1-23)

2.5 商标指定颜色的

商标为着色图样的,按照颜色数量划分颜色要素编码(白色不计入颜色数量),不划分具体的颜色。

除划分颜色要素编码外，还应对图样本身进行图形要素分类。

18.1.7 – 8；29.1.13

5.3.16；29.1.15

2.6 颜色组合商标

颜色组合商标只划分颜色要素编码。

29.1.12

29.1.12

2.7 三维标志商标

三维标志商标，应根据商标的整体形状进行图形要素分类，各面视图不单独划分图形要素。三维形状中具有独特特征的图形部分，应划分图形要素。三维标志商标为着色图样的，还应划分颜色要素编码。

4.2.20

（示例中，仰视图、俯视图为圆形图案，但商标整体为立体形状的卡通造型，仰视图、俯视图不再单独划分）

3.1.6；4.2.20；19.1.1－11；10.3.7；29.1.15
（上图中钱袋和扇子图案具有独特特征，应划分图形要素）

3 图形要素划分原则

3.1 图形要素编码

根据《商标图形要素国际分类》，图形要素分为 29 大类，每类再细分为若干组，每组再细分为若干项（少数只细分到组）。其中项又分为主项和辅助项。对商标进行图形要素分类，首先应确定商标所在的类别，然后在相应的类别里找到其对应的组、项和辅助项。

图形要素编码的表现形式主要有以下几种，分类时应根据商标的具体情况选择使用。

（1）类．组．项。

5.3.6

（2）类．组．项－辅助项。

18.1.7－9

(3) 类.组.项–辅助项–辅助项。

1.1.1–10–2

(4) 类.组。

3.15

3.2 对商标的显著部分进行图形要素分类

商标是否需要进行图形要素分类、如何进行图形要素分类，应根据商标的实际情况判断。对于复杂的图形商标，或是包含多种图形要素的，要把握住商标的显著部分和整体感觉，只对图形的显著部分和关系到是否与其他商标相同近似起决定作用的部分，进行图形要素分类，其他非显著部分的图形要素编码，则加以省略。例如下图中的符号"&"，左图不必划分图形要素编码，右图应当划分。

图形中某一部分显著与否，主要看三个方面：
(1) 视觉独特性；
(2) 在整个图形中所占面积的大小；
(3) 位置是否突出。

18.3.2   7.11.1

（省略26.11.2–13）   （省略26.11.3–13）

6.1.2，28.19

（省略 26.1.12）

1.13.1 – 10；24.1.5

（省略 1.1.1 – 9 – 2）

3.3 不可省略图形要素的情形

图形商标如果由具有同等明显特征的几种图形要素组成，必须划分全部图形要素编码，不得省略。

2.9.1；2.9.14

1.3.2 – 15；5.7.2

有些商标，虽然各部分图形大小不同，但都具有明显特征，也应划分全部图形要素编码，不得省略。

5.7.14；5.7.10

5.3.16；2.9.1；2.9.14

3.4 需要增加图形要素的情形

图形的表现形式介于两个图形编码之间的，或是图形稍有变化、可能与其他图形编码对应的图形相同或者近似的，涉及的图形编码都应尽可能标注。

5.3.16；5.3.6

（图形为四片叶子。最下边的叶子很小、似有若无。如果有一个只有上边三片叶子的图形商标，两者会很近似，涉及的图形编码都应尽可能标注）

(图形为小天使。小天使的翅膀很小，如果去掉翅膀，就是一个小男孩的图形，两者会很相似，涉及的图形编码都应尽可能标注)

4.1.2；2.5.2

3.5 图形作为背景或为非显著部分的情形

商标以文字或字母为显著部分，对于仅作为背景或非显著部分的图形，可以不进行图形要素分类。

省略：26.1.4

省略：25.1.9–10

省略：1.15.11

省略：26.2.1；26.11.1–12

(以上商标如果没有文字或字母等显著部分，只有图形部分，则图形要素不得省略)

第九章 商标其他检索要素分类

1 引 言

为便于审查,声音商标单独设立声音要素编码。

声音商标分为音乐性质的声音商标和非音乐性质的声音商标两大类。声音要素具体分类规定如下。

2 音乐性质的声音商标

音乐性质的声音商标,如一段乐曲,声音要素编码为 S1。

3 非音乐性质的声音商标

非音乐性质的声音商标,声音要素编码为 S2。其中:

(1)人的声音,声音要素编码为 S2.1;
(2)动物的声音,声音要素编码为 S2.2;
(3)自然界的声音,声音要素编码为 S2.3;
(4)机械设备的声音,声音要素编码为 S2.4;
(5)其他声音,声音要素编码为 S2.5。

4 声音要素划分原则

根据声音商标是否具有音乐性质确定声音要素编码。兼有音乐性质与非音乐性质的声音商标,应分别划分声音要素编码。例如:如果一个声音商标由一段乐曲伴随童声唱出的"通信的好邻居"组成,它的声音要素编码应为 S1 和 S2.1。声音商标中的文字内容部分,另划分文字检索要素。

声音商标中的五线谱不再划分图形要素。非声音商标中的五线谱,应当进行图形要素分类,划分图形要素 24.17.10。

第三部分　其他商标业务审查

第十章　商标变更类申请

1　商标注册人/申请人名称或地址的变更

1.1　法律依据

《商标法》第四十一条

《商标法实施条例》第十七条第一款、第三十条

《集体商标、证明商标注册和管理办法》第十三条、第十四条

1.2　变更申请文件

申请文件应满足形式审查的一般性要求（参见第一部分第一章"形式审查的一般性要求"）。

变更名义的，提供登记机关出具的变更证明文件。变更证明文件可以为登记机关核准变更文件的复印件，也可为从登记机关网站上下载的变更情况档案，但均需由申请人盖章或签字确认真实；申请人名义发生多次变更的，无须逐次变更，可以通过一份申请变更到现名义；申请时应该提交证明其名义多次变更的全部变更证明文件。

外国企业或外国人仅需变更中文译名的，应提供该外国企业或外国人申请变更中文译名的声明作为变更证明文件。

仅变更地址的，不需要出具变更证明文件。

1.2.1　共有商标申请文件的特殊要求

属于共有商标的，申请人应当在申请书"是否共有商标"选择"是"，非共有商标选择"否"。

共有商标变更申请人或注册人名义、地址，需由代表人提出申请，首页申请人名义/地址填写变更后的代表人的名义/地址。如代表人名义/地址不变，则首页中变更前

---

* 该部分涉及商标业务申请文件均应满足形式审查一般要求，形式审查的一般法律依据《商标法实施条例》第五条、第六条、第九条、第十条、第十二条、第十四条、第十五条、第十六条、第十八条不再重复进行罗列。

名义/地址不需填写；其他名义/地址变更的共有人依次填写在申请书附页上（可再加附页），未变更的，则附页中不需填写。非共有商标的，不需填写和提交附页。

1.2.2 集体、证明商标变更申请文件的特殊要求

申请文件应满足形式审查的一般要求（参见第一部分第一章"形式审查的一般性要求"）。

1.2.2.1 申请变更集体、证明商标申请人/注册人名义

申请变更集体、证明商标申请人/注册人名义的，提交如下文件：

（1）申请人的身份证明文件复印件（营业执照副本）。

（2）登记机关出具的变更证明。变更证明可以是登记机关变更核准文件复印件或登记机关官方网站下载打印的相关档案。注册人是企业的，应当出具市场监督管理部门的变更证明；注册人是事业单位或社会团体等其他组织的，应当出具主管机关的变更证明。变更前名义和变更后名义应当与申请书上变更前名义和申请人名称相符；外国企业或外国人仅需变更中文译名的，应提供该外国企业或外国人申请变更中文译名的声明。

（3）变更后的集体商标/证明商标使用管理规则。

1.2.2.2 申请变更集体商标/证明商标使用管理规则

申请变更集体商标/证明商标使用管理规则的，提交如下文件：变更后的集体商标/证明商标使用管理规则。如果涉及地理标志区域范围变化的，需提交界定地理标志产品地域范围的历史资料或地理标志所在地县级以上人民政府或行业主管部门出具的地域范围变更证明文件。

1.2.2.3 申请变更集体商标集体成员名单

申请变更集体商标集体成员名单的，提交变更后的集体商标集体成员名单。

1.3 申请人

申请名义、地址变更的，申请人应为商标注册人/申请人。

1.4 商标

申请变更的商标包括有效注册商标和在注册申请中的商标。

对于确认处于无效状态的商标，不予核准其变更申请。

1.5 全部注册商标一并变更

注册商标变更申请，根据《商标法实施条例》第三十条第二款的规定，商标注册人对其注册的全部商标，应当一并变更。

注册申请已被受理的商标，可以与其他的注册商标一并办理变更。

1.6 审查结论
变更申请经审查，可能作出的审查结论有补正、不予核准、视为放弃和核准四种。

1.6.1 补正及对补正通知书回文的审查
存在下列情形之一的，通知申请人予以补正：
（1）商标处于续展宽展期，通知申请人及时办理续展申请的；
（2）变更申请商标已经办理了质权登记或已被查封的；
（3）注册人未对其全部商标一并变更的；
（4）登记机关出具的变更证明文件所述变更事项与申请变更事项不一致的；
（5）其他经审查发现存在问题或疑问需要申请人进一步说明和提供补充材料的。

申请人在收到补正通知书后，在规定期限内按照通知书的要求予以改正，商标注册部门根据申请人的补正内容对该变更申请进行审查。

申请人未能在规定期限内补正的，不影响商标注册部门作出审查结论。

1.6.2 不予核准
存在下列情形之一的，不予核准：
（1）申请人不是商标注册人（如变更申请书填写了错误的注册号码的、商标已经转让给他人的）；
（2）已办理了相同内容的变更申请，无须再次办理变更的；
（3）商标已经无效的；
（4）申请文件不符合规定，且无法通过补正予以改正的；
（5）商标被法院查封、在先办理了质权登记，且未取得法院或质权人书面同意的；
（6）申请人与申请书填写的变更前当事人为不同民事主体，不应办理变更申请的（如企业改制）；
（7）其他不应核准变更的情况。

1.6.3 视为放弃申请
视为放弃是针对已经发过要求一并变更的补正通知的变更申请。经审查，未将注册人全部商标一并变更的，经补正通知后，存在下列情形的，该变更申请视为放弃：
（1）经补正通知后，未办理其他需一并变更的；
（2）经补正通知后，申请人提出不同意见，但经审查，意见不成立的。

1.6.4 核准变更
经审查，变更申请完全符合规定的，商标注册部门核准变更，予以公告，并发给注册人相应的变更证明。

1.7 变更申请的撤回和中止审查

1.7.1 撤回变更申请

申请人撤回变更申请的，应书面向商标注册部门提出申请。商标注册部门收到撤回申请后，经核实该变更申请尚未被核准，且撤回理由合理的，商标注册部门准予撤回，并对该变更申请终止审查。

对撤回申请的审查主要是对申请文件进行审查。原则上，提交撤回变更申请的渠道应与原变更申请一致，即应通过同一家代理机构办理。因此，对于通过不同代理机构办理的变更和撤回变更申请，应对原变更申请发出补正通知请其对撤回事宜予以确认，一则可以保证撤回意愿的相对真实，二则可以让原变更代理机构知晓有关撤回事宜。

注册商标变更申请人名义/地址申请是当事人的名称、地址在登记机关办理变更之后向商标注册部门提出，属于对已经发生的客观事实的一种确认程序。按照商标法律相关规定，办理变更申请属于申请人的义务，因此，一般情况下，申请人不应当撤回有关变更申请。

1.7.2 中止审查

在审查过程中出现以下情形的，可以中止审查：

（1）利害关系人对变更申请向商标注册部门书面提出异议，经告知当事人处理途径和指定期限，在指定期限内对该变更申请中止审查；

（2）因异议或评审事宜确需中止审查，经有关部门书面说明理由和期限，在指定期限内对该变更申请中止审查；

（3）因质押或财产保全不能核准变更，经通知当事人后，当事人申请一定期限处理质押或财产保全事宜的，在该期限内对该变更申请中止审查；

（4）变更商标的权利处于待定状态，如处于宽展期、等待驳回复审、等待诉讼等；

（5）其他可以中止审查的情形。

2 商标注册申请人的代理机构的变更

2.1 法律依据

《商标法》第四十一条
《商标法实施条例》第十七条第一款

2.2 申请人

变更代理机构的申请人应当是商标注册人。

2.3 商标

申请变更代理机构的商标应为商标注册申请，即处于申请流程中的商标（含驳回复审中、异议中、不予注册复审中的商标）。变更商标代理机构仅指申请人提交注册申请后，针对其注册申请的代理人申请变更。

商标获准注册后，申请人无须再办理变更代理机构的手续。

变更连续三年不使用撤销、无效宣告等案件中的代理机构的，须直接向该案件审理部门以补充材料方式提交变更代理机构申请。

2.4 审查结论

变更代理机构申请经审查，可能作出的审查结论有补正、核准、不予核准三种。具体内容参见本章1.6"审查结论"。

3 文件接收人的变更

3.1 法律依据

《商标法》第四十一条
《商标法实施条例》第十七条第一款

3.2 申 请 人

我国香港特别行政区、澳门特别行政区和台湾地区的自然人、法人或者其他组织可以请求变更其文件接收人。

外国申请人可以请求变更其文件接收人。

其余申请人无须办理变更文件接收人申请，对其提交的变更文件接收人申请不予核准。

关于文件接收人内容，参见第一部分第一章4.3"申请人联系信息/送达信息"。

3.3 商 标

商标在注册申请审查中、已经初步审定尚未注册的或已经核准注册的，均可申请变更文件接收人。具体内容参见本章1.4"商标"。

3.4 审查结论

变更文件接收人申请经审查，可能作出的审查结论有补正、核准、不予核准三种。具体内容参见本章1.6"审查结论"。

4 商标申请/注册事项的更正

4.1 法律依据

《商标法》第三十八条
《商标法实施条例》第二十九条

4.2 申请文件

申请文件应满足形式审查的一般性要求（具体内容参见第一部分第一章"形式审查的一般性要求"）。

申请人提交申请时应在申请书中具体说明需更正的内容。

商标注册证、变更/转让/续展证明文件存在错误的，申请人在提交更正申请时应标注是否重新制发证件；重新制发证件的，申请更正时应交回原证件（电子方式提交的更正申请，应另以给据邮件方式或信件快递寄回，并附相应电子申请书），原证件为电子形式的除外。

4.3 申请人

更正商标申请/注册事项申请的，申请人应为商标申请/注册人。

4.4 申请更正的商标

申请更正的商标既包括注册商标，也包括在注册申请中的商标。

4.5 更正的范围和更正的事项

商标更正申请的范围应为商标申请文件或者注册文件的明显错误，且不涉及商标申请文件或者注册文件的实质性内容。主要包括以下情况：

（1）商标注册部门档案记录中注册人名义、地址的明显错误；

（2）商标注册申请及变更、转让、续展等其他申请文件中的明显文字错误；

（3）其他不涉及商标申请或者注册文件的实质性内容的明显错误。

更换商标权利主体、改变权利内容或权利保护范围的，均属于涉及实质性内容。

4.6 审查结论

更正申请经审查，可能作出的审查结论有补正、核准、不予核准。申请人在提交更正申请时标注重新制发有关证件的，核准后应制发相关证件。其他具体内容参见本章1.6"审查结论"。

第十一章　商标权的处分类申请

1　注册商标/注册申请的转让和移转

1.1　法律依据

《商标法》第四十二条

《商标法实施条例》第十七条、第三十一条、第三十二条、第八十七条

《集体商标、证明商标注册和管理办法》第十六条

1.2　转让申请文件

申请文件应满足形式审查的一般性要求（参见第一部分第一章"形式审查的一般性要求"）。

1.2.1　申请文件要求

转让申请文件以纸质方式提交的，双方应在申请书上规定位置盖章或签字；以电子方式提交的，应以彩色扫描件方式上传双方共同签署的同意转让声明文件（当事人为法人的还应由法定代表人或法定代表人授权的人签字，为其他组织的还应由负责人签字）。

《商标法》第四条规定，受让人应提供证明其从事经营活动的主体资格证明文件，主体资格证明文件的具体要求参见第一部分第一章 5.1.1.2"主体资格证明文件"。

因继承等事由办理商标移转申请的，还应提供有关证明文件或法律文书。

申请人自愿提供的其他申请文件，如公证文件、转让协议等，作为审查参考文件。

1.2.2　移转申请的特殊要求

商标注册人已经死亡或终止的，由继受商标的当事人一方办理申请。办理时，不能提供转让方的身份证明文件的可免于提交，申请书无法加盖转让方公章或者签字的可留空；需要提供有权利继受商标权的证明文件或法律文书：

（1）法人解散、破产的，在清算过程中办理移转手续时，由相应的清算组织或破产管理人在转让人章戳处盖章或提供相关同意转让的声明（简易注销公示期中的法人应提供由全体投资人签字或盖章的同意转让书面文件）；清算组织应当提供其成立及在登记机关备案的有关文件（简易注销公示期中的法人应提供证明其已经申报简易注销

的材料及全体投资人的身份证明文件），破产管理人应当提供法院指定其为破产管理人的裁定及其身份证明文件。其他组织清算期间处分商标权参照法人情况办理。

（2）因合并、分立、改制等原因办理移转手续，应提供公司登记机关的有关登记证明，以及相关证明商标权归属的合并/兼并协议等证明文件复印件。

（3）个体工商户的营业执照注销后，个体工商户的经营者（家庭经营的为参与经营的家庭成员）可以处分其商标权，办理手续时应提供个体工商户经营者的证明、经营者的身份证复印件，由经营者签署有关转让文件；个人独资企业、合伙企业等出资人或设立人承担无限责任的其他组织终止后，有证据证明其清算时遗漏商标权的，参照个体工商户由出资人、合伙人或设立人处分商标权。

（4）自然人死亡的，应提供继承公证等证明有权继承该商标的证明文件或法律文书（所有继承人的身份证、户口簿或其他身份证明；被继承人的死亡证明；所有继承人与被继承人之间的亲属关系证明；放弃继承的，提供放弃继承权的声明；继承人已经死亡的，代位继承人或转继承人可参照上述内容提供材料；被继承人生前有遗嘱或遗嘱扶养协议的，提交全部遗嘱或遗嘱扶养协议；被继承人生前与配偶有夫妻财产约定的，提交书面约定协议）。继承人可免于提交证明其经营资质的个体工商户营业执照等主体资格证明文件。

（5）由法院判决或裁定执行的注册商标移转，由法院向商标注册部门送达协助执行通知书；申请人应当另行提交移转申请，并附送有关的法律文书，法律文书载明的被执行人、买受方、执行标的和申请书的转让人、受让人、转让商标应当一致。受让方可免于提交证明其经营资质的个体工商户营业执照等主体资格证明文件。

1.2.3 集体商标、证明商标转让/移转申请文件的特殊要求

1.2.3.1 申请集体商标转让/移转的

（1）加盖转让人公章的转让人身份证明文件复印件；
（2）加盖受让人公章的受让人主体资格证明文件复印件；
（3）加盖受让人公章转让后的集体商标使用管理规则；
（4）转让后的集体成员名单；
（5）商标转让合同。

转让人和受让人主体资格证明文件要求参见下编第九章4.1"集体商标特有事项的审查"。

1.2.3.2 申请证明商标转让/移转的

（1）加盖转让人公章的转让人主体资格证明文件复印件；
（2）加盖受让人公章的受让人主体资格证明文件复印件；
（3）加盖受让人公章转让后的证明商标使用管理规则；
（4）受让人监督检测能力证明；
（5）商标转让合同。

转让人和受让人主体资格证明文件要求参见下编第九章4.2"证明商标特有事项的审查"。

1.2.3.3 申请地理标志集体商标/地理标志证明商标转让/移转的
(1) 县级以上人民政府或行业主管部门同意该地理标志转让的批复；
(2) 加盖转让人公章的转让人主体资格证明文件复印件；
(3) 加盖受让人公章的受让人主体资格证明文件复印件；
(4) 加盖受让人公章的转让后的商标使用管理规则；
(5) 受让人监督检测能力证明材料；
(6) 商标转让合同。

转让人和受让人主体资格证明文件要求参见下编第九章6"地理标志集体商标和地理标志证明商标特有事项的审查"。

1.2.4 申请文件的审查方式
商标注册部门以纸件形式对转让申请文件进行审查。

通过书面审查发现申请材料明显不合常理而对其真实性产生合理性怀疑的，或者在审查过程中收到反映相关申请材料虚假的线索的，商标注册部门可补正通知转让双方提供补充说明和证据、电子方式提交的申请文件原始纸质文件等其他方式对申请材料真实性进行进一步核实。

对于申请材料不符合前述要求的，应该补正通知申请人补充提供。申请材料无法通过补正达到要求，或者虽经补正仍未能符合要求的，不予核准转让申请。

1.3 转让双方的民事主体资格
商标转让/移转申请是发生在不同民事主体之间的商标权利转移行为，转让当事人应具备相应的民事主体资格和相应的民事权利能力及行为能力。

同一民事主体的名称发生变更，应该办理相应的变更申请。

1.3.1 转让人
转让申请的转让人应为商标的注册人，转让人应与商标档案记录的注册人相关情况一致。

注册人在登记机关变更名称后，需要将其名下全部注册商标一并办理变更名义申请，商标注册部门在其变更申请获准后，再对其转让申请进行审查。

商标注册人包括自然人、法人和非法人组织三种类型的民事主体。

自然人的民事权利能力和民事行为能力，依照《民法典》的相关规定进行界定。个体工商户应按照自然人办理，由个体工商户负责人提供身份证明文件和签署转让文件，但家庭经营的个体工商户由参与经营的家庭成员共同决定。

法人享有独立的民事权利能力和民事行为能力。法人行使其处分权时由其法定代表人或其委托的人代表。

非法人组织可以参照法人情况办理。

1.3.2 共有商标

共有商标全体共有人作为整体共同享有商标权。共有商标转让申请应经全体共有人一致确认同意。

1.4 商　　标

申请转让的商标可为有效注册商标或有效商标注册申请。

1.5 相同或者近似商标一并转让

注册商标转让，商标注册人对其在同一种或者类似商品上注册的相同或者近似的商标，应当一并转让。

转让人名下申请中的相同或者近似的商标可以一并转让。

对于转让人名下领土延伸至中国受保护的马德里国际注册商标，与申请转让的国内注册商标构成相同或者近似商标的，应一并办理转让。

已作出审查结论（含已初步审定、处于驳回复审、异议程序中的商标）的商标注册申请，应当参照注册商标一并转让。

1.6 商标相同或者近似和同一种或类似商品/服务的判断

商标相同或者近似的判定，参见下编第五章"商标相同、近似的审查审理"。同一种或类似商品/服务认定原则参见下编第一章"概述"。

对于转让的商标已经在市场投入使用的，要将容易导致混淆、误认作为判定两件商标构成近似商标的要件，不会导致混淆、误认的商标不判定为近似商标。

转让审查中，认定转让商标和引证商标容易导致混淆、误认进而构成近似商标，还需要综合考虑以下因素：

（1）两件商标的知名度高低、市场占有率大小。商标知名度愈高、市场占有率愈大，与其知名的商品关联度愈高，其造成混淆的可能性愈大。

（2）两件商标标识本身显著性的强弱。商标显著性越强，其造成混淆的可能性愈大。

（3）两件商标所指定使用商品的原材料、生产制造工艺、销售渠道、消费群体的差异程度。差异愈小，其造成混淆的可能性愈大。

（4）转让双方当事人对于两件商标是否近似的认知和判断是否一致。

（5）转、受让双方已经采取或者约定采取的措施是否可以有效避免混淆，或者是否有证据表明普通消费者能对两件商标的商品/服务的提供者加以区分。

能够避免混淆的区分措施主要是指，转、受让双方已达成相关协议或完成股份结构调整，从而事实上完成了实体区隔，实现了各自独立运营，并且已采取有效宣传措施以提升各自在消费者中的认知程度,促进消费者对双方的区分。

表明消费者能够区分两件商标的商品/服务的提供者应当是基于普通消费者的认知水平,在其施加一般注意力的情况下,即可以对二者进行区分。独立第三方基于客观真实的市场调研或调查结果可以作为相关证据参考。

1.7 容易导致混淆或其他不良影响的转让

《商标法》第四十二条第三款规定,对容易导致混淆或者有其他不良影响的转让,商标注册部门不予核准。上述混淆或不良影响是指转让行为本身所导致的,而非转让商标标识本身所携带的混淆或不良影响。主要包括以下几种情况:

(1) 申请转让集体商标、证明商标的,受让人不符合《集体商标、证明商标注册和管理办法》规定的主体资格和资质要求的。

(2) 含有地名的商标申请转让给该地区以外的其他所有人时,如果使用该商标的商品与该商标所包括之地名具备紧密联系,易使公众对商品的产地、来源产生误认,容易导致相关公众或一般消费者混淆的。

(3) 含有企业名称全称、部分名称或简称的商标,转让给其他企业,如果投入市场使用容易导致相关公众或一般消费者混淆的。

(4) 商标标识本身具备特殊含义,转让可能对我国政治、经济、文化、宗教、民族等社会公共利益、公共秩序或公序良俗产生消极的、负面的影响的。

(5) 代理机构违反《商标法实施条例》第八十七条规定作为受让人的。

(6) 注册人累计申请注册商标较多且累计转让商标较多,受让人较为分散,且无正当理由不能提供相关商标使用证据或说明使用意图的,或者证据无效的。

(7) 其他容易导致混淆或者其他不良影响的情形。

1.8 对他人权利的影响

转让程序是对商标权的一种处分程序,可能会对其他利益相关方的利益产生影响,这些其他利益相关方包括被许可人特别是独占和排他被许可人、在先曾申请转让但未被核准的受让方、申请转让的另一方受让人、已签订协议但未提交转让申请的受让方、对商标权属的争议方等。

在审查中,发现转让申请可能存在侵犯他人合法在先权利情形的,可以通知转让双方申请人说明情况、提供有关证据。

1.9 审查结论

转让申请经实质审查,可能作出的审查结论有补正、不予核准、视为放弃和核准四种。

1.9.1 补正及对补正通知书回文的审查

存在下列情形之一的,商标注册部门可通知申请人予以补正:

（1）申请书填写的转让人名称与商标注册部门档案记录的注册人名称不一致，且可以改正的（如漏办变更、填写错误等）；

（2）转让人为自然人或者个体工商户的，申请人身份证号码和商标注册部门档案中登记的注册人身份证号码不符的；

（3）商标已临近有效期或者进入续展宽展期，通知申请人及时办理续展申请的；

（4）转让申请商标已经办理了质权登记或已被查封的；

（5）商标注册人对其在同一种或者类似商品/服务上注册的相同或者近似的商标，未一并办理转让的；

（6）其他经审查发现存在问题或疑问需要申请人进一步说明和提供补充材料的。

申请人在收到补正通知书后，在规定期限内按照通知书的要求予以改正，商标注册部门对该转让申请根据申请人的补正内容进行再次审查。

对于要求一并转让的商标，转让人也可以通过办理注销（部分注销）、撤回商标注册申请、删减商品等方式消除转让障碍。

1.9.2 不予核准

经审查，转让申请存在下列情形之一的，不予核准：

（1）申请人不是商标注册人（如转让申请书填写了错误的注册号码的、商标已经转让给他人的）的；

（2）已办理了相同内容的转让申请，无须再次办理转让的；

（3）商标已经无效的；

（4）商标被法院查封、在先办理了质权登记，且未取得法院或质权人书面同意的；

（5）办理移转申请的，申请人提供的证明文件不能证明其有权利继受该商标权的；

（6）容易导致混淆或者有其他不良影响的转让；

（7）其他不应核准转让的情况。

1.9.3 视为放弃申请

经审查，对在同一种或者类似商品/服务上注册的相同或者近似的商标，未一并办理转让的，经补正通知后，仍未按要求改正的，该转让申请视为放弃。

1.9.4 核准转让

经审查，转让申请完全符合规定的，商标注册部门核准转让，予以公告，并发给受让人相应的转让证明。

1.10 转让申请的撤回和中止审查

转、受让双方一致同意撤回转让申请的，应共同向商标注册部门提出申请，双方均应在撤回申请书相应位置盖章或签字。

其他内容参见本部分第十章1.7"变更申请的撤回和中止审查"。

2 注册商标的使用许可备案（变更许可人、被许可人名称，许可提前终止）

2.1 法律依据
《商标法》第四十三条
《商标法实施条例》第六十九条

2.2 商标使用许可备案材料
许可备案材料应满足形式审查的一般性要求（参见第一部分第一章"形式审查的一般性要求"）。商标使用许可备案材料应提交被许可人的身份证明文件复印件，无须提交相关商标使用许可合同。

2.3 许可人
商标使用许可备案应由商标注册人办理，许可人应为商标注册人。
共有商标办理使用许可备案的，需由代表人提出报送，并取得全体共有人同意。

2.4 许可使用的商标
许可使用的商标应为有效注册商标。
许可人的注册商标专用权上应不存在限制，如在先办理了质押、转让；商标如被人民法院禁止许可，应由相关人民法院出具同意函方可予以备案；商标如在先已经办理过质权登记，应由质权人出具书面同意文件。
备案的商标使用许可行为不得损及第三方利益，包括但不限于以下第三方：
（1）受让人：注册商标在提交备案之前（或同时）已经提交了转让申请，或者在商标使用许可备案提交之前商标已经协议转让给他人，使用许可行为未告知和取得受让人同意的。
（2）在先被许可人：有证据表明许可行为损害在先被许可人利益的。
（3）其他第三方：如对许可商标存在权属争议的第三方，其他有证据证明对许可商标具有利益且许可行为可能损及其利益的第三方。

2.5 许可期限及许可商品/服务项目
许可期限：许可期限不得超出注册商标的有效期限，不得与许可人、被许可人民事主体的存续期间存在冲突，不得与许可人（注册人）取得该商标权的时间冲突。
许可商品/服务项目：备案表填写的许可使用的商品/服务项目名称应与许可商标注册证核定使用的商品/服务项目名称相同，不得超出核定使用的商品/服务项目。

2.6 许可人及被许可人名称变更
商标使用许可备案后，在许可期限内，许可人或被许可人的名称在登记机关发生变更的，可以凭有关变更证明文件由许可人报送变更许可人/被许可人名称备案。办理时，应报送以下材料：

(1)《变更许可人/被许可人名称备案表》；

(2) 许可人的身份证明文件复印件；

(3) 被许可人变更的，其变更后的身份证明文件复印件；

(4) 登记机关出具的变更证明文件（变更核准文件复印件或登记机关网站下载打印的相关档案）；

(5) 委托代理机构的，许可人盖章或签署的代理委托书。

上述备案材料应满足形式审查的一般性要求（参见第一部分第一章"形式审查的一般性要求"）。

2.7 商标使用许可提前终止备案

商标使用许可提前终止的，由许可人即商标注册人办理商标使用许可提前终止备案。

以电子方式申请使用许可提前终止备案的，应另附许可人、被许可人双方签订的使用许可提前终止协议。

2.8 撤回许可备案和中止审查

商标使用许可备案材料在备案之前可以撤回，撤回许可备案由许可人即商标注册人提交。

其他内容参见本部分第十章1.7"变更申请的撤回和中止审查"。

3 注册商标专用权质权登记

3.1 法律依据

《商标法实施条例》第七十条

《注册商标专用权质押登记程序规定》（国家知识产权局第三五八号公告）

3.2 质权登记申请

3.2.1 提交申请的途径

质权登记申请应以纸质申请方式提交，应由质权人和出质人共同办理。

3.2.2 申请文件

申请文件应满足形式审查的一般性要求（参见第一部分第一章"形式审查的一般性要求"）。

另需提交：

(1) 主合同和注册商标专用权质权合同；

(2) 申请人签署的《办理商标专用权质权登记承诺书》。

3.2.3 申请文件的要求

主合同一般为借款合同、担保合同、授信合同或者其他能证明和此次质权登记有关的合同依据。合同内容应包括借款双方或者多方名称、借款或者授信期限、金额等；相关合同条款无明显违反法律规定内容。质押合同可以是单独的合同，也可以是主合同中的质押条款。合同一般要求提供原件。原件不足的，提供复印件应加盖合同双方当事人印章，或提供经公证的与原件一致的复印件。

质押合同内容应包括：（1）出质人和质权人的名称（姓名）及地址（住址）；（2）被担保债权的种类和数额；（3）债务人履行债务的期限；（4）出质商标（注册号、商标名称、类别、专用期等，或另附提交加盖双方章戳的质押物清单作为合同附件）；（5）担保的范围；（6）质押财产交付的时间；（7）不能包含流质的规定。

3.2.4 出质的商标

出质商标应当符合以下条件：

（1）出质注册商标在注册有效期内，未被注销、被撤销，未被人民法院查封；

（2）相同近似的商标必须一并出质；

（3）出质商标注册号、担保债权数额和质权登记期限应以质押合同为依据，出质商标注册号、担保债权数额应与合同规定一致，质权登记期限可以比照主合同合理延长。质权登记期限起始日期不得早于申请日期。

3.3 审查结论

3.3.1 登记发证

申请登记书件齐备、符合规定的，予以受理，受理日期即为登记日期。自登记之日起2个工作日内向双方当事人发放《商标专用权质权登记证》。

《商标专用权质权登记证》载明下列内容：出质人和质权人的名称（姓名）、出质商标注册号、被担保的债权数额、质权登记期限、质权登记日期。

3.3.2 补 正

质权登记申请不符合上述规定的，商标注册部门应当通知申请人，并允许其在30日内补正。申请人逾期不补正或者补正不符合要求的，视为其放弃该质权登记申请，商标注册部门应书面通知申请人。

3.3.3 不予登记

有下列情形之一的，不予登记：

（1）出质人名称与商标注册部门档案所记载的名称不一致，且不能提供相关证明证实其为注册商标权利人的；

（2）合同的签订违反法律法规强制性规定的；

（3）商标专用权已经被撤销、被注销或者有效期满未续展的；
（4）商标专用权已被人民法院查封、冻结的；
（5）其他不符合出质条件的。
不予登记的，商标注册部门通知当事人并说明理由。

3.3.4　撤销登记

质权登记后，有下列情形之一的，应当撤销登记：
（1）发现有属于前述不予登记所列情形之一的；
（2）质权合同无效或者被撤销的；
（3）出质的注册商标因法定程序丧失专用权的；
（4）提交虚假证明文件或者以其他欺骗手段取得商标专用权质权登记的。
撤销登记的，商标注册部门应当通知当事人。

3.4　质权登记变更

质权人或出质人的名称（姓名）更改，以及质权合同担保的主债权数额变更的，出质人与质权人应当订立书面合同，并向商标注册部门提交质权登记变更申请。

申请文件应满足形式审查的一般性要求（参见第一部分第一章"形式审查的一般性要求"），另需提交下列文件：
（1）主债权数额变更的，双方签订的有关的补充或变更协议原件，协议中应载明变更后担保债权的数额；
（2）申请人签署的《办理商标专用权质权登记事项变更承诺书》；
（3）出质人名称（姓名）发生变更的，还应按照《商标法》及《商标法实施条例》的相关规定在商标注册部门办理变更注册人名义申请。

3.5　质权登记延期

因被担保的主合同履行期限延长、主债权未能按期实现等原因需要延长质权登记期限的，出质人与质权人应当在质权登记期限到期前向商标注册部门提交质权登记延期申请。

申请文件应满足形式审查的一般性要求（参见第一部分第一章"形式审查的一般性要求"）。另需提交下列文件：
（1）当事人双方签署的延期协议原件，协议中应载明期限延期后的质权期限；
（2）申请人签署的《办理商标专用权质权登记期限延期承诺书》。
主债权未能按期实现，双方未能达成有关延期协议的，质权人可以出具相关书面保证函，说明债权未能实现的相关情况，申请延期。商标注册部门予以延期登记的，应当通知出质人。

3.6　质权登记注销

商标专用权质权登记需要注销的，出质人与质权人应当向商标注册部门提交质权登记注销申请。

申请文件应满足形式审查的一般性要求（参见第一部分第一章"形式审查的一般性要求"）。另需提交申请人签署的《办理商标专用权质权登记注销承诺书》。

3.7 补发质权登记证

出质人、质权人遗失《商标专用权质权登记证》的，可向商标注册部门申请补发。

申请文件应满足形式审查的一般性要求（参见第一部分第一章"形式审查的一般性要求"）。

4 注册申请的商品/服务项目的删减

4.1 法律依据

《商标法实施条例》第十七条

4.2 申 请 人

删减申请由商标申请人提出，申请书上填写的申请人名称应与商标注册部门档案记录的申请人名义相符。

删减商品的商标为共有商标的，应由全体共有人一致同意。

4.3 商　　标

申请删减商品/服务项目仅限于商标注册申请过程中的商标，包括已刊登初步审定公告而尚未核准注册的商标，处于异议、不予注册复审及诉讼过程中的商标。

4.4 申请删减的商品/服务项目

申请删减的商品/服务项目应该与申请人在提交注册申请时所指定的商品/服务项目一致，不得以任何方式对原申请指定的商品/服务项目名称进行修饰或改变。

4.5 审查结论

4.5.1 不予核准

经审查，删减申请存在下列情形之一的，不予核准：

（1）申请人名称与商标档案中登记的注册人名称不符的；
（2）申请删减的商品或者服务项目与商标档案记录不一致或者已经失效的；
（3）商标注册申请已撤回的，或者商标注册申请流程已告结束而未核准注册的；
（4）商标已核准注册，应办理注销申请。

4.5.2 核准删减

经审查，删减申请完全符合规定的，核准删减商品或者服务项目。

5 注册商标的注销

5.1 法律依据
《商标法实施条例》第七十三条、第七十四条

5.2 申请文件
申请文件应满足形式审查的一般性要求（参见第一部分第一章"形式审查的一般性要求"）。

商标注销申请由商标注册人提出，申请书上填写的申请人名称应与商标档案记录的注册人名义一致。

办理注销申请的，应交回原《商标注册证》（电子申请可以另行邮寄交回），不能交回的应说明原因。

注册人名称在登记机关发生变更的，以变更后的名称申请注销，附送有关变更证明文件、变更后的营业执照等，无须在办理变更后注销。不应以变更前的印章和营业执照等办理注销申请。

此外，还应考虑核准注销申请可能对于利益相关方带来的影响和损失，这些利益相关方主要有：转让申请的受让人、质权人、被许可人、司法查封案件的当事人等。对于可能存在利益相关方的商标注销申请，原则上应有利益相关方同意注销的书面文件方可核准。

5.3 商　标
未获准注册的商标、已经失效的注册商标不应申请商标注销。

注册人可以注销其商标在部分指定商品/服务上的注册。办理部分注销时，申请注销的商品/服务应与商标注册部门档案记录的核定使用商品/服务一致。

5.4 审查结论
注销申请经审查，可能作出的审查结论有补正、核准、不予核准三种。

注销申请经核准的，发给申请人相关通知，并予以公告。该注册商标专用权或者该注册商标专用权在该部分指定商品/服务上的效力自商标注册部门收到其注销申请之日起终止。

部分注销的，还应发给申请人注销部分商品/服务后的《商标注册证》。

其他内容参见本部分第十章1.6"审查结论"。

5.5 注销申请的撤回和中止审查
具体内容参见本部分第十章1.7"变更申请的撤回和中止审查"。

6 注册商标有效期满未续展的注销

6.1 法律依据

《商标法》第四十条

6.2 期满未续展注销

注册商标有效期满,未在期满前十二个月及六个月宽展期内按照规定办理续展注册的,商标注册部门依职权注销该注册商标。

6.3 刊发注销公告

超过宽展期后仍未办理续展注册的,无其他影响商标权利状态的情况,刊发期满未续展注销公告;商标超过宽展期后仍未办理续展注册的,但存在其他申请流程等情况的,不直接刊发注销公告,转由人工核查。

6.4 核查后刊发注销公告

经核查,商标仍在续展申请中,或仍为有效注册商标的,不核准该商标期满未续展注销。

经核查,商标确属超过宽展期六个月后仍未办理续展注册的,核准该注册商标期满未续展注销,刊发期满未续展注销公告。

第十二章 注册商标的续展

1 法律依据
《商标法》第四十条
《商标法实施条例》第三十三条

2 续展申请文件
申请文件应满足形式审查的一般性要求（参见第一部分第一章"形式审查的一般性要求"）。

3 申请人
续展申请由商标注册人办理。申请书上填写的申请人名称与商标注册部门档案记录的注册人应当一致。

（1）申请人名义或地址发生了变更，且向商标注册部门办理了商标变更申请手续的，以变更后名义、地址提交续展申请的，可以予以核准；

（2）商标注册人名义发生了变更、随续展申请附了相关变更证明文件证明上述变更事实，但未向商标注册部门申请办理商标变更手续的，补正通知当事人办理相关变更手续；

（3）申请人非商标权利人，为商标的受让人且已办理商标转让申请手续的，等待转让核准后再行核准续展申请；

（4）申请人并非商标权利人，但属于该商标的利害关系人，如质权人、债权人（法院执行案件）、共有人等，注册人怠于行使续展可能使其利益遭受损失的，可以核准其代为申请的续展。

4 商　标
申请续展的商标应为注册商标，且为有效状态。
对于一标多类的注册商标，续展时允许申请人申请续展其中的部分类别。

5 续展申请日期
商标注册人应当在期满前十二个月内按照规定办理续展手续；在此期间未能办理的，可以给予六个月的宽展期。

续展申请直接递交的,以递交日为准;邮寄的,以寄出的邮戳日为准;邮戳日不清晰或者没有邮戳的,以商标注册部门实际收到日为准。

续展申请在期限届满日递交的,该日是节假日的,以节假日后的第一个工作日为准。

6 审查结论

6.1 补 正

经审查,续展申请不符合要求,存在下列情形之一的,需要通知申请人予以补正:
(1) 申请书填写的申请人名称与商标注册部门档案记录的注册人名称不一致;
(2) 续展申请收到日超出宽展期限且邮戳不清;
(3) 申请书填写的类别和档案中登记的不符。

6.2 核准续展

经审查,续展申请完全符合规定的,商标注册部门核准续展注册,并予以公告,发给注册人相应的续展证明。

6.3 不予核准

经审查,续展申请存在下列情形之一的,不予核准:
(1) 申请人并非商标注册人且无其他利害关系的;
(2) 已办理了相同内容的续展申请;
(3) 注册商标已丧失商标专用权的;
(4) 超出法定期限提交续展申请的;
(5) 撤回续展申请的;
(6) 其他不应核准续展的情况。

7 续展申请的撤回和中止审查

具体内容参见本部分第十章1.7"变更申请的撤回和中止审查"。

第四部分　马德里商标国际注册审查

第十三章　马德里商标国际注册申请审查

1　法律依据

《商标法》第十八条、第二十一条

《商标法实施条例》第五条、第三十五条、第三十六条、第三十七条、第三十八条、第三十九条、第四十条、第四十一条、第八十六条

《商标国际注册马德里协定有关议定书》第二条、第三条、第三条之二、第六条

《商标国际注册马德里协定有关议定书实施细则》第二章、第四章第二十二条

2　引　言

本章所指马德里商标国际注册申请是以国家知识产权局为原属局，指定领土延伸至《商标国际注册马德里协定有关议定书》缔约方（以下简称缔约方）的商标国际注册申请。申请人应通过国家知识产权局向世界知识产权组织国际局（以下简称国际局）提交申请。

申请人办理马德里商标国际注册申请，可自行办理，也可委托依法设立的商标代理机构办理。

马德里商标国际注册申请可以以纸件形式提交，也可通过商标网上服务系统以数据电文方式提交。

3　申请人资格与申请条件

3.1　申请人资格

申请人应在中国设有真实有效的营业场所；或在中国境内有住所；或拥有中国国籍。

两个及以上申请人共同申请注册的，每个申请人均应符合上述要求。

3.2　申请条件

申请注册马德里国际商标的，必须在国内已有基础商标。基础商标可以是已在中

国获得注册的商标，也可以是已在中国提出注册申请并被受理的商标。

两个及以上的申请人共同提交马德里国际商标注册申请的，基础商标也应为其共同所有。

4 书式要求

申请人需要提交以下申请书式：

（1）马德里商标国际注册申请书；

（2）外文申请书 MM2 表格；

（3）申请人盖章或签字的身份证明文件，如营业执照复印件、外国人在华居留许可复印件、身份证明文件复印件等；

（4）委托代理人的，应附送《马德里商标国际注册代理委托书》；

（5）指定美国的，一并提交 MM18 表格。

通过商标网上服务系统提交的电子申请，中外文信息正确填写视为马德里商标国际注册申请书及外文申请书 MM2 表格已提交，第3—5项书式以附件形式上传。

5 马德里商标国际注册申请审查标准

申请人应使用正确的正式表格提交申请，纸件方式提交的申请，外文可选择英语或法语书式，电子申请的应使用英语填写外文申请信息；外文书式应使用相应的外语填写，不得填写中文信息。

5.1 申请人信息

（1）应列明申请人名称、地址及外文翻译，中文信息应与国内商标信息一致，外文信息表述正确；

（2）应列明电子邮件地址，委托代理人办理的，不得填写与代理机构一致的电子邮件地址；

（3）应选择提交申请的外文语言；

（4）应列明所符合的申请人资格；外文书式中除列明资格外，还应包括：（i）申请人为自然人的，指明国家，（ii）申请人为法律实体的，指明性质和国家；

（5）两个及以上申请人共同申请时，其余申请人的上述信息需在附页中列明。

外文书式中，申请人应使用外语列明自己的原属局缔约方"中国"，列明的申请人信息应与中文书式中列明的外文信息一致。

5.2 代理人信息

如委托代理人办理的，应列明以下代理人信息：

（1）代理人名称、地址及外文翻译，外文书式提供的信息应与中文书式的外文信息一致；

（2）代理人电子邮件地址。

5.3 商标信息

（1）申请书应列明商标在中国的基础信息：申请号或注册号以及相应的日期，中外文书式信息应一致。

（2）电子申请的应上传符合要求的商标图样，纸件申请的应在书式的正确位置粘贴符合要求的商标图样，图样应与国内申请或注册的商标图样完全一致。

外文书式中，可声明视为标准字体，或说明是单一颜色或颜色组合商标。

（3）可以在申请中声明保护颜色，并作出相应说明，中外文书式应使用相对应的语言填写。

（4）如为特殊类型商标，请指明：立体商标、声音商标、集体商标、证明商标等。

（5）可以列明对于商标的文字说明，可以是在国内基础申请时提供的说明，也可以列出新的说明。中外文书式应使用相对应的语言填写。

（6）商标中包含非拉丁字母或非罗马、阿拉伯数字的，应提供该内容的音译，中外文书式应使用相对应的语言填写。

（7）可以说明要求颜色作为商标的显著部分，或对每一种颜色作出相应说明。中外文书式应使用相对应的语言填写。

（8）申请人可以声明放弃对商标中任何要素的保护。中外文书式应使用相对应的语言填写。

（9）申请人希望享有在先申请优先权的，应指明在先申请的主管局名称和申请日、申请号；如不涉及该申请中所有的商品或者服务，还应指明相应的商品或者服务。中外文书式应使用相对应的语言填写。

以上信息，中外文书式同时列明的，应保持信息一致。

5.4 商品/服务信息

（1）列明的商品/服务信息不能超出国内申请/注册包含的商品/服务的范围；

（2）应按照商品/服务的国际分类分组排列，每一组应列明类别序号；

（3）商品/服务应表达准确；

（4）马德里商标国际注册申请可以就一个或多个指定的缔约方作出相同或不同的商品/服务清单的限定；

（5）中外文书式应使用相对应的语言填写，并保持内容一致。

5.5 缔约方信息

马德里商标国际注册申请应至少指定一个缔约方；不能指定原属局缔约方中国；中英文书式的填写应一致。

应列明个别缔约方的特殊要求：欧盟要求选择第二语言，美国要求同时提交 MM18 表格。

5.6 申请人/代理人章戳或签字

（1）电子申请无须提供此项；

（2）委托代理机构的，代理机构应加盖章戳；

（3）由申请人自行提交的，申请人为自然人的，应提供签字；申请人为法律实体的，应加盖章戳。

5.7 指定美国使用意图声明

（1）仅在马德里商标国际注册申请指定缔约方包含美国时提交；

（2）使用单独的正式表格 MM18；电子申请的，应正确填写表格后，在商标网上服务系统上传清晰的扫描件；

（3）该表格需由申请人签字。

5.8 申请人身份证明文件

（1）国内自然人应提供有效期内的身份证明文件复印件或扫描件；

（2）符合在中国设有真实有效工商营业场所资格的，提供资格证明的复印件或扫描件，包括但不限于营业执照、事业单位法人证书、社会团体法人登记证书、民办非企业单位登记证书、基金会法人登记证书、律师事务所执业许可证；

（3）外籍个人办理马德里商标国际注册的，提供护照及有效期内的中华人民共和国外国人居留许可复印件或扫描件。

5.9 马德里商标国际注册申请代理委托书

如委托商标代理机构办理马德里商标国际注册，需提交代理委托书。

代理人应使用马德里商标国际注册代理委托书。

代理委托书应当使用规范简体汉字完整填写，并由委托人在"委托人章戳（签字）"栏盖章或签字。委托人名称、委托人章戳（签字）应与申请书中申请人名称、申请人章戳（签字），以及所附身份证明文件、主体资格证明文件一致。委托人章戳（签字）应当清晰完整。委托人为自然人的，可以签字；其他委托人应当加盖公章，不得使用合同章、专用章、业务章等其他章戳。

5.10 审查结论

（1）符合各项审查标准的，申请人缴纳规费后，下发受理通知书；

（2）申请手续不齐备或者未按照规定填写申请书的，不予受理；

（3）手续基本齐备或申请书式基本符合规定，需要补正的，申请人应当在规定期限内补正；逾期未补正的，不予受理。

5.11 规　费

马德里商标国际注册申请规费由国家知识产权局代收，向国际局转交。国家知识产权局以国际申请提交当日的汇率及国际规费标准按人民币计价代收国际申请规费。

未在规定期限内缴费的，马德里商标国际注册申请不予受理。

6 国际申请撤回

申请人在其提交的马德里商标国际注册申请被受理之前，可以向国家知识产权局申请撤回该商标的注册申请。

6.1 撤回申请文件

申请人申请马德里商标国际注册申请撤回的，应当提交：

（1）《马德里商标国际注册申请撤回申请书》；

（2）身份证明文件、主体资格证明文件；

（3）委托商标代理机构办理的，应当提交载明代理内容及权限的《马德里商标国际注册代理委托书》。

6.2 审查标准

（1）申请人名称、申请人地址、基础注册号或申请号均须与提交申请时的填写保持一致；

（2）正确选择要求撤回的申请业务类型；

（3）撤回请求，申请人自行填写合理要求。

提交撤回商标注册申请，不需要缴纳规费。

6.3 审查结论

书式审查合格的，该申请准予撤回；书式审查不合格的，该申请不予受理。

7 效力终止的通知

7.1 条　件

依据《商标国际注册马德里协定有关议定书》及《商标国际注册马德里协定有关议定书实施细则》的规定，以国家知识产权局为原属局的马德里商标国际注册，自国际注册之日起至五年期满前，如果基础申请或由之产生的注册或者基础注册分别就全部或部分国际注册中所列的商品和服务被撤回、过期、被放弃、最终驳回、注销或被宣布无效的，无论其是否已被转让；或者已经满五年，但导致驳回、撤销或宣布无效的终局决定，或者分别要求撤回基础申请或由之产生的注册或者基础注册的有关上诉、诉讼或异议于该期限届满前已开始的，国家知识产权局应将相应事实和决定通知国际局。

7.2 通知书式与通知方式

通知书式为 Notification of Ceasing of Effect，分为英文和法文两种。英文书式示例如图：

Notification of Ceasing of Effect

Notified to the International Bureau of World Intellectual Property Organization (WIPO)
In accordance with Rule 22(1)(a)or(c) of the Common Regulations
Under the Madrid Agreement and the Madrid Protocol

Ⅰ. **Administration which issues the notification:**
Trademark Office
State Administration for Industry and Commerce
1, Chama Nanjie, Xichengqu,
Beijing 100055
People's Republic of China   Fax: (8610)68050285

Ⅱ. **Mark which is the subject of the notification:**
International registration No.:
Name and address of the international registration holder:

Ⅲ. ☐ The notification is sent in accordance with Rule 22(1)(a)
    ☐ The notification is sent in accordance with Rule 22(1)(c)

Ⅳ. Facts and decisions which affect the basic registration or basic application

Ⅴ. Date on which the facts and decisions go into effect :

Ⅵ. ☐ Ceasing of effect for all the goods and/or services
    ☐ Ceasing of effect relating to the following goods and/or services:

Ⅶ. Date on which the notification is issued:

(盖局章)

该通知由国家知识产权局通知国际局。

7.3 审查标准

（1）书式由国家知识产权局填写，加盖国家知识产权局商标审查业务章。

（2）应列明以下各项信息：

Ⅰ项应列明通知发起方的信息，即国家知识产权局信息。

Ⅱ项应列明与国际注册簿一致商标信息。

Ⅲ项应列明适用的国际条约条款：如果基础商标已在国际注册日起满五年内被宣布无效或部分无效，适用《商标国际注册马德里协定有关议定书实施细则》第二十二条（1）（a）；如果基础商标在国际注册日起满五年之后被宣布无效或部分无效，但导致无效的复审、异议、上诉等行为于期限届满之前开始的，适用《商标国际注册马德里协定有关议定书实施细则》第二十二条（1）（c）。

Ⅳ项应列明基础注册和申请的事实或结论。

Ⅴ项应列明第Ⅳ项事实或结论下达的时间。

Ⅵ项应列明无效涉及的范围：全部或部分无效；如果商标部分无效，应列明已经无效的商品或者服务。

Ⅶ项应列明效力终止通知发出的时间。

最后加盖国家知识产权局商标审查业务章。

第十四章　马德里商标国际注册后续业务申请审查

1　法律依据

《商标法》第二十一条

《商标法实施条例》第三十四条、第三十七条第二款、第三十七条第三款、第三十八条、第四十条、第四十一条

《商标国际注册马德里协定有关议定书》第三条之三（2）、第七条、第八条、第九条、第九条之二

《商标国际注册马德里协定有关议定书实施细则》第五章第二十四条、第二十五条，第六章，第八章

2　引　言

国内申请人马德里商标国际注册后续业务共九项，分别为：国际续展、注册人名称或地址变更、国际转让、国际删减、国际注销、代理人名称或地址变更、指定代理人、国际放弃、后期指定。

所有后续业务既可由申请人自行或委托商标代理机构通过国家知识产权局转交国际局，也可由申请人自行或委托商标代理机构直接向国际局提交。

向国家知识产权局提交申请的方式分为两种：纸件形式提交和通过商标网上服务系统以数据电文方式提交。

3　国际续展

3.1　申请文件

以纸件形式提出国际续展申请的，应当提交马德里商标国际注册续展申请书、外文申请书 MM11 表格；委托商标代理机构办理的，应当提交载明代理内容及权限的《马德里商标国际注册代理委托书》。

通过商标网上服务系统提交的电子申请，中外文信息正确填写视为马德里商标国际注册续展申请书及外文申请书 MM11 表格已提交，上述其他材料以附件形式上传。

3.2　申请人资格

申请人必须是以国家知识产权局为原属局的马德里国际注册商标注册人。

3.3 续展期限

（1）马德里国际注册商标的有效期为10年，之后可以缴纳规费续展10年；

（2）申请人可在有效期届满前12个月内提交续展申请；

（3）如在有效期内未申请续展的，可在宽展期内提交续展申请。宽展期为国际注册到期之日起6个月。若申请人未在国际注册应当续展之日前缴纳续展规费，则应缴纳宽展费。

3.4 内容及要求

申请文件除满足形式审查的一般性要求（参见第一部分第一章"形式审查的一般性要求"），还应满足以下要求：

（1）一份续展申请只能包含一个国际注册号；

（2）注册人名称必须与国际注册簿保持一致；

（3）续展所涉及的缔约方不得超出国际注册簿中的缔约方范围。

4 注册人名称或地址变更

4.1 申请文件

以纸件形式提出马德里商标国际注册注册人名称或地址变更申请的，应当提交马德里商标国际注册注册人名称或地址变更申请书、外文申请书MM9表格、相应的变更证明文件；委托商标代理机构办理的，应当提交载明代理内容及权限的《马德里商标国际注册代理委托书》。

通过商标网上服务系统提交的电子申请，中外文信息正确填写视为马德里商标国际注册注册人名称或地址变更申请书及外文申请书MM9表格已提交，上述其他材料以附件形式上传。

4.2 申请人资格

申请人必须是以国家知识产权局为原属局的马德里国际注册商标注册人。

4.3 内容及要求

申请文件除满足形式审查的一般性要求（参见第一部分第一章"形式审查的一般性要求"），还应满足以下要求：

（1）一份变更申请可涉及多个国际注册号，各个国际注册商标的注册人名称、地址必须完全一致，且所涉及的变更内容完全一致；

（2）注册人名称必须与国际注册簿保持一致；

（3）变更注册人名称、地址的，应提供登记机关出具的变更证明文件。变更证明文件可以为登记机关核准变更文件的复印件，也可为从登记机关网站上下载的变更情况，但若基础商标已经变更的，则无须提交变更证明文件。

5 国际转让

5.1 申请文件

以纸件形式提出马德里商标国际转让申请的,应当提交马德里商标国际注册转让申请书、外文申请书 MM5 表格、经盖章或者签字确认的转让人及受让人主体资格证明文件;受让人为外国申请人的,应提交转让协议公证书或转让声明公证书;委托商标代理机构办理的,应当提交载明代理内容及权限的《马德里商标国际注册代理委托书》。

通过商标网上服务系统提交的电子申请,中外文信息正确填写视为马德里商标国际注册转让申请书及外文申请书 MM5 表格已提交,并须以附件形式上传经盖章或者签字确认的转让人及受让人主体资格证明文件、双方共同签署的同意转让声明文件(当事人为法人的还应由法定代表人或法定代表人授权的人签字,为其他组织的还应由负责人签字);受让人为外国申请人的,应上传转让协议公证书或转让声明公证书;委托商标代理机构办理的,应当上传载明代理内容及权限的《马德里商标国际注册代理委托书》。

5.2 申请人

5.2.1 转让人

转让申请人必须是以国家知识产权局为原属局的马德里国际注册商标注册人。

5.2.2 受让人

受让人须符合下列条件之一:
(1) 受让人是缔约方国民;
(2) 受让人在其所属缔约方境内有真实有效的工商营业场所;
(3) 受让人所属缔约方是国际组织,受让人为该国际组织中国家的国民;
(4) 受让人在其所属缔约方境内有住所。

受让人为两个或两个以上的国际注册转让申请,所有受让人均须满足马德里商标国际注册所有人的资格要求。

5.3 转让人、受让人主体资格证明文件

转让人、受让人主体资格证明文件是表明申请人具备转让资格的文件。依据不同情形,提交相应证明文件:

(1) 转让人或受让人为国内自然人、法人或者其他组织的,应当提交身份证明文件的复印件,身份证明文件的具体要求参见第一部分第一章 5.1 "身份证明文件、主体资格证明文件";

(2) 受让人为缔约方国民的,应当提交所属缔约方身份证明文件复印件及对应的

中文译文；

（3）受让人所属缔约方是国际组织，受让人为该国际组织中国家的国民的，应当提交在该国身份证明文件复印件及对应的中文译文；

（4）受让人在其所属缔约方境内有住所，应当提交所属缔约方境内的住所地址证明及对应的中文译文；

（5）受让人为外国自然人、法人或者其他组织，在其所属缔约方境内有真实有效的工商营业场所的，应当提交其所属缔约方的登记证件复印件及对应的中文译文。

5.4 内容及要求

申请文件除满足形式审查的一般性要求（参见第一部分第一章"形式审查的一般性要求"），还应满足以下要求：

（1）全部转让申请，可涉及多个国际注册号，各个国际注册商标的注册人名称、地址必须完全一致；部分转让申请，仅可涉及单个国际注册号。

（2）转让所涉及的商品或者服务不得超出该国际注册商标原有的商品和服务范围。

（3）转让所涉及的缔约方不得超出该国际注册商标所涉及的缔约方范围。

（4）注册人（转让人）名称必须与国际注册簿保持一致。

6 国际删减

6.1 申请文件

以纸件形式提出马德里商标国际删减申请的，应当提交马德里商标国际注册删减申请书、外文申请书 MM6 表格；委托商标代理机构办理的，应当提交载明代理内容及权限的《马德里商标国际注册代理委托书》。

通过商标网上服务系统提交的电子申请，中外文信息正确填写视为马德里商标国际注册删减申请书及外文申请书 MM6 表格已提交，上述其他材料以附件形式上传。

6.2 申请人资格

申请人必须是以国家知识产权局为原属局的马德里国际注册商标注册人。

6.3 内容及要求

申请文件除满足形式审查的一般性要求（参见第一部分第一章"形式审查的一般性要求"），还应满足以下要求：

（1）一份删减申请，可涉及多个国际注册号，各个国际注册商标的注册人名称、地址必须完全一致，且所涉及的删减内容完全一致；

（2）删减所涉及的商品或者服务不得超出该国际注册商标原有的商品和服务范围；

（3）删减所涉及的缔约方不得超出该国际注册商标所涉及的缔约方范围；

（4）注册人名称必须与国际注册簿保持一致。

7 国际注销

7.1 申请文件

以纸件形式提出马德里商标国际注销申请的,应当提交马德里商标国际注册注销申请书、外文申请书 MM8 表格;委托商标代理机构办理的,应当提交载明代理内容及权限的《马德里商标国际注册代理委托书》。

通过商标网上服务系统提交的电子申请,中外文信息正确填写视为马德里商标国际注册注销申请书及外文申请书 MM8 表格已提交,上述其他材料以附件形式上传。

7.2 申请人资格

申请人必须是以国家知识产权局为原属局的马德里国际注册商标注册人。

7.3 内容及要求

申请文件除满足形式审查的一般性要求(参见第一部分第一章"形式审查的一般性要求"),还应满足以下要求:

(1)全部注销申请,可涉及多个国际注册号,各个国际注册商标的注册人名称、地址必须完全一致;部分注销申请,仅可涉及单个国际注册号。

(2)注销所涉及的商品或者服务不得超出该国际注册商标原有的商品和服务范围。

(3)注册人名称必须与国际注册簿保持一致。

8 代理人名称或地址变更

8.1 申请文件

以纸件形式提出马德里商标代理人名称或地址变更申请的,应当提交马德里商标国际注册代理人名称或地址变更申请书及外文申请书 MM10 表格。

通过商标网上服务系统提交的电子申请,中外文信息正确填写视为马德里商标国际注册代理人名称或地址变更申请书及外文申请书 MM10 表格已提交。

8.2 申请人资格

申请人必须是以国家知识产权局为原属局的马德里国际注册商标注册人委托的商标代理机构,该代理机构需已在商标注册部门备案。

8.3 内容及要求

申请文件除满足形式审查的一般性要求(参见第一部分第一章"形式审查的一般性要求"),还应满足以下要求:

(1)一份商标代理人名称或地址变更申请,可涉及多个国际注册号;

(2)代理人名称及地址必须与国际注册簿保持一致。

9 指定代理人

9.1 申请文件

以纸件形式提出马德里商标指定代理人申请的，应当提交马德里商标国际注册指定代理人申请书、外文申请书 MM12 表格、载明代理内容及权限的《马德里商标国际注册代理委托书》。

通过商标网上服务系统提交的电子申请，中外文信息正确填写视为马德里商标国际注册指定代理人申请书及外文申请书 MM12 表格已提交，上述其他材料以附件形式上传。

9.2 申请人资格

申请人必须是以国家知识产权局为原属局的马德里国际注册商标注册人委托的商标代理机构，该商标代理机构需已在商标注册部门备案。

9.3 内容及要求

申请文件除满足形式审查的一般性要求（参见第一部分第一章"形式审查的一般性要求"），还应满足以下要求：

（1）一份指定代理人申请，可涉及多个国际注册号，各个国际注册商标的注册人名称、地址必须完全一致；

（2）申请人或注册人名称必须与国际注册簿保持一致。

10 国际放弃

10.1 申请文件

以纸件形式提出马德里商标国际放弃申请的，应当提交马德里商标国际注册放弃申请书、外文申请书 MM7 表格；委托商标代理机构办理的，应当提交载明代理内容及权限的《马德里商标国际注册代理委托书》。

通过商标网上服务系统提交的电子申请，中外文信息正确填写视为马德里商标国际注册放弃申请书及外文申请书 MM7 表格已提交，上述其他材料以附件形式上传。

10.2 申请人资格

申请人必须是以国家知识产权局为原属局的马德里国际注册商标注册人。

10.3 内容及要求

申请文件除满足形式审查的一般性要求（参见第一部分第一章"形式审查的一般性要求"），还应满足以下要求：

（1）一份放弃申请，可涉及多个国际注册号，各个国际注册商标的注册人名称、地址必须完全一致，且涉及的放弃内容完全一致；

（2）放弃所涉及的缔约方不得超出该国际注册商标原有的缔约方范围；

（3）注册人名称必须与国际注册簿保持一致。

11　后期指定

11.1　申请文件

以纸件形式提出马德里商标国际后期指定申请的，应当提交马德里商标国际注册后期指定申请书、外文申请书 MM4 表格；指定美国的，一并提交 MM18 表格；委托商标代理机构办理的，应当提交载明代理内容及权限的《马德里商标国际注册代理委托书》。

通过商标网上服务系统提交的电子申请，中外文信息正确填写视为马德里商标国际注册后期指定申请书及外文申请书 MM4 表格已提交，上述其他材料以附件形式上传。

11.2　申请人资格

申请人必须是以国家知识产权局为原属局的马德里国际注册商标注册人。

11.3　内容及要求

申请文件除满足形式审查的一般性要求（参见第一部分第一章"形式审查的一般性要求"），还应满足以下要求：

（1）一份后期指定申请，仅可涉及一个国际注册号；

（2）后期指定所涉及的商品或者服务不得超出该国际注册商标原有的商品或者服务范围；

（3）部分缔约方声明，如国际注册日期早于其加入马德里议定书的日期，则不得通过后期指定程序指定该缔约方，此类缔约方名单详见 MM4 表格；

（4）注册人名称及地址必须与国际注册簿保持一致。

12　审查结论

12.1　补　正

申请人办理马德里商标国际注册各项后续业务申请时，若缺少相应的申请材料或者填写不符合形式审查的要求，国家知识产权局会向申请人或代理人寄送补正通知书；申请人或代理人应在规定期限内通过商标网上服务系统或书面材料完成补正。

申请以书面形式提交的，补正回复需通过书面形式进行；申请通过商标网上服务系统提交的，补正回复需通过商标网上服务系统进行。

12.2　核　准

国际续展、注册人名称或地址变更、国际转让、国际删减及后期指定申请形式审查合格后，国家知识产权局向申请人或代理人寄送《商标国际注册缴费通知书》。申请人或代理人按照通知书的要求在规定期限内缴纳相应的费用后，国家知识产权局向申请人或代理人寄送《受理通知书》。

国际注销、指定代理人、代理人名称或地址变更及国际放弃申请形式审查合格后，国家知识产权局向申请人或代理人寄送《受理通知书》。

12.3 不予受理

（1）逾期未补正或者不按照要求进行补正的，该申请不予受理；
（2）超出法定期限提交的国际续展申请不予受理；
（3）申请人未在宽展期内缴纳宽展费，该国际续展申请不予受理；
（4）申请人资格不符合受理条件，该申请不予受理；
（5）受让人资格不符合受理条件，该国际转让申请不予受理；
（6）申请书式与申请业务不符，该申请不予受理；
（7）已办理了相同内容的后续业务申请，该申请不予受理；
（8）其他不应予以受理的情况。

13 规 费

通过国家知识产权局向国际局提交各项后续业务申请的，由国家知识产权局向国际局代为转交规费。国家知识产权局按照申请人提交申请当日的汇率及国际注册规费标准以人民币计价代收国际注册申请规费。

14 撤回申请

撤回申请应在国家知识产权局完成马德里商标国际注册后续业务形式审查之前提交，相关要求参见第四部分第十三章6"国际申请撤回"。

第十五章　商标国际异议形式审查

1　法律依据

《商标法》第十八条、第三十三条、第七十二条

《商标法实施条例》第五条、第六条、第九条、第十二条、第十四条、第十五条、第十八条、第二十四条、第二十五条、第二十六条、第二十七条、第四十五条、第九十七条

《商标国际注册马德里协定有关议定书实施细则》第四章第十七条第二款、第三款

2　商标国际异议申请材料的审查

2.1　提交期限

商标国际异议申请应当在法定异议期限内提出。自世界知识产权组织《国际商标公告》出版的次月1日起算，3个月内可提交商标国际异议，以最后一月的最后一日为期限届满日。期限届满日是节假日的，以节假日后的第一个工作日为期限届满日。

2.2　异议主体

商标国际异议主体与国内异议标准相同，具体内容参见第一部分第三章3.2"异议主体"。

2.3　书式要求

申请商标国际异议需提交以下申请材料：

（1）马德里商标国际注册异议申请书；

（2）异议人的身份证明文件；

（3）明确的异议理由、事实和法律依据，并附相关证据材料。内容较多的，可以另附"异议理由书"；

（4）以违反《商标法》第十三条第二款和第三款、第十五条、第十六条第一款、第三十条、第三十一条、第三十二条规定提出异议的，异议人应提交作为在先权利人和利害关系人的主体资格证明文件；

（5）《国际商标公告》复印件及中文译文；

（6）委托商标代理机构提出异议申请的，应提交商标代理委托书。

2.4 规费

按类别收费。异议人应当按照《商标异议（国际）缴费通知书》要求，在规定期限内缴纳费用。

2.5 书式形审

2.5.1 马德里商标国际注册异议申请书

办理商标国际异议事宜应当使用中文。

马德里商标国际注册异议申请书应当采用国家知识产权局正式发布的规范书式，以纸件方式提交的，应当提交打字或印刷的原件。

马德里商标国际注册异议申请书及相关证据材料应当提交一式两份并标明正、副本（异议人特别注明涉及商业秘密的材料除外），证据材料应当编排目录及页码。

异议人自行办理商标国际异议申请的，马德里商标国际注册异议申请书应当由异议人盖章或签字；委托代理机构办理异议申请的，马德里商标国际注册异议申请书应当由商标代理机构加盖公章，并由代理人签字。

异议人需要补充证据材料的，应当在马德里商标国际注册异议申请书中勾选声明，并应自提交马德里商标国际注册异议申请书之日起 3 个月内提交。

一份异议申请只能对一件国际公告的商标提出异议。针对一标多类商标提出异议的，申请人可以在一份异议申请中列明多个类别，也可以按照被异议商标的类别分别提交异议申请。

2.5.2 《国际商标公告》复印件及中文译文

被异议商标的《国际商标公告》，可在世界知识产权组织网站上进行下载，同时需提供对应的中文译文。

2.5.3 代理委托书

异议人委托商标代理机构办理商标国际异议事宜的，应当提交商标代理委托书。

（1）代理委托书应当载明委托人名称、地址、被异议商标名称、代理权限、代理事项及授权日期，并有委托人盖章或签字。委托代理机构办理异议申请的，委托代理事项应当为"商标国际异议申请"。

（2）异议人是我国香港特别行政区、澳门特别行政区或台湾地区的，应当委托依法设立的商标代理机构办理。

（3）异议人是外国的，应当委托依法设立的商标代理机构办理，商标代理委托书中委托人名称、地址、委托事项应翻译成中文。

2.5.4 其他书式

申请商标国际异议还需提供异议人的身份证明文件，明确的异议理由、事实和法律依据及主体资格证明文件，其要求与国内异议标准相同，外文材料应提供对应的中文译文。具体内容参见第一部分第三章3.3"内容及要求"。

2.6 审查结论

商标国际异议申请材料审查合格、异议申请完成缴费后，国家知识产权局向世界知识产权组织发送"基于异议的临时驳回通知"（NOTIFICATION OF PROVISIONAL REFUSAL BASED ON AN OPPOSITION），即《国际商标异议答辩通知书》。同时向异议人或商标代理机构发送《国际商标异议申请受理通知书》。

商标国际异议申请材料不合格的，国家知识产权局书面通知异议人，进行补正或不予受理。

3 商标国际异议答辩回文的审查

3.1 提交期限

世界知识产权组织收到国家知识产权局发送的"基于异议的临时驳回通知"（NOTIFICATION OF PROVISIONAL REFUSAL BASED ON AN OPPOSITION）后通知被异议人，被异议人可在收到世界知识产权组织转发的通知之日起30日内进行答辩，期限届满日是节假日的，以节假日后的第一个工作日为期限届满日。

3.2 书式要求

商标国际异议答辩回文需提交以下答辩材料：

（1）"基于异议的临时驳回通知"（NOTIFICATION OF PROVISIONAL REFUSAL BASED ON AN OPPOSITION）复印件；
（2）答辩理由和证据材料；
（3）答辩人身份证明文件及中文译文；
（4）代理委托书。

3.3 书式形审

（1）答辩人应与被异议国际商标的注册申请人名义一致。
（2）被异议人应当委托依法设定的商标代理机构进行答辩，应附送商标代理委托书，答辩书尾页应当加盖代理机构公章。委托书应当填写委托事项及委托日期，相应事项应翻译成中文。委托人是法人或者其他组织的，应当加盖公章；委托人是自然人的，应当签字。
（3）异议人委托的商标代理机构不得代理被异议人进行答辩。

3.4 审查结论

（1）答辩人在规定期限内作出答辩且材料符合规定的，予以通过；
（2）答辩材料需要补正的，国家知识产权局书面通知答辩人，要求其在规定时间内,按照指定内容补正。答辩人按要求补正的,答辩材料予以通过。逾期未补正或未按要求补正的,视为未答辩。

4 商标国际异议补充材料的审查

商标国际异议补充材料分为商标国际异议申请补充材料和商标国际异议答辩补充材料。

4.1 提交期限

当事人需要在提出国际异议申请或者答辩后补充有关证据材料的,应当在马德里商标国际注册异议申请书或者答辩书中声明,并在提交马德里商标国际注册异议申请书或答辩书之日起3个月内递交。

4.2 形式审查

(1) 商标国际异议申请补充材料须提交正、副本一式两份(异议人特别注明涉及商业秘密的材料除外);

(2) 当事人应当盖章或签字,商标代理机构应当加盖公章,签字或加盖的章戳应与异议申请或答辩材料上一致。

4.3 审查结论

(1) 有关补充证据材料在期限内提交,且符合规定的,予以通过。

(2) 补充材料需要补正的,国家知识产权局书面通知当事人,要求其在规定时间内,按照指定内容补正。当事人按要求补正的,补充材料予以通过。逾期未补正或未按要求补正的,视为未提交(答辩)补充材料。

4.4 异议当事人申请变更商标代理机构

异议当事人申请变更商标代理机构的,应以补充材料的形式提交解除与原代理机构委托关系并委托新的代理机构的声明和新的代理委托书。

5 撤回商标国际异议申请材料的审查

5.1 提交期限

异议人在国家知识产权局作出决定之前,可以书面向国家知识产权局要求撤回商标国际异议申请并说明理由,国家知识产权局认为可以撤回的,异议程序终止。

5.2 书式要求

撤回商标国际异议要件与国内异议标准相同,具体内容参见第一部分第三章7"撤回商标异议申请审查"。

5.3 审查结论

（1）经审查，撤回商标国际异议申请符合规定的，国家知识产权局发出《国际商标异议撤回申请核准通知书》或《国际商标异议结案通知书》。《国际商标异议撤回申请核准通知书》主送异议人，抄送被异议人。《国际商标异议结案通知书》送达双方当事人。异议申请尚未受理的，向异议人发出《国际商标异议申请不予受理通知书》。

（2）经审查，撤回异议申请需补正的，书面通知申请人在指定期限内补正。经补正，符合规定的，核准撤回或结案。经补正后仍然不符合规定的，不予核准撤回异议申请，国家知识产权局向异议人发出《国际商标异议撤回申请不予受理通知书》。

（3）异议人提交书面材料明确表示未递交撤回商标异议申请的，该撤回异议申请不予核准。

（4）办理异议申请与撤回申请的商标代理机构不同的，通知书抄送原异议申请商标代理机构。

5.4 被异议商标撤回相关异议申请的处理

被异议商标已核准撤回的，相关异议案件予以结案，国家知识产权局书面通知双方当事人。

6 国际商标异议申请驳回

已经受理的异议申请，发现不符合受理条件或出现了不符合受理条件的新情况时，予以驳回并通知当事人。

第十六章 马德里商标领土延伸申请审查

马德里商标领土延伸申请，是外国申请人根据《商标国际注册马德里协定有关议定书》和《商标国际注册马德里协定有关议定书实施细则》的规定，通过国际局提交指定中国的商标国际注册申请或后期指定申请。国家知识产权局在《商标国际注册马德里协定有关议定书》规定的驳回期限内，依照《商标法》和《商标法实施条例》的规定进行审查。

1 法律依据

《商标法》第二十一条

《商标法实施条例》第四十二条

《商标国际注册马德里协定有关议定书》第三条之三

《商标国际注册马德里协定有关议定书实施细则》第五章第二十四条

2 审　查

2.1 形式审查

马德里商标领土延伸申请经国际局进行形式审查后通知国家知识产权局，国家知识产权局不再进行形式审查。

2.2 商品和服务项目翻译

在马德里商标领土延伸申请实质审查前，将指定的商品和服务项目翻译成中文，以便审查员在商标数据库中进行商品和服务项目检索比对。

中文翻译仅作审查参考，商标的申请注册权利范围以国际局公告的外文原文为准。

2.3 实质审查

马德里商标领土延伸申请实质审查标准与国内商标注册申请实质审查标准相同。具体内容参见下编"商标审查审理编"。

第十七章 领土延伸至中国的国际注册后续业务形式审查

本章所称国际注册后续业务，是指通过马德里商标国际注册体系领土延伸至中国的国际注册特有的形式审查业务，包括国际注册转国内申请、国际注册代替国内注册加注申请、国际更正分拣。其中，前两项业务由申请人通过依法设立的中国商标代理机构向国家知识产权局提交申请，国际更正则由国际局依职权向国家知识产权局发出更正通知。

1 国际注册转国内申请

1.1 法律依据

《商标国际注册马德里协定有关议定书》第六条、第九条之五

1.2 申请条件

国际注册转国内申请的，应符合下列条件：
（1）申请转为国内申请的国际注册商标应为有效商标或权利待定的商标；
（2）因基础商标全部或部分失效导致国际注册被全部或部分注销；
（3）相关申请材料应在国际注册被注销之日起3个月内提交。

1.3 申请途径

国际注册转国内申请应委托依法设立的中国商标代理机构向国家知识产权局提交。

1.4 申请材料

（1）国际注册转为国内注册申请的申请书；
（2）国际注销通知书复印件；
（3）商标注册申请书（相关要求同国内申请）；
（4）代理委托书；
（5）其他相关材料。

1.5 审查内容

符合以下各项条件的，核准国际注册转国内申请，进入国内注册申请程序，原

国际注册日或后期指定日为国内申请日期，国际注册享有的优先权，国内申请也可享有：

（1）申请材料齐备；

（2）提交的商标信息与原国际注册商标信息保持一致，包括商标注册号、国际注册日期、后期指定日期、优先权、商标图样、商标名称、商标申请人名称和地址等；

（3）商品或者服务范围未超出原国际注册商标申请保护的范围及原国际注册注销或部分注销的范围。

2　国际注册代替国内注册加注申请

2.1　法律依据

《商标国际注册马德里协定有关议定书》第四条之二

《商标国际注册马德里协定有关议定书实施细则》第四章第二十一条

2.2　申请途径

国际注册代替国内注册加注申请应委托依法设立的中国商标代理机构向国家知识产权局提交。

2.3　申请材料

（1）国际注册代替国内注册加注申请书；

（2）国内商标注册证复印件；

（3）代理委托书；

（4）其他相关材料。

2.4　审查内容

符合以下各项条件的，核准国际注册代替国内注册加注申请：

（1）涉及的国际注册商标和国内商标均为有效商标；

（2）国内注册获得保护的商品或者服务范围未超出国际注册商标获得保护的范围；

（3）国内注册的生效日期早于国际注册日。

3　国际更正分拣

国际局认为国际注册存在错误时，可依职权加以更正，也可根据注册人或主管局的请求对错误进行更正。更正可能涉及有关国际注册的任何信息，可能对与国际注册相关的各项业务产生实质性影响，因此需对国际局通知的各类更正进行分拣。

3.1　法律依据

《商标国际注册马德里协定有关议定书实施细则》第五章第二十八条

3.2 对领土延伸和后期指定通知更正的分拣标准

3.2.1 增加在中国的领土延伸和后期指定

国际更正的内容为在指定国家列表中添加中国的，更正分拣为领土延伸新申请（更正转新申请）。

3.2.2 撤回在中国的领土延伸和后期指定

国际更正的内容为在指定国家列表中去掉中国或通知领土延伸申请无效的，更正分拣为国际更正。

3.2.3 对国际注册权利日期信息的更正

国际更正涉及权利日期的，若更正后的权利日期晚于原权利日期，将更正申请件分拣为领土延伸新申请。若更正后的权利日期早于原权利日期，将该更正申请分拣为国际更正。若原指定已驳回且驳文中的引证商标权利日期介于更正前后的权利日期之间，则分拣为领土延伸新申请。

3.2.4 对指定商品或者服务项目的更正

国际更正涉及商品或者服务项目的，原则上分拣为领土延伸新申请；更正不影响审查结论及发文的，可分拣为国际更正。

3.2.5 对商标的更正

国际更正涉及商标图样、商标类型等直接影响审查结论的，原则上分拣为领土延伸新申请。

3.2.6 对其他信息的更正

国际更正涉及国际注册商标其他相关信息的（申请人名称/地址、代理人信息、基础注册信息等），原则上分拣为国际更正；因更正的内容需要改变审查结论或者需要修改驳文内容的，则分拣为领土延伸新申请。

3.3 对国际后续业务更正的分拣标准

3.3.1 新增某项后续业务

国际更正的内容为增加某项后续业务涉及的国际注册商标的，将更正申请件分拣为对应的后续业务类型。

3.3.2 撤回某项后续业务

国际更正的内容为删除某项后续业务涉及的国际注册商标的，将更正申请件分拣为国际更正。

3.3.3 国际转让更正为国际部分转让

国际转让更正为国际部分转让的,将原国际注册号对应的更正分拣为国际部分转让;部分转让后新号对应的更正分拣为国际更正或不予处理。

3.3.4 国际部分转让更正为国际转让

国际部分转让更正为国际转让的,将原国际注册号对应的更正分拣为国际转让;部分转让后新号对应的更正分拣为国际更正。

3.3.5 对国际删减的更正

对国际删减的更正,影响删减审查结论或发文的,分拣为国际删减;不影响删减审查结论或发文的,分拣为国际更正。

3.3.6 国际转让具体信息的更正

对国际转让的更正,包括转让人及受让人姓名、地址、商标代理人信息等,影响转让审查结论或发文的,分拣为国际转让;不影响转让审查结论或发文的,分拣为国际更正。

3.3.7 国际部分转让具体信息的更正

对国际部分转让具体信息的更正,影响部分转让审查结论或发文的,需将转让前的国际注册号对应的更正分拣为国际部分转让,将转让后新号对应的更正分拣为国际更正;不影响部分转让审查结论或发文的,则将转让前后的国际注册号对应的更正都分拣为国际更正。

3.3.8 对其他后续业务的更正

对国际后续其他业务的更正,原则上分拣为国际更正。

第十八章 领土延伸至中国的国际注册后续业务实质审查

本章所称国际注册后续业务，是指通过马德里商标国际注册体系领土延伸至中国的国际注册的相关后续业务，包括变更、续展、转让、删减、注销、放弃、更正等。申请人向国际局提交相关申请，国家知识产权局根据国际局的通知进行审查。

1 国际变更（注册人名称/地址变更）

1.1 法律依据

《商标法》第四十一条
《商标法实施条例》第三十条第一款
《商标国际注册马德里协定有关议定书》第九条、第九条之二

1.2 审查结论

1.2.1 核 准

申请国际变更的商标为有效商标或权利待定的商标，且变更申请符合相关法律规定的，予以核准。

1.2.2 不予核准

有下列情形之一的，变更不予核准：
（1）申请国际变更的商标已经失效；
（2）在先转让申请未核准；
（3）因更正撤回或者有其他不符合法律规定的情形。

2 国际续展

2.1 法律依据

《商标法实施条例》第四十六条
《商标国际注册马德里协定有关议定书》第七条
《商标国际注册马德里协定有关议定书实施细则》第六章

2.2 审查结论

2.2.1 核准

申请国际续展的商标为有效商标，且续展申请符合相关法律规定的，予以核准。

2.2.2 不予核准

有下列情形之一的，续展不予核准：

（1）申请国际续展的商标已经失效；

（2）因更正撤回或者有其他不符合法律规定的情形。

3 国际转让

3.1 法律依据

《商标法》第四十二条第二款、第三款

《商标法实施条例》第四十七条

《商标国际注册马德里协定有关议定书实施细则》第五章第二十七条

3.2 受让人资格

受让人需满足马德里国际注册商标所有人的相关要求；受让人为两个或两个以上的转让申请，所有受让人均应当符合对马德里国际注册商标所有人的要求。

3.3 一并转让

国际注册商标转让人需将其在相同或类似商品或者服务上的相同或者近似商标一并转让；对于共有商标，该要求适用于共有人名下的所有有效商标。

3.4 混淆或者其他不良影响

转让不应容易导致混淆或产生其他不良影响，相关审查标准参见第三部分第十一章1.7"容易导致混淆或其他不良影响的转让"。

3.5 集体、证明商标

对于马德里国际注册集体商标或证明商标的转让申请，参见第三部分第十一章1.2.3"集体商标、证明商标转让/移转申请文件的特殊要求"，对受让人主体资格和商标使用管理规则也应进行审查。

3.6 转让补正

国际注册商标转让人未将其在相同或类似商品或者服务上的相同或者近似商标一并转让的，应自补正通知书发出之日起3个月内，按要求补正。

3.7 转让无效

有下列情形之一的,转让无效:

(1) 转让人或受让人的资格不符合法律规定的要求;
(2) 转让容易引起混淆或者有其他不良影响;
(3) 未按期补正或补正不符合法律规定的要求;
(4) 其他不符合法律规定的情形。

3.8 转让终局

转让申请人对转让无效在规定期限内提起行政复议或行政诉讼的,待上述程序终结后,国家知识产权局视具体情况将转让终局决定通知国际局。

3.9 核 准

申请国际转让的商标为有效商标或权利待定的商标,且转让申请符合相关法律规定的,予以核准。

3.10 不予核准

有下列情形之一的,转让不予核准:

(1) 申请国际转让的商标已经失效;
(2) 因更正撤回或者有其他不符合法律规定的情形。

4 国际部分转让

4.1 法律依据

《商标法》第四十二条第二款、第三款
《商标法实施条例》第四十七条
《商标国际注册马德里协定有关议定书实施细则》第五章第二十七条

4.2 受让人资格

受让人需满足马德里国际注册商标所有人的相关要求;受让人为两个或两个以上的转让申请,所有受让人均需满足马德里国际注册商标所有人的要求。

4.3 一并转让

国际注册商标部分转让人需将其在相同或类似商品或者服务上的相同或者近似商标一并转让。部分商品或者服务项目转让的,相同或类似商品或者服务应一并转让。对于共有商标,该要求适用于共有人名下的所有有效商标。

4.4 误认、混淆或者其他不良影响

部分转让不应使公众产生误认、混淆或产生其他不良影响。

4.5 集体、证明商标

对于马德里国际注册集体商标或证明商标的部分转让申请,需要按照集体商标、证明商标的审查标准进行受让人主体资格和商标使用管理规则的审查。

4.6 转让补正

国际注册商标部分转让人未将其在相同或类似商品或者服务上的相同或者近似商标一并转让的,应自补正通知书发出之日起三个月内,按要求补正。

4.7 转让无效

有下列情形之一的,部分转让无效:
(1) 转让人或受让人的资格不符合法律规定的要求;
(2) 转让可能引起误认、混淆或者有其他不良影响;
(3) 未按期补正或补正不符合法律规定的要求;
(4) 其他不符合法律规定的情形。

4.8 转让终局

转让申请人对部分转让无效在规定期限内提起行政复议或行政诉讼的,待上述程序终结后,国家知识产权局视具体情况将部分转让终局决定通知国际局。

4.9 核 准

申请国际部分转让的商标为有效商标或权利待定的商标,且转让申请符合相关法律规定的,予以核准。

4.10 不予核准

有下列情形之一的,部分转让不予核准:
(1) 申请国际转让的商标已经失效;
(2) 因更正撤回或者有其他不符合法律规定的情形。

5 国际删减

根据马德里体系的规定,商标国际注册人可在国际注册簿登记之后的任何时间,对部分指定缔约方向国际局申请删减商品或者服务项目。商标国际注册的删减不限于简单地删除部分商品,多数情况下可能改变商品或者服务的表述,因此删减后的商品或者服务可能会超出原有的商品或者服务范围,也可能不符合中国有关商品或者服务分类要求。

5.1 法律依据

《商标法实施条例》第四十八条

《商标国际注册马德里协定有关议定书》第九条之二

《商标国际注册马德里协定有关议定书实施细则》第五章第二十七条

5.2 审查结论

5.2.1 核 准

申请国际删减的商标为有效商标或权利待定的商标，删减后的商品或者服务符合中国有关商品或者服务分类要求，且未超出国际注册原商品或者服务范围的，予以核准。

5.2.2 不予核准

有下列情形之一的，删减不予核准：

（1）申请国际删减的商标已经失效；

（2）因更正撤回或者有其他不符合法律规定的情形。

5.2.3 删减无效

删减后的商品或者服务不符合中国有关商品或者服务分类要求，或者超出原指定商品或者服务范围的，该删减申请在中国无效。

5.3 删减终局

删减申请人对删减无效在规定期限内提起行政复议或行政诉讼的，待上述程序终结后，国家知识产权局视具体情况将删减终局决定通知国际局。

5.4 国际删减的登记项目

核准删减的，根据申请的内容修改下列相关信息：

（1）中外文商品或者服务项目；

（2）中文商品或者服务的类似群组；

（3）商品或者服务项目的状态标志。

6 国际注销

6.1 法律依据

《商标法实施条例》第七十三条

《商标国际注册马德里协定有关议定书》第九条之二

6.2 注销类型

（1）注册人主动申请注销其名下的国际注册商标；

（2）商标有效期满未及时申请续展，国际局通知注销；
（3）因基础商标失效，国际局依原属局通知注销全部商品或者服务项目。

6.3 审查结论

6.3.1 核　准
申请国际注销的商标为有效商标或权利待定的商标，且注销申请符合相关法律规定的，予以核准。

6.3.2 不予核准
有下列情形之一的，注销不予核准：
（1）申请国际注销的商标已经失效；
（2）期满未续展的注销，注销日期早于后期指定日；
（3）因更正撤回或者有其他不符合法律规定的情形。

7　国际部分注销
国际注册商标的注册人可在马德里国际注册之后的任何时间全部或部分注销其国际注册。除此之外，在国际注册五年之内，其国内基础商标全部或部分失效的，原属局会通知国际局据此全部或部分注销该国际注册。注册人主动注销国际注册部分商品或者服务项目，或国际注册因基础商标失效而部分注销的，注销不限于简单地删除部分项目，多数情况下可能完全改变商品或者服务的表述，因此注销后的商品或者服务可能会超出原有的商品或者服务范围，也可能增加不可接受的商品或者服务项目。

7.1　法律依据
《商标法实施条例》第七十三条
《商标国际注册马德里协定有关议定书》第九条之二

7.2　部分注销的类型
（1）注册人主动申请注销部分商品或者服务项目；
（2）因基础商标部分失效，国际局依原属局通知注销部分商品或者服务项目。

7.3　审查结论

7.3.1　核　准
申请国际部分注销的商标为有效商标或权利待定的商标，未增加不可接受或者跨类商品或者服务项目的，予以核准。

7.3.2　不予核准
有下列情形之一的，部分注销不予核准：

(1) 申请国际部分注销的商标已经失效；
(2) 注销后的商品或者服务项目不符合中国有关商品或者服务分类要求；
(3) 注销后的商品或者服务项目增加了跨类商品或者服务项目；
(4) 因更正撤回或者有其他不符合法律规定的情形。

7.4 国际部分注销的登记项目

核准部分注销的，根据申请的内容修改相关信息：
(1) 中外文商品或者服务项目；
(2) 中文商品或者服务的类似群组；
(3) 商品或者服务项目的状态标志。

8 国际放弃

8.1 法律依据

《商标国际注册马德里协定有关议定书》第九条之二

8.2 审查结论

8.2.1 核 准

申请国际放弃的商标为有效商标或权利待定的商标，且放弃申请符合相关法律规定的，予以核准。

8.2.2 不予核准

有下列情形之一的，放弃不予核准：
(1) 申请国际放弃的商标已经失效；
(2) 放弃日期早于后期指定日；
(3) 因更正撤回或者有其他不符合法律规定的情形。

9 国际合并

9.1 法律依据

《商标国际注册马德里协定有关议定书实施细则》第五章第二十七条

9.2 审查结论

9.2.1 核 准

申请国际合并的商标为有效商标或权利待定的商标，商标注册人与国际局通知的合并后的注册人一致，且符合相关法律规定的，予以核准。

9.2.2 不予核准

有下列情形之一的,合并不予核准:

(1) 申请国际合并的商标已经失效;

(2) 商标注册人与国际局通知的合并后的注册人不一致;

(3) 因更正撤回或者有其他不符合法律规定的情形。

10 国际更正

国际更正可能涉及有关国际注册商标的任何信息和业务,包括对商标、权利日期、商品或者服务项目、注册人名义或地址等信息的更正以及对各项后续业务的更正。

10.1 法律依据

《商标国际注册马德里协定有关议定书实施细则》第五章第二十八条

10.2 审查结论

10.2.1 核 准

申请国际更正的商标为有效商标或权利待定的商标,且更正内容符合相关法律规定的,予以核准。

10.2.2 不予核准

有下列情形之一的,更正不予核准:

(1) 申请国际更正的商标已经失效;

(2) 因更正撤回或者有其他不符合法律规定的情形。

第五部分　商标申请事务处理

第十九章　商标申请文件的接收

1　申请途径

（1）国内申请人办理商标注册和其他商标事宜，可自行办理，也可委托依法设立的商标代理机构办理。

我国香港特别行政区、澳门特别行政区和台湾地区申请人在内地（大陆）没有经常居所或者营业所的，在申请商标注册或办理其他商标事宜时，应当委托依法设立的商标代理机构办理。

（2）外国人或者外国企业在中国没有经常居所或者营业所的，在申请商标注册或办理其他商标事宜时，应当委托依法设立的商标代理机构办理。

1.1　自行办理

符合自行办理要求的申请人，可前往商标注册大厅、驻中关村国家自主创新示范区办事处、京外商标审查协作中心及地方商标业务受理窗口自行办理商标申请业务。

1.2　委托商标代理机构办理

申请人可委托依法设立的商标代理机构办理商标申请事宜。

商标申请人委托商标代理机构申请商标注册或者办理其他商标事宜，应当提交《商标代理委托书》。《商标代理委托书》应当载明代理内容及权限。外国人或者外国企业的《商标代理委托书》还应当载明申请人的国籍。

2　办理方式

商标注册申请等有关文件，可以以纸件形式提出，也可以以数据电文方式提出。

2.1　书面提交

商标注册申请等有关文件以纸质方式提出的，应当打字或者印刷。

当事人向商标注册部门提交文件，以纸件形式提交的，以商标注册部门档案记录为准。但是当事人确有证据证明商标注册部门档案有错误的除外。

2.2 数据电文方式提交

当事人以数据电文方式提交商标注册申请等有关文件，应当按照商标注册部门规定通过商标网上服务系统提交。

当事人向商标注册部门提交文件，以数据电文方式提交的，以商标注册部门数据库记录为准，但是当事人确有证据证明商标注册部门档案、数据库记录有错误的除外。

3 申请材料

3.1 适用文字

申请商标注册或者办理其他商标事宜，应当使用中文。所提交的各种证件、证明文件（如优先权证明文本、转让证明等）和证据材料，应当同时附送中文译文。审查员以申请人提交的中文文本为审查的依据。未附送中文译文的，视为未提交该证件、证明文件和证据材料。

"中文"一词是指汉字。商标申请文件及其他文件应当使用汉字，词、句应当符合现代汉语规范。汉字应当以国家公布的通用规范汉字为准。申请文件使用异体字、繁体字、非规范简化字填写的，审查员可以通知申请人补正。

3.2 申请书件

（1）申请商标注册或者办理其他商标事宜应当使用商标注册部门制定并公布的书式。

（2）以纸质方式提出申请的，商标申请书应当使用 A4 纸打字或者印刷，字号不得小于四号，字迹为黑色，整齐清晰，不得涂改，以能够满足复印、扫描的要求为准。

（3）各种文件使用的纸张应当柔韧、结实、耐久、光滑、无光、白色。其质量应当与 80 克胶版纸相当或者更高。

（4）向商标注册部门提交的商标申请文件或者其他文件，应当按照规定，由申请人（或商标注册人）、其他利害关系人或者其代表人盖章或者签字。办理直接涉及共有权利的手续，应当由全体权利人盖章或签字。委托商标代理机构的，还应当由商标代理机构加盖公章。

4 申请文件接收程序

4.1 确定收到日

根据文件收到日期，在文件上注明商标注册部门收到日，以记载商标注册部门收到该申请文件的日期。

4.2 给出申请号

按照商标申请业务类型给出相应的商标申请号，条码标注在商标申请书首页。

4.3 确定寄出日

通过邮政企业寄出或通过快递企业递交的,在异议、驳回复审、续展申请文件上注明信封上的寄出邮戳日或快递企业收寄日。寄出邮戳日或收寄日不清晰或不明确的,不标注。

4.4 纸质文件电子化

对符合要求的纸质商标申请文件进行扫描,录入必要信息,存入数据库。

5 申请日和提交日

5.1 商标注册申请日

商标注册的申请日期以商标注册部门收到申请文件的日期为准。

5.2 其 他

除商标注册申请外,当事人向商标注册部门提交文件或者材料的日期,直接递交的,以递交日为准;邮寄的,以寄出的邮戳日为准;邮戳日不清晰或者没有邮戳的,以商标注册部门实际收到日为准,但是当事人能够提出实际邮戳日证据的除外。通过邮政企业以外的快递企业递交的,以快递企业收寄日为准;收寄日不明确的,以商标注册部门实际收到日为准,但是当事人能够提出实际收寄日证据的除外。以数据电文方式提交的,以进入商标注册部门电子系统的日期为准。

6 期限届满日

6.1 期 限

期限包括《商标法》及其实施条例等法律法规规定的期限和商标注册部门指定的期限。

6.2 期限计算和期限届满日

6.2.1 注册商标有效期

《商标法》第三十九条、第四十条规定的注册商标有效期从核准注册之日起计算,期限最后一月相应日的前一日为期限届满日,该月无相应日的,以该月最后一日为期限届满日。

例如:一件商标是2007年7月7日核准注册的,该商标的有效期从2007年7月7日开始起算,2017年7月6日为期限届满日;申请人办理续展手续的,续展注册后商标的有效期自该商标上一届有效期满次日即2017年7月7日起计算。

6.2.2 期限计算一般规定

《商标法》及其实施条例规定的各种期限开始的当日不计算在期限内。期限以年或者月计算的,以期限最后一月的相应日为期限届满日;该月无相应日的,以该月最后一日为期限届满日;期限届满日是节假日的,以节假日后的第一个工作日为期限届满日。

例如:一件商标是 2019 年 7 月 6 日初步审定公告的,在先权利人、利害关系人应当自公告之日起三个月内向商标注册部门提出异议。提出异议申请的期限届满日是 2019 年 10 月 6 日,遇国庆假期,期限届满日顺延至法定节假日后的第一个工作日即 2019 年 10 月 8 日。

又如:商标注册申请人 2020 年 5 月 10 日收到《商标驳回通知书》。商标注册申请人不服的,可以自收到通知之日起十五日内向商标注册部门申请复审。申请复审的期限届满日是 2020 年 5 月 25 日。

7 商标代理机构备案

7.1 商标代理机构

《商标法》所称商标代理机构,包括经市场监督管理部门登记从事商标代理业务的服务机构和从事商标代理业务的律师事务所。

7.2 商标代理从业人员

《商标法》所称商标代理从业人员,是指在商标代理机构中从事商标代理业务的工作人员。

商标代理从业人员不得以个人名义自行接受委托。

7.3 备案要求

商标代理机构从事商标代理业务的,应当按照下列规定向商标注册部门备案:

(1)报送市场监督管理部门出具的登记证明文件或者司法行政部门批准设立律师事务所的证明文件并留存复印件;

(2)报送商标代理机构的名称、住所、负责人、联系方式等基本信息;

(3)报送商标代理从业人员名单及联系方式。

7.4 其他要求

商标代理机构报送的各项商标申请文件,应当加盖该代理机构公章并由相关商标代理从业人员签字。

商标代理机构除对其代理服务申请商标注册外,不得申请注册其他商标。

第二十章　商标费用

1　规费项目

向商标注册部门申请商标注册和办理其他商标事宜的，应当缴纳费用，包括如下项目：

（1）受理商标注册费、受理集体商标注册费、受理证明商标注册费；
（2）补发商标注册证费；
（3）受理转让注册商标费；
（4）受理商标续展注册费、受理续展注册迟延费；
（5）受理商标评审费；
（6）变更费；
（7）出具商标证明费；
（8）商标异议费；
（9）撤销商标费；
（10）商标使用许可合同备案费。

前款所列各种费用的缴纳标准，由国务院价格管理部门、财政部门规定。

2　缴费期限和缴费日

申请人或代理机构应自收到缴费通知书之日起 7 日内，向商标注册部门缴纳费用。期满未缴纳或者未足额缴纳的，其申请不予受理。

直接在商标注册大厅缴纳费用的，以缴纳当日为缴费日；通过商标网上服务系统缴纳费用的，以第三方在线支付平台反馈的实际支付日为缴费日；以银行汇付方式缴纳费用的，以银行实际汇出日为缴费日。

3　缴纳方式

办理商标各项业务需缴纳的各类费用，应当以商标注册部门规定的方式缴纳。

对提交网上申请并接受电子发文的商标业务，申请人或商标代理机构须通过在线支付方式缴纳费用。

除上述方式外提交的商标申请，申请人或代理机构可以通过在线支付方式缴纳费用，也可以通过银行汇款缴纳费用。通过银行汇款的，应当在银行汇款附言中写明正确的缴费码，或者在汇款成功后三个工作日内在商标网上缴费平台补充缴费信息；银行汇款缴费码填写不正确或者未在规定时间内补充缴费信息，视为未缴纳费用；视为未缴纳费用但支付成功的款项，由商标注册部门退还至原支付账户。

在商标注册大厅提交申请的，收到缴费通知书后，可直接在注册大厅缴纳费用。

不符合上述规定的，视为未缴纳费用。

4 退　款

4.1 退款规则

多缴、重缴、错缴商标费用的，当事人可以自缴费之日起三年内，向商标注册部门提出退款请求，商标注册部门应当予以退还。

4.2 退款情形

4.2.1 当事人可以请求退款的情形

（1）多缴费用的（如缴费通知书要求缴纳费用为270元，在规定期限内实际缴纳费用为300元，可以对多缴的30元提出退款请求）。

（2）重缴费用的（如缴费通知书要求缴纳费用为270元，申请人在规定期限内缴纳费用270元后，再次缴纳270元，申请人可以对重复缴纳的费用提出退款请求）。

（3）错缴费用的（如申请人缴费时缴费信息填写错误；或者因缴费不足、逾期缴费导致商标申请权利丧失的，或者权利丧失后缴纳费用的，申请人可以提出退款请求）。

4.2.2 不予退款的情形

（1）对多缴、重缴、错缴的费用，当事人自缴费之日起超过三年才提出退款请求的。

（2）当事人不能提供多缴、重缴、错缴费用证据的。

（3）商标申请已经完成缴费手续，当事人又请求退款的。

4.3 退款手续

4.3.1 退款请求的提出

退款请求人应当是该款项的缴款人。退款请求应当以纸件形式提出、说明理由并提供证据证明，例如：商标注册部门出具的缴费通知书、票据复印件、银行汇款凭证、申请人身份证复印件（本人签字）或营业执照复印件（加盖公章）等。退款请求应注明汇款人、商标申请号、缴费码、退款金额、收款人信息（姓名或名称、开户行、账号）、联系人、联系电话等。

4.3.2 退款的处理

经核实可以退款的，商标注册部门按照退款请求，能够原通道退款的，如在线支付，进行原通道退款；不能原通道退款的，根据退款请求中提供的收款人信息退款。

4.3.3 退款的效力

被退款的款项,视为未缴纳。

第二十一章 商标文件的送达

1 商标文件的送达

1.1 送达方式

商标注册部门的各种文件,可以通过邮寄、直接递交、数据电文或者其他方式送达当事人。当事人委托商标代理机构的,文件送达商标代理机构视为送达当事人。

1.1.1 邮寄

邮政企业以挂号信方式将商标文件寄送当事人,在审查系统中登记挂号编码、收件人地址和名称、文件类别、所涉及的商标注册号或申请号、发文日期。

1.1.2 直接递交

经商标注册部门同意,商标代理机构可在商标注册部门指定的时间和地点,接收商标文件。

1.1.3 数据电文方式送达

商标注册部门以数据电文方式向当事人发出各种商标文件,当事人应当按照商标网上服务系统用户注册协议规定和相关通知公告的方式接收。

1.1.4 公告送达

商标文件通过上述方式无法送达的,可通过公告方式送达。

1.2 收件人

当事人未委托商标代理机构的,商标文件的收件人为当事人;当事人有两个以上时,收件人为代表人。

当事人委托了商标代理机构的,商标文件的收件人为该商标代理机构。

当事人无民事行为能力的,在商标注册部门已被告知的情况下,收件人是法定监护人或者法定代理人。

1.3 送达日

商标注册部门向当事人送达各种文件的日期,邮寄的,以当事人收到的邮戳日为准；邮戳日不清晰或者没有邮戳的，自文件发出之日起满 15 日视为送达当事人，但是当事人能够证明实际收到日的除外。直接递交的，以递交日为准。以数据电文方式送达的，自文件发出之日起满 15 日视为送达当事人，但是当事人能够证明文件进入其电子系统日期的除外。文件通过上述方式无法送达的，可以通过公告方式送达，自公告发布之日起满 30 日，该文件视为送达当事人。

2 退件的处理和文件的查询

2.1 退件的处理

邮寄退回的商标文件采用公告方式送达当事人，当事人可持身份证明文件到商标注册大厅领取邮寄退回的商标文件。

2.2 文件的查询

申请人未收到商标文件的，可到商标注册大厅现场查询退回的商标文件。

申请人需进一步了解送达情况的，可以通过商标注册部门对外咨询电话或商标注册大厅现场查询相关邮路信息。

第二十二章　出具和补发证明文件

1　出具优先权证明文件

1.1　申请条件

申请人在中国第一次提出商标注册申请之日起六个月内,又在其他国家就相同商品以同一商标提出商标注册申请并要求优先权的,依照该外国同中国签订的协议或者共同参加的国际条约,或者按照相互承认优先权的原则,可向商标注册部门申请出具优先权证明文件。

1.2　申请文件

申请文件应满足形式审查的一般性要求(参见第一部分第一章"形式审查的一般性要求")。

1.3　申请人

申请人为商标注册申请人,但名义或地址发生变更的,应同时附送相关证明文件,或向商标注册部门办理商标变更申请手续。

申请人非商标注册申请人,为商标的受让人且商标转让申请正在审查中的,应等待转让核准并公告受让人取得商标权后,再提交出具优先权证明文件申请。

共有商标申请出具优先权证明文件的,需由代表人提出申请。

1.4　商　标

申请出具优先权证明文件的商标注册申请应已受理。

1.5　审查结论

1.5.1　不予核准

经审查,出具优先权证明文件申请存在下列情形之一的,不予核准:
(1) 申请人名称与档案中记录的商标注册申请人名称不一致的;
(2) 要求出具优先权证明文件的商标注册申请,尚未受理的,或已不予受理的;
(3) 要求出具优先权证明文件的商标注册申请,并非在中国第一次提出的;
(4) 未按期足额缴纳规费的;
(5) 其他不应核准出具优先权证明文件的情形。

1.5.2 核准出具优先权证明文件

经审查,出具优先权证明文件申请符合规定的,商标注册部门予以核准,发给申请人相应的优先权证明文件。

2 马德里国际商标出具商标注册证明

2.1 法律依据

《商标法实施条例》第六十四条

2.2 申请文件

申请文件应满足形式审查的一般性要求(参见第一部分第一章"形式审查的一般性要求")。

2.3 申 请 人

出具商标注册证明的申请人应为马德里国际商标注册人。

商标注册人为外国人或者外国企业的,需委托依法设立的商标代理机构办理。

2.4 商 标

申请出具商标注册证明的商标应为领土延伸至中国受保护的马德里国际注册商标,且为有效状态。

对于一标多类的注册商标,出具商标注册证明时,允许申请人申请出具其中的部分类别的商标注册证明。

2.5 申请时间

马德里国际商标注册人可在国际注册驳回期限届满后,向商标注册部门申请出具已获得中国保护的马德里国际商标注册证明。

2.6 审查结论

2.6.1 不予核准

经审查,出具商标注册证明申请存在下列情形之一的,不予核准:
(1)申请人名称与商标注册部门档案中登记的注册人名称不符;
(2)已丧失商标专用权的;
(3)其他不应核准出具商标注册证明的情况。

2.6.2 核准出具商标注册证明

经审查,出具商标注册证明申请符合规定的,商标注册部门予以核准,发给注册人相应的商标注册证明。

3 商标变更、转让、续展证明的补发

3.1 法律依据
《商标法实施条例》第六十四条第二款

3.2 申请文件
申请补发变更、转让、续展证明时，申请文件应该明确申请补发的变更、转让或续展证明的具体类型。

商标发生过多次变更、转让或续展的，补发变更证明的，应具体注明变更前后注册人的名义、地址；补发转让证明的，应具体注明转让人与受让人名称；补发续展证明的，应具体注明申请补发的商标续展注册有效期。

申请文件应满足形式审查的一般性要求（参见第一部分第一章"形式审查的一般性要求"）。

3.3 申请人
补发变更、转让、续展证明的申请人应为商标注册人。

商标权利人名义或地址发生了变更，且已经办理了商标变更申请手续的，可核准补发相关证明的申请。

申请人为商标的受让人且商标转让申请正在审查中的，应等待转让核准并公告受让人取得商标权后，再申请补发相关证明。

3.4 商 标
申请补发变更、转让、续展证明的商标既包括注册商标，也包括在注册申请中的商标，一般应为有效状态。

3.5 审查结论

3.5.1 不予核准通知
经审查，补发商标变更、转让、续展证明申请存在下列情形之一的，不予核准：

（1）申请人名称与商标注册部门档案中登记的注册人名称不符的；

（2）相同内容的补发申请已被核准，短期内重复提交相同内容的补发申请，且在先提交的已被核准的；

（3）商标已失效或者注册申请流程已结束而未核准注册的；

（4）未明确变更、转让、续展具体业务类型和情况的；

（5）其他不应核准补发的情况。

3.5.2 核准补发证明

经审查,补发变更、转让、续展证明申请完全符合规定的,商标注册部门予以核准,发给注册人相应的证明。

4 商标注册证的补发

4.1 法律依据

《商标法实施条例》第六十四条

4.2 申请文件

申请文件应满足形式审查的一般性要求(参见第一部分第一章"形式审查的一般性要求")。

4.3 申请人

补发注册证申请人应为商标注册人,申请书上填写的申请人名称与商标注册部门档案记录的注册人应一致。

申请人为商标权利人,但名义或地址发生了变更,且向商标注册部门办理了商标变更申请手续的,待变更申请核准后再行核准补发注册证申请。

申请人为正在转让中的商标的受让人的,应等待转让核准并公告受让人取得商标权后,再提交补发注册证申请。

4.4 商标

申请补发注册证的商标应为注册商标,且为有效状态。

4.5 审查结论

4.5.1 不予核准

经审查,补发注册证申请存在下列情形之一的,不予核准:
(1)申请人名称与档案中登记的注册人名称不一致的;
(2)相同内容的补发申请已被核准,短期内重复提交相同内容的补发申请,且在先提交的已被核准的;
(3)已丧失商标专用权的;
(4)申请书填写了错误的注册号码的;
(5)其他不应核准补发注册证申请的情形。

4.5.2 核准补发注册证

经审查,补发注册证申请符合规定的,商标注册部门核准其申请,发给注册人相应的商标注册证。

第二十三章 商标档案

1 档案组成

商标注册档案,是指在商标注册申请、异议、撤销、复审、无效等过程中形成的具有保存和利用价值的各种形式和载体的历史记录。包括纸质档案和电子档案。

2 归档范围、整理和保管

2.1 归档范围

商标注册文件材料归档范围主要包括：
(1) 商标注册申请及后续业务类；
(2) 商标异议业务类；
(3) 商标撤销业务类；
(4) 商标复审业务类；
(5) 商标无效业务类；
(6) 其他类。

2.2 整理和归档

对属于归档范围的商标注册纸质档案文件，商标业务经办部门在案件审结后应当按照归档要求及时整理并归档。

商标注册电子档案归档工作，按照国家有关电子文件管理标准执行。

2.3 保管

商标注册纸质档案的管理以卷为保管单位，根据商标业务类型以及申请号或注册号等分别立卷保管。

商标注册电子档案可以采用在线和离线方式保存，并定期备份，通过数据备份、异地容灾等手段保证数据安全。

3 对外查阅与复制

3.1 公检法等部门

公安机关、法院、检察院、国家安全机关、纪检监察机关、审计机关、各级市场监管部门等查询商标档案的，经办人应提交以下材料：

（1）单位出具的公函或介绍信，公函或介绍信需说明查询事由和查询内容；

（2）经办人的工作证或身份证明文件原件及复印件；

（3）需要出具的其他材料。

3.2 律师事务所或商标代理机构

3.2.1 受当事人委托查询当事人的商标档案

律师事务所或商标代理机构受当事人委托查询当事人的商标档案的，经办人应提交以下材料：

（1）当事人出具的委托书，委托书需说明查询事由和查询内容。

（2）当事人为法人或者其他组织的，需提交当事人身份证明文件复印件并加盖公章。当事人为自然人的，需提交当事人身份证明文件复印件。注册人为个体工商户的，还应提交个体工商户营业执照复印件。

（3）律师事务所或商标代理机构的介绍信。

（4）经办人的身份证明文件原件及复印件。

3.2.2 代理诉讼活动，需查询涉案商标档案

律师事务所或商标代理机构代理诉讼活动，需查询涉案商标档案的，经办人应提交以下材料：

（1）诉讼代理委托书或档案查询委托书，委托书需说明查询事由和查询内容；

（2）法院出具的协助调查函或案件起诉状原件及复印件、案件受理通知书原件及复印件、法院判决书或裁定书原件及复印件等，上述材料需能证明所代理的案件与所查询的商标确有利害关系；

（3）律师事务所或商标代理机构的介绍信；

（4）经办人的身份证明文件原件及复印件。

3.3 商标注册人

商标注册人查询自己的商标档案的，应分别提交以下材料。

3.3.1 商标注册人为法人或者其他组织

（1）注册人出具的委托书，委托书需说明查询事由和查询内容；

（2）注册人身份证明文件复印件并加盖公章；

（3）经办人的身份证明文件原件及复印件。

3.3.2 商标注册人为自然人

注册人为自然人的，需提交其身份证明文件复印件。

注册人为个体工商户的，还应提交个体工商户营业执照复印件。

注册人委托他人办理的应出具委托书，委托书需说明查询事由和查询内容，并提交经办人的有效身份证明文件原件及复印件。

4 保管期限及销毁

4.1 商标注册纸质档案
商标注册纸质档案的保管期限分为永久和定期两种。

4.1.1 永久保管类
（1）商标注册、变更、转让、续展、更正、删减、注销、放弃、合并申请书及主要证明文件、通知书、决定书；

（2）商标国际注册转国内申请和代替国内注册加注申请书及主要证明文件、通知书、决定书；

（3）商标异议申请书及主要证明文件、通知书、决定书；

（4）撤销连续三年不使用注册商标、撤销成为商品/服务通用名称注册商标申请书及主要证明文件、通知书、决定书，撤销自行改变注册事项注册商标决定书等材料；

（5）驳回商标注册申请复审、不予注册复审、异议复审、撤销注册商标复审、注册商标无效宣告复审申请书及主要证明文件、通知书、决定书；

（6）注册商标无效宣告申请书及主要证明文件、通知书、决定书、裁定书；

（7）注册商标争议申请书及主要证明文件、通知书、决定书、裁定书；

（8）商标公告；

（9）商标注册簿；

（10）商标信息和程序更正单。

4.1.2 定期保管类
（1）商标异议案件证据材料；

（2）撤销连续三年不使用注册商标、撤销成为商品/服务通用名称注册商标案件证据材料；

（3）驳回商标注册申请复审、不予注册复审、异议复审、撤销注册商标复审、注册商标无效宣告复审证据材料；

（4）注册商标无效宣告证据材料；

（5）驳回申请材料；

（6）注册商标争议证据材料；

（7）商标专用权质权登记、人民法院查封注册商标材料、商标使用许可备案材料。

4.1.3 销毁
对保管期限届满的商标注册档案应当及时进行鉴定并形成鉴定报告，对仍有保存价值的档案，应当根据实际延长保管期限继续保存；对不再具有保存价值、确定销毁的档案，应当清点核对并编制档案销毁清册，经报国家知识产权局分管商标工作的领导审批后，按照有关规定销毁，销毁清册永久保存。

4.2 商标注册电子档案

商标注册电子档案长期保存。

第二十四章 商标公告

1 引言

商标注册部门发布《商标公告》，刊发商标注册及其他有关事项。除送达公告外，公告内容自发布之日起视为社会公众已经知道或者应当知道。

2 公告内容

商标注册部门编辑发布的《商标公告》采用纸质或者电子形式发布。电子形式的《商标公告》在商标注册部门网站（中国商标网）上公布。

公告内容包括：

（1）商标初步审定公告；

（2）集体商标初步审定公告；

（3）证明商标初步审定公告；

（4）商标注册公告（一）；

（5）商标注册公告（二）；

（6）集体商标注册公告；

（7）证明商标注册公告；

（8）商标转让/移转公告；

（9）商标注册人/申请人名义及地址变更公告；

（10）商品/服务项目删减公告；

（11）变更商标代理机构公告；

（12）商标更正公告；

（13）注册商标续展公告；

（14）商标使用许可备案公告；

（15）商标使用许可变更公告；

（16）商标使用许可终止公告；

（17）商标质权登记公告；

（18）商标质权登记注销公告；

（19）注册商标注销公告；

（20）注册商标未续展注销公告；

（21）注册商标撤销公告；

（22）注册商标宣告无效公告；
（23）商标注册申请撤回公告；
（24）无效公告；
（25）商标注册证遗失声明公告；
（26）送达公告；
（27）变更集体/证明商标注册人申请人名称地址/管理规则成员名单公告；
（28）集体/证明商标注册人申请人名称地址/成员名单管理规则转让/移转公告；
（29）商标代理机构业务事务公告；
（30）通用公告。

3　马德里国际注册公告

为更好地方便异议人就国际注册商标提出异议，商标注册部门在商标注册部门网站（中国商标网）上提供马德里国际注册公告链接。社会公众可通过该链接进入世界知识产权组织官方网站，查阅在线英文版公告。

第二十五章　电子申请有关规定

1　电子申请用户

商标电子申请用户是指将商标申请文件以符合规定的电子文件形式通过商标网上服务系统向商标注册部门提出的商标申请的当事人或者其委托的依法设立的商标代理机构。

申请注册为商标电子申请用户的，当事人应当符合自行办理要求，商标代理机构应已在商标注册部门备案。

商标电子申请用户提交商标电子申请或者接受商标文件电子送达的，应当与商标注册部门签订《商标网上服务系统用户使用协议》，通过商标网上服务系统进行用户注册。

2　商标数字证书

成为商标网上服务系统用户，应当先向商标注册部门申请"商标数字证书"。申请"商标数字证书"的，视为同意遵守《国家知识产权局商标局数字证书申请责任书》及其他有关规定，视为承认该"商标数字证书"电子签名的法律效力。

数字证书持有人应当妥善保管数字证书载体，防止被盗或遗失。凡使用数字证书进行网上申报的，均视为数字证书持有人亲自办理，并由数字证书持有人承担由此产生的法律后果。数字证书丢失后，不能补办，只能注销后重新申请。

3　电子申请的接收

用户提交商标电子申请后，商标注册部门不再接受以纸件形式提交的与本次申请相关的后续材料，但在必要时，可以要求用户在指定期限内提交对应的纸件材料、实物证据等。

提交商标电子申请文件或者材料的，应当遵守规定的文件格式、数据标准、操作规范和传输方式。

提交商标电子申请文件或者材料的日期以商标注册部门商标网上服务系统收到商标电子申请文件或材料的时间为准，商标网上服务系统未能正常接收的，视为未提交。

提交商标电子申请文件或者材料的内容以商标注册部门档案、数据库记录为准，但是用户确有证据证明记录有错误的除外。

4 电子发文

电子发文指商标注册部门通过商标网上服务系统以电子文件形式向用户送达商标文件。

商标注册部门电子送达商标文件的日期，以文件发出之日起满 15 日视为送达用户。

对于商标注册部门电子送达的商标文件，用户应当及时登录商标注册部门商标网上服务系统查看；未登录或者未查看的，不属于《商标法实施条例》第十条规定的无法送达的情形，不再通过公告方式送达。

5 电子商标注册证

电子商标注册证是商标注册部门依照《商标法》有关规定，颁发给商标注册人以证明其商标专用权范围的法律文书，与纸质商标注册证具有同等法律效力。电子商标注册证通过商标网上服务系统或商标注册证明公示系统送达当事人。

下 编
商标审查审理编

第一章 概　述

1　审查审理适用的基本原则

1.1　诚实信用原则

诚实信用原则是民法的基本原则之一，商标专用权属于民事权利，民法基本原则当然适用于商标注册、使用、管理和保护等各种法律关系。因此，《商标法》在总则中明确规定，申请注册和使用商标，应当遵循诚实信用原则。

在申请商标注册及使用过程中贯彻诚实信用原则，当事人及其商标代理机构应当具备诚实、善意、守信的主观状态，并确保其行为：按照法律法规的规定办理商标注册申请或者其他商标事宜，不以明知违法或者胁迫的手段试图获得注册；为申请商标注册所申报的事项和所提供的材料应当真实、准确、完整，不以虚构、隐瞒、伪造、欺骗手段试图获得注册；对已知或应知的社会公共利益、他人商标权利或其他在先权利合理避让，不以损害社会公共利益或他人权利的方式试图获得注册。

1.2　以注册为主、以使用为补充的原则

我国商标专用权取得以注册原则为基本原则，采用自愿注册为主、强制注册为辅的注册制度，即获得商标专用权的法定程序是申请商标注册，一般情况下是否申请商标注册由商标使用人根据自己的实际需求自行决定，法律不予强制，但法律、行政法规规定必须使用注册商标的商品，必须申请商标注册，未经核准注册的不得在市场销售。同时，为使商标申请注册回归以使用为目的的制度本源，弥补严格实行注册原则可能造成不公平后果的不足，兼容吸收使用原则理念，强化申请注册商标的使用要求，对在先使用的未注册商标依法予以一定程度的保护。

在审查审理过程中，始终贯彻以注册为主、以使用为补充的原则。一是准确把握商标注册申请应出于真实的生产经营活动所需、以实际使用为目的的内在要求，依法驳回不以使用为目的的恶意商标注册申请，即遏制缺乏将商标真实使用于正当生产经营的意图或依据合理推断无实际使用商标可能性的恶意商标注册申请行为。二是依法对在先使用的未注册商标予以一定程度的保护，如不予注册并禁止使用在相同或类似商品或者服务上复制、摹仿或者翻译他人未在中国注册的驰名商标的商标，禁止基于合同、业务往来关系或者其他关系注册他人在先使用商标，禁止以不正当手段抢注他人已经使用并有一定影响的商标等。三是依请求撤销无正当理由连续三年不使用的注

册商标。实行申请在先原则，并以使用为补充，还体现在当两个或者两个以上的申请人在同一种商品或者服务或类似商品或者服务上，以相同或者近似的商标提出注册申请时，初步审定并公告申请在先的商标，同一天申请的，初步审定并公告使用在先的商标，驳回其他人的申请。

1.3 保护合法在先权利原则

本原则中的合法在先权利是指申请注册商标的申请日之前他人已经依法取得或者依法享有并受法律保护的权利，既包括在先注册取得的商标权以及在先申请、在先实际使用的商标，也包括其他合法在先权利和应予保护的合法权益，如著作权、外观设计专利权、姓名权、肖像权、已登记使用并有一定影响的企业字号以及有一定影响的商品或者服务名称、包装、装潢等。

在审查审理过程中，应当保护合法在先权利，即申请注册的商标不得与他人合法在先权利相冲突，不得损害他人现有的合法在先权利。他人合法在先权利的存在可以成为商标注册的阻却事由，也可以成为已注册商标的无效事由。

1.4 标准执行一致与个案审查原则

标准执行一致原则与个案审查原则均是商标审查审理所遵循的重要原则，也是法律原则一致性与案件事实差异辩证统一的体现。

标准执行一致原则指的是在商标注册申请、异议、驳回复审、宣告无效等各类商标案件的审查审理过程中，要在法律适用和标准执行上与结论正确的前案保持统一和一致，强调"相同情况相同处理"。标准执行一致原则实质上系要求商标法的适用要有体系性和可预期性，避免出现同案不同判的现象。

在遵循标准执行一致原则的基础上，商标审查审理亦应遵循个案审查原则。个案审查原则是指由于不同的商标案件之间，商标指定商品或者服务、商标显著性和知名度、商标的使用情况、消费群体、销售渠道、消费者施加的注意力等诸多事实都存在差异，商标审查的基准点即相关公众的认知会受到社会整体环境和商标使用情况的影响而发生变化，而且，适用标准一致并不意味着结论必然一致，由于各程序审查或审理时考量的因素、当事人提交的证据、案件情形的动态变化等因素不同，相同的商标在审查审理时适用标准一致，也可能得出不同的结论，因此，在商标审查审理过程中应排除对在先案例简单机械地套用标准，而应多因素综合考量。个案审查原则强调"不同情况不同处理"，是平等保护商标当事人利益的要求和体现。

1.5 防止权利滥用原则

《民法典》第一百三十二条规定，民事主体不得滥用民事权利损害国家利益、社会公共利益或者他人合法权益。禁止权利滥用原则指一切民事权利的行使，均不得超过其正当界限，否则即构成权利的滥用，应当承担责任。作为民事权利行使的一般原则，尽管该原则在学理中往往被认为是诚实信用原则的具体化，但它仍然具备一般条款的属性。而正如《与贸易有关的知识产权协定》（以下简称"TRIPS 协定"）"序言"所言，"认识到知识产权是私权"，私法上的禁止权利滥用原则在商标法之中仍然具有较大的适用空间。民事主体申请注册商标，应当有真实使用意图，以满足商标使用需求为目的，并与使用能力相适应，其申请注册商标的行为应当具有合理性和正当性。商标申请人没有使用能力或使用意图却大量注册商标，甚至在注册后即待价而沽或者阻挠他人的行为，不正当占用了商标资源且扰乱了商标注册秩序，属于滥用商标权利，应当结合诚实信用原则，对其申请或请求不予支持。

2 审查审理范围

2.1 绝对理由和相对理由

《商标法》关于拒绝注册的理由，按照其性质不同，可分为绝对理由和相对理由两类。区分绝对理由和相对理由，对区分法律适用情形、相关程序、请求人主体资格、请求时效以及审查审理范围有重要意义。

2.1.1 绝对理由

绝对理由涉及违反商标法上的显著性、非功能性以及公共利益，不考虑对特定权利人的影响，具有绝对性，一般属于商标注册部门依职权主动审理的范围。包括：《商标法》第四条规定的不以使用为目的的恶意商标注册申请，第十条规定的不得作为商标使用的标志、第十一条规定的缺乏显著特征不得作为商标注册的标志、第十二条规定的具有功能性不得注册的三维标志、第十九条第四款规定的商标代理机构不得申请注册其代理服务以外的商标、第四十四条规定的以欺骗手段或者其他不正当手段取得注册的商标。

2.1.2 相对理由

相对理由涉及损害他人的在先商标权利、他人现有的其他在先权利等，损害的是特定主体的合法权益，具有相对性。除注册审查程序依职权将他人在先商标权利作为驳回事由外，商标注册部门一般不能依职权主动审理相对理由，仅在异议或评审程序中依当事人申请进行审查审理。包括：《商标法》第十三条规定的他人的驰名商标，第十五条规定的被代理人、被代表人商标或其他特定关系人的商标，第十六条第一款规定的他人的地理标志，第三十条规定的他人已经注册的或者初步审定的商标，第三十一条规定的他人注册申请在先的商标，第三十二条规定的他人现有的在先权利和已经使用并有一定影响的商标。

2.2 商标注册实质审查

商标注册实质审查工作负责审查商标注册申请是否存在法律禁止使用的情形、是否具备商标的显著特征、三维标志商标是否具备功能性、与他人在先申请或者注册的商标权利是否冲突，同时负责对不以使用为目的的恶意商标注册申请、商标代理机构超出代理服务范围的商标注册申请予以驳回。主要适用《商标法》第四条、第十条、第十一条、第十二条、第十六条第一款、第十九条第四款、第三十条、第三十一条、第五十条。

《商标法》第十三条、第十五条、第三十二条旨在贯彻诚实信用原则，加大对驰名商标、在先使用未注册商标以及他人现有在先权利的保护，以弥补严格注册制之不足。根据私权自治和处分原则，由在先权利人或者利害关系人在异议、不予注册复审、请求无效宣告程序中，依法向商标注册部门提出申请，有明确的请求、事实、理由和法律依据，并提供相应证据。商标注册实质审查不适用《商标法》第十三条、第十五条、第三十二条的规定。

2.3 商标异议审查

商标异议是适格主体在法定期限内对商标注册申请人经商标注册部门初步审定并刊登公告的商标提出不同意见，商标注册部门调查核实后依法作出决定的制度。

《商标法》第三十三条规定，对初步审定公告的商标，自公告之日起三个月内，在先权利人、利害关系人认为违反本法第十三条第二款和第三款、第十五条、第十六条第一款、第三十条、第三十一条、第三十二条规定的，或者任何人认为违反本法第四条、第十条、第十一条、第十二条、第十九条第四款规定的，可以向商标注册部门提出异议。

商标异议审查按照上述条款确定审查审理范围，根据异议人提出的异议理由和事实、被异议人的答辩理由和事实，对被异议商标作出准予注册或不予注册的决定。

2.4 商标评审审理

商标评审是指依照《商标法》第三十四条、第三十五条、第四十四条、第四十五条、第五十四条的规定审理有关商标争议事宜。在驳回复审、不予注册复审、请求无效宣告、依职权宣告无效复审、撤销注册商标复审案件中，根据事实，依法进行评审。

评审案件适用《商标法》第四条、第十条、第十一条、第十二条、第十三条第二款和第三款、第十五条、第十六条第一款、第十九条第四款、第二十二条、第三十条、第三十一条、第三十二条、第四十四条、第四十九条、第五十条。

商标评审审理范围包括：

（1）驳回复审案件针对驳回决定和申请人申请复审的事实、理由、请求及评审时的事实状态进行审理。发现申请注册的商标有违反《商标法》第四条、第十条、第十一条、第十二条、第十六条第一款、第十九条第四款规定情形，驳回决定未依据上述条款作出的，可以依据上述条款在听取申请人的意见后，作出驳回复审决定。

（2）不予注册复审案件，针对不予注册决定和申请人申请复审的事实、理由、请求及原异议人提出的意见进行审理。

（3）请求无效宣告案件，应当针对当事人申请和答辩的事实、理由及请求进行审理。

(4) 依职权宣告无效复审案件，应当针对宣告无效决定和申请人申请复审的事实、理由及请求进行审理。

(5) 撤销注册商标复审案件，应当针对撤销或者维持注册商标决定和当事人申请复审时所依据的事实、理由及请求进行审理。

2.5 注册商标撤销审查

商标注册人自行改变注册商标或者有关注册事项且不改正的，由商标注册部门撤销注册商标。

注册商标成为其核定使用的商品通用名称或者没有正当理由连续三年不使用的，任何单位或者个人可以申请撤销该注册商标，商标注册部门依法予以审查并做出决定。

2.6 注册商标转让审查

转让注册商标，商标注册人对其在同一种或者类似商品上注册的相同或者近似的商标未一并转让的，由商标注册部门通知其限期改正；期满未改正的，视为放弃该转让注册商标的申请。对容易导致混淆或者有其他不良影响的转让，商标注册部门不予核准。

2.7 注册商标依职权主动宣告无效

已经注册的商标，申请或核准注册时违反《商标法》第四条、第十条、第十一条、第十二条、第十九条第四款、第四十四条规定的，商标注册部门依职权宣告注册商标无效。法定复审期限届满，对已生效的无效宣告决定，予以公告。

依据《商标法》第四十五条的规定，对于损害特定主体民事权益的情形，由当事人通过评审程序提出对该注册商标予以无效宣告的申请。

3 基本概念

3.1 商 标

商标是用以识别和区分商品或者服务来源的标志。任何能够将自然人、法人或者其他组织的商品与他人的商品区别开的标志，包括文字、图形、字母、数字、三维标志、颜色组合和声音等，以及上述要素的组合，均可以作为商标申请注册。

自然人、法人或者其他组织在生产经营活动中，对其商品或者服务需要取得商标专用权的，应当申请商标注册。经核准注册的商标为注册商标。注册商标包括商品商标、服务商标和集体商标、证明商标。商标注册人享有商标专用权，受法律保护。商标专用权以核定注册的商标和核定使用的商品或者服务为限。

申请注册商标的主体可以是任何从事生产经营活动的自然人、法人或者其他组织。以自然人的名义申请注册商标的，申请人应当提交其个体工商户营业执照、农村承包经营合同或其他能够证明其以自然人名义从事生产经营活动的材料。各级党的机关、人大机关、行政机关、政协机关、监察机关、审判机关、检察机关不能申请注册商标。

申请注册的商标的标志应当具有显著特征。显著特征是商标的核心属性，不具备显著特征的标志起不到商标的作用。

3.2 商标的显著特征

商标的显著特征，亦即商标的显著性，是商标标志获得商标注册的前提条件。商标的显著性是指商标应当具备的足以使相关公众区分商品或者服务来源的特征，具体来讲，是指商标能够使消费者识别、记忆，进而发挥指示商品或者服务来源的功能与作用。商标的显著性既可以是固有显著性，也可以通过使用取得。固有显著性是商标本身具有的，使用获得显著性则是商标通过不断地实际使用获得的。

3.3 商标相同与近似

商标相同是指两商标在视觉效果上或者声音商标在听觉感知上完全相同或基本无差别。所谓基本无差别，是指两商标虽有个别次要部分不完全相同，但主要部分完全相同或者在整体上几乎没有差别，以至于在一般注意力下，相关公众或者普通消费者很难在视觉或听觉上将两者区分开来。

商标近似是指文字、图形、字母、数字、三维标志、颜色组合和声音等商标的构成要素在发音、视觉、含义或排列顺序等方面虽有一定区别，但整体差异不大，使用在同一种或者类似商品或者服务上易使相关公众对商品或者服务的来源产生混淆。文字商标的近似应主要考虑形、音、义三个方面，图形商标应主要考虑构图、外观及着色，组合商标既要考虑整体表现形式，还要考虑显著部分。

商标近似的判定应从商标本身的形、音、义和整体表现形式等方面以相关公众的一般注意力为标准，采用隔离比对、整体比对和要部比对相结合的方法，判断商标标志本身是否相同或者近似。隔离比对是指在判定商标近似时，不能将商标并排放置进行比对，而只能在隔离的状态下分别进行。但在审查商标时，比对只能是直接的，非隔离的，因此，隔离观察在审查中应当尽可能模拟消费者选购商品、服务的场景去判断。整体比对是指应当将两商标进行整体的对比，不能以局部代替整体判断。要部比对是指应对比商标中显著识别的部分。相关公众的一般注意力，可以理解为具有普通知识和经验的消费者，在购买商品或接受服务时对该商品或者服务施加的注意力。

3.4 同一种与类似商品或者服务

同一种商品是指名称相同的商品，或者名称不同但在功能、用途、主要原料、生产部门、销售渠道、消费对象等方面相同或者基本相同，相关公众一般认为是同一事物的商品。

同一种服务是指名称相同的服务，或者名称不同但在服务的目的、内容、方式、对象、场所等方面相同或者基本相同，相关公众一般认为是同一方式的服务。

类似商品是指在功能、用途、生产部门、销售渠道、消费对象等方面相同或有密切联系的商品。

类似服务是指在服务的目的、内容、方式、对象等方面相同或有密切联系的服务。

类似商品的判定应当综合考虑商品的功能和用途、商品的原材料和主要工艺、商品的销售渠道、销售场所、商品的生产者和消费群体、商品与零部件的关系以及消费习惯等其他影响类似商品判定的相关因素。

类似服务的判定应当综合考虑服务的目的、服务内容与方式、服务场所、服务的提供者所属行业的关联性、服务接受对象的群体范围等其他影响类似服务判定的相关因素。

商品与服务类似，是指商品和服务之间具有较大关联性。判定商品与服务是否类似，应当综合考虑商品与服务之间联系的密切程度，在用途、用户、通常效用、销售渠道、销售习惯等方面的一致性。

为稳定商标注册秩序，提高审查审理效率，统一审查审理标准，类似商品或者服务的判定应当参照《类似商品和服务区分表》。《类似商品和服务区分表》是我国商标注册部门以世界知识产权组织提供的《商标注册用商品和服务国际分类》为基础，总结多年的实践工作经验制定并对外公布的。《类似商品和服务区分表》对通常认为类似程度明显的商品和服务项目作出类似关系界定，但由于商品和服务项目在不断更新、发展，市场交易的状况也不断变化，对于《类似商品和服务区分表》未涵盖的商品或者服务项目，应当基于相关公众的一般认知力，综合考虑商品的功能、用途、主要原料、生产部门、消费对象、销售渠道等因素，或者服务的目的、内容、方式、对象、场所等因素认定是否构成类似商品或者服务。

在商标注册审查和驳回复审案件审理中，原则上以《类似商品和服务区分表》为判断依据。在商标异议、不予注册复审、无效宣告案件审查审理中涉及商品或者服务类似判定的，参照《类似商品和服务区分表》，以本指南为原则进行个案判定。在个案审查审理中，可以结合实际情况，对不在《类似商品和服务区分表》范围内，但仍有一定类似关系的商品或者服务，在混淆可能性判定中进行处理。

3.5 混 淆

混淆通常是指使用在同一种或类似商品或者服务上的商标，因为二者相同或者近似，使相关公众对商品或者服务的来源产生误认。商标的识别功能是体现商标核心价值的本质属性，而混淆则是对商标识别功能的实质破坏。

混淆既包括使相关公众认为与商标相关的商品或者服务系由真正权利人自己生产或提供，也包括使相关公众认为与商标相关的商品或者服务的提供者与真正权利人存在某种关联，如许可关系、合作关系等。

通常情况下，在审查审理实践中判定是否构成同一种或类似商品上的相同或者近似商标时，并不以实际发生混淆为要件，只需要判定是否可能发生混淆即可。

混淆可能性的判定，首先，应考虑商品或者服务的类似程度和双方商标标志的近似程度；其次，应考虑在先商标的显著性和知名度等因素；再次，商标申请人若存在意图导致混淆后果的故意，有助于认定混淆可能性，但申请人是否具有恶意并非认定混淆可能性的必备要件；最后，其他影响混淆可能性判定的因素，包括相关公众的注意程度、实际发生混淆等。在先商标的显著性和知名度、商标申请人的主观意图、实际发生混淆等因素均需结合商标权利人提交的证据予以判定。

混淆可能性的判定以商标标志相同与近似和同一种商品与类似商品为基础。如双方商标判定为同一种商品或者服务上的相同商标，一般无须进一步判定混淆可能性，即可推定构成混淆。即使双方商标构成同一种商品或者服务上的近似商标，或者类似商品或者服务上的相同或者近似商标，在在先商标没有显著性和知名度的情况下，也可能判定不足以产生混淆可能性。

3.6 商标的使用

商标的使用，是指将商标用于商品、商品包装或者容器以及商品交易文书上，或者将商标用于广告宣传、展览以及其他商业活动中，用于识别商品来源的行为。对商标使用的判定贯彻于商标注册各个环节。

商标的生命在于使用。一方面，商标的使用是商标专用权得以维持和保护的必要条件，商标的使用是商标功能实现的前提，只有发挥商标的识别来源功能，才能构成商标的使用。另一方面，商标的价值体现在使用过程中，其所承载的商誉是通过商标的使用而获得的。

商标的使用一般需满足以下要件：一是商标使用人是商标权利人或经权利人授权的人；二是商标使用在指定或核定使用的商品或者服务上；三是规范使用商标标志；四是商标使用地点在中国境内，包括在中国境内从事商品的生产、加工、销售或提供的相关服务；五是使用应为公开、真实、合法的商业性使用。

3.7 不正当手段与恶意

本指南中，除另有规定外，不正当手段是指商标申请人或者商标代理机构在申请商标注册或者办理其他商标事宜时，违背诚实信用原则，以牟取不正当利益为目的，扰乱商标注册秩序以及违反商业道德或行业惯例等行为。

本指南中，除另有规定外，恶意是指商标申请人或者商标代理机构在申请商标注册或者办理其他商标事宜时，通过一定行为表现出来的，明显违背诚实信用原则，明知或者应知其行为违反法律规定、有碍公序良俗、损害公共利益或侵犯他人权利，但为了牟取不正当利益，仍然实施相应行为，并追求或者放任其后果发生的主观心理状态。

第二章　不以使用为目的的恶意商标注册申请的审查审理

1　法律依据

《商标法》

第四条第一款　自然人、法人或者其他组织在生产经营活动中，对其商品或者服务需要取得商标专用权的，应当向商标局申请商标注册。不以使用为目的的恶意商标注册申请，应当予以驳回。

《规范商标申请注册行为若干规定》

第三条　申请商标注册应当遵循诚实信用原则。不得有下列行为：

（一）属于商标法第四条规定的不以使用为目的恶意申请商标注册的；

……

第五条　对申请注册的商标，商标注册部门发现属于违反商标法第四条规定的不以使用为目的的恶意商标注册申请，应当依法驳回，不予公告。

具体审查规程由商标注册部门根据商标法和商标法实施条例另行制定。

第八条　商标注册部门在判断商标注册申请是否属于违反商标法第四条规定时，可以综合考虑以下因素：

（一）申请人或者与其存在关联关系的自然人、法人、其他组织申请注册商标数量、指定使用的类别、商标交易情况等；

（二）申请人所在行业、经营状况等；

（三）申请人被已生效的行政决定或者裁定、司法判决认定曾从事商标恶意注册行为、侵犯他人注册商标专用权行为的情况；

（四）申请注册的商标与他人有一定知名度的商标相同或者近似的情况；

（五）申请注册的商标与知名人物姓名、企业字号、企业名称简称或者其他商业标识等相同或者近似的情况；

（六）商标注册部门认为应当考虑的其他因素。

2　释　义

2019年4月23日，第十三届全国人民代表大会常务委员会决定对《商标法》作出修改，在第四条第一款中增加了"不以使用为目的的恶意商标注册申请，应当予以驳回"的规定。新增该条款旨在坚决遏制"不以使用为目的"的恶意商标注册申请行为，坚决打击囤积商标的注册申请行为，有效规范商标申请注册秩序。第四条的立法意图在于规制"不以使用为目的"的恶意申请、囤积注册等行为和增强注册申请人的使用义务。该条款增加了《商标法》中规制不以使用为目的的恶意商标注册申请的内容，从源头上制止不以使用为目的的恶意商标注册申请行为，使商标申请注册回归以使用为目的的制度本源。

《商标法》第四条所规定的"不以使用为目的的恶意商标注册申请"是指申请人并非基于生产经营活动的需要，而提交大量商标注册申请，缺乏真实使用意图，不正当占用商标资源，扰乱商标注册秩序的行为。仅损害特定主体的民事权益，不涉及损害公共利益的，不属于该条规定情形。如属于《商标法》其他条款规制的恶意注册情形，适用其他条款。

判断是否构成"不以使用为目的的恶意"，应综合考虑申请人所在的行业特点、经营范围、经营资质等基本情况；申请人提交的商标注册申请的数量、类别跨度和时间跨度等整体情况；提交的商标注册申请标志的具体构成、商标实际使用情况，以及申请人在先是否存在商标恶意注册及侵犯多个主体注册商标专用权等多方面因素，综合判断其申请是否明显不符合商业惯例、明显超出正当经营需要和实际经营能力以及明显具有牟取不正当利益和扰乱正常商标注册秩序的意图。

3 适用要件

"不以使用为目的"申请商标注册的行为是指申请人在申请注册商标的时候，既无实际使用商标的目的，也无准备使用商标的行为，或者依据合理推断，无实际使用商标可能性。《商标法》第四条立法目的在于遏制不正当占用商标资源和扰乱商标注册秩序的商标囤积等恶意申请行为，其不以使用为目的大量申请商标和意欲借此牟利的意图，即属于此条款予以规制的"不以使用为目的"的"恶意"。

以下情形不适用《商标法》第四条：
（1）申请人基于防御目的申请与其注册商标标识相同或者近似的商标；
（2）申请人为具有现实预期的未来业务，预先适量申请商标。

4 考虑因素

判断是否构成不以使用为目的的恶意商标注册申请，注册审查程序中以发现的线索为主，异议、评审程序中以在案证据为主，可以综合考虑以下因素。

4.1 申请人基本情况

包括存续时间长短；注册资本实缴情况；所在行业领域及经营范围的具体情况；经营情况是否正常，是否存在吊销、注销、停业、清算等非正常情形。

4.2 申请人提交商标注册申请整体情况

包括申请人累计申请商标数量及指定商品或者服务类别；申请人提交商标注册申

请的时间跨度情况；申请人短期内新提交的商标注册申请的数量及指定商品或者服务类别等。

4.3 商标具体构成情况

包括申请注册的商标是否与他人有一定知名度或显著性较强的商标相同或者近似；是否包含行政区划名称、山川名称、景点名称、行业术语等公共资源；是否包含知名人物姓名、企业字号、电商名称、他人知名并已产生识别性的广告语、美术作品、外观设计等其他商业性标识等。

4.4 申请人申请商标注册过程中及取得商标注册后的行为

包括申请人在申请商标注册过程中及取得商标注册后，将商标向第三方售卖或转让，且未能有效举证其售卖或转让前具有使用意图或就其不使用行为作出合理解释的；申请人申请商标注册过程中及取得商标注册后，具有出于牟取不正当利益的目的，积极向他人兜售或公开售卖商标、胁迫他人与其进行商业合作，或者向他人索要高额转让费、许可使用费、侵权赔偿金、诉讼和解费等行为的。

4.5 异议、评审程序中相关证据的情况

包括异议、评审程序中有证据证明申请人申请商标注册时缺乏真实使用意图，或取得商标注册后，既无实际使用行为，也无准备使用行为，申请人未能有效举证其使用意图或就其不使用行为作出合理解释的；异议、评审程序中有证据证明系争商标申请人仅以系争商标专用权对他人发起侵权投诉或诉讼以牟取不正当利益的。

4.6 其他考虑因素

包括但不限于：

（1）申请人被已生效的行政决定或者裁定、司法判决认定曾从事商标恶意注册行为、侵犯他人注册商标专用权行为的情况；

（2）申请人因恶意申请商标注册或商标侵权行为被国家企业信用信息公示系统列入严重违法失信名单等情况；

（3）与申请人存在特定关系的自然人、法人或者其他组织累计申请商标数量、待审查商标注册申请数量、指定商品或者服务类别情况；

（4）与申请人存在特定关系的自然人、法人或者其他组织的商标实际交易、要约、要约邀请情况。

上述因素一般在异议、评审程序中予以考虑。

5 适用情形

下列情形属于《商标法》第四条所指的"不以使用为目的的恶意商标注册申请"行为，当事人提供相反证据的除外：

(1) 商标注册申请数量巨大，明显超出正常经营活动需求，缺乏真实使用意图，扰乱商标注册秩序的。

(2) 大量复制、摹仿、抄袭多个主体在先具有一定知名度或者较强显著性的商标，扰乱商标注册秩序的。

(3) 对同一主体具有一定知名度或者较强显著性的特定商标反复申请注册，扰乱商标注册秩序的。

此类反复申请注册的行为如属于《商标法》其他条款规制的恶意注册情形的，应适用其他条款。

(4) 大量申请注册与他人企业字号、企业名称简称、电商名称、域名，有一定影响的商品名称、包装、装潢，他人知名并已产生识别性的广告语、外观设计等商业标识相同或者近似标志的。

(5) 大量申请注册与知名人物姓名、知名作品或者角色名称、他人知名并已产生识别性的美术作品等公共文化资源相同或者近似标志的。

(6) 大量申请注册与行政区划名称、山川名称、景点名称、建筑物名称等相同或者近似标志的。

(7) 大量申请注册指定商品或者服务上的通用名称、行业术语、直接表示商品或者服务的质量、主要原料、功能、用途、重量、数量等缺乏显著性的标志的。

(8) 大量提交商标注册申请，并大量转让商标，且受让人较为分散，扰乱商标注册秩序的。

(9) 申请人有以牟取不当利益为目的，大量售卖，向商标在先使用人或者他人强迫商业合作、索要高额转让费、许可使用费或者侵权赔偿金等行为的。

(10) 其他可被认定为有恶意的申请商标注册行为的情形。

以上情形中，(3)、(9) 主要适用于异议与评审程序中；其余情形注册审查、异议与评审程序中均适用。

不以使用为目的恶意申请注册的商标，不限于申请人本人申请注册的商标，也包括与申请人具有串通合谋行为或者具有特定身份关系或者其他特定联系的自然人、法人或者其他组织申请注册的商标。

商标转让不影响对商标申请人违反《商标法》第四条情形的认定。

6 典型案例

6.1 商标注册申请数量巨大，明显超出正常经营活动需求，缺乏真实使用意图，扰乱商标注册秩序的

案例一：

某企业管理咨询公司在第 14 类、第 29 类、第 30 类、第 32 类、第 36 类等 30 多个类别上累计提交数百件商标注册申请，其中仅 2019 年 12 月就申请了 100 多件商标。

经查，该公司为自然人独资的有限责任公司，注册资本 100 万元但未公示实缴资本，经营范围为太阳能热水器产品咨询、旅游咨询、企业形象策划咨询等。该申请人

在 30 多个类别上提交数量巨大的商标注册申请，其中还包含了与其营业范围行业跨度较大的类别，如第 30 类食品，和有较强行业属性及资质要求的特殊类别，如第 36 类金融服务等，远超出其经营范围，不符合商业惯例。申请人提交商标注册申请数量巨大且合理性难以解释，明显超出正常经营活动需求，缺乏真实使用意图，因此认定其行为构成《商标法》第四条所指的"不以使用为目的的恶意商标注册申请"之情形。

案例二：

某自然人累计在 30 多个类别上申请了 900 余件商标，部分已核准注册。申请人在 2019 年 12 月至 2020 年 4 月又少量多次陆续新提交了 100 余件商标注册申请。商标注册部门通过审查意见书程序要求申请人就申请注册商标的意图及使用情况作出说明并提供必要证据。申请人辩称：提交大量商标注册申请，一是因为爱好商标而申请商标；二是为企业客户提供商标设计服务；三是为本人开展经营备用；四是部分商标在先已获准注册，本次申请属于防御性注册，在其他类别进行延伸保护。

经查，申请人提交的个体工商户营业执照显示，该个体工商户注册资本 1 万元，经营范围为"经济信息咨询；销售服装、首饰、工艺品、五金交电、日用品、饲料、化妆品、家用电器；电脑图文设计"，申请人在 30 多个类别上共提交 1000 余件商标注册申请，明显超出其实际使用需求；提交多件商标注册申请指定类别与其营业范围行业跨度较大，如第 33 类白酒、第 5 类人用药等，明显超出其经营范围。申请人辩称的防御性注册，应当是申请人在先注册商标已投入实际商业使用并具有一定知名度，基于防止他人抢注的目的申请相同或者近似商标的行为，申请人并未提交在先注册商标使用情况相关说明，基于防御意图申请注册的理由难以成立。申请人辩称为开展经营备用，但未提供相关材料证明其已实际作出准备，且申请人在先已申请数百件商标，部分商标已经核准注册，足以满足其生产经营需要，申请人无法对大量提交新的商标注册申请行为作出合理说明且未提供必要证据，故其上述商标注册申请行为构成《商标法》第四条所指的"不以使用为目的的恶意商标注册申请"之情形。

案例三：

某科贸公司的商标注册申请在注册审查程序中被依据《商标法》第四条驳回。该申请人不服上述驳回决定，提出驳回复审申请，复审理由为：申请人申请注册商标系以使用为目的，属于正常的商业使用行为，且并没有商标售卖行为。经复审查明：申请人在全部的 45 个商品及服务类别上共申请注册了 900 余件商标；其中不足九个月的时间内就申请注册了约 500 余件商标。复审认为：申请人短期内大量申请注册商标的行为明显超出了生产经营的正常需要。申请人关于其近期商标申请均为其实际使用商标扩展注册的复审理由与其实际申请行为及商标的构成情况不符，不能解释其注册行为具有合理性和正当性。因此，申请商标构成《商标法》第四条所指情形。

首先，申请人作为科贸公司，注册申请涵盖了商品及服务的所有类别，显然与其行业特点、公司的实际经营情况不符。其次，申请人共申请注册 900 余件商标，其中包含了有较强行业属性及资质要求的特殊类别，如第 1 类工业用化学品等商品、第 36

类保险咨询等服务、第 38 类无线广播服务等；特别是其中 500 多件商标申请注册的时间段集中在不足九个月的时间内，申请人不能解释其申请注册行为的合理性。最后，申请人在不同类别大量注册了与其自称的主商标全然无关的商标，且还大量申请注册了不符合商业使用习惯的标识，不能解释其注册行为的正当性。因此，申请人的行为构成《商标法》第四条所指之情形，其注册申请应予以驳回。

6.2 大量复制、摹仿、抄袭多个主体在先具有一定知名度或者较强显著性的商标，扰乱商标注册秩序的

案例一：

某自然人在第 24 类、第 25 类商品上提交近百件商标注册申请，其中大部分为"踏奖安""宁俊李""克妮耐""娜控富安""司登魔波""弟持哥"等形式的商标。

经查，该申请人的商标注册申请大部分为变形、拆分重组等方式复制、摹仿、抄袭多个主体在先具有一定知名度或者较强显著性的商标，如"安踏""李宁""耐克""富安娜""波司登"等，且指定类别与他人在先具有一定知名度或者显著性较强的商标核定商品或者服务类别基本相同或相关。这种在类似及关联性较强的商品或者服务类别上复制、摹仿、抄袭多个主体在先具有一定知名度、较强显著性的商标的行为，明显具有牟取不正当利益、扰乱正常商标注册秩序的意图，构成《商标法》第四条所指的"不以使用为目的的恶意商标注册申请"之情形。

案例二：

某公司在第 3 类、第 9 类、第 14 类、第 18 类、第 25 类等 12 个类别上提交了多件"天王宾利""BENTLEY DESIGN""博纳多兰博基尼""FARRARIMAY"等商标注册申请。

经查，该申请人提交的商标注册申请指定类别虽与汽车无关，但商标标志均完整包含"宾利""BENTLEY""兰博基尼""FARRARI"等具有较高知名度和较强显著性的汽车品牌商标。该申请人在非类似商品或者服务上大量申请注册复制、摹仿、抄袭多个主体在先具有较高知名度和较强显著性的商标的行为，不正当利用他人商誉，扰乱了正常商标注册秩序，构成《商标法》第四条所指的"不以使用为目的的恶意商标注册申请"之情形。

案例三：

某科技有限公司在第 6 类、第 9 类、第 10 类、第 16 类、第 18 类、第 43 类等多个商品或者服务类别上共申请 30 余件商标，该申请人又在第 9 类"计步器"等商品上提出了商标注册申请。

经查，申请人在非类似商品或者服务上申请注册多件与他人在先具有一定知名度或者较强显著性的商标相同或者近似商标，如"清扬""翰皇 HANOR""蜂花""章华 SAVOL""张小泉"等，其中部分商标已被驳回或被相关权利人提出异议，申请人注册多件商标的行为明显超出了正常的商业经营需要。本案中，申请人在第 9 类"计步器"等商品上申请的商标与他人在先核定使用在第 5 类"眼药水"等商品上具有一定知名

度的商标完全相同,具有明显恶意,因此,该申请行为已构成《商标法》第四条所指的"不以使用为目的的恶意商标注册申请"之情形。

6.3 对同一主体具有一定知名度或者较强显著性的特定商标反复申请注册,扰乱商标注册秩序的

案例:

"马石油酷腾"商标原申请人为自然人A,在商标注册申请审查时该商标已由自然人A转让给自然人B。

经查,本案申请商标"马石油酷腾"与同一主体在先注册且具有一定显著性的"马石油"和"酷腾"商标的简单组合文字相同,且未形成明显区别于引证商标的新含义,双方商标构成近似。自然人A申请20余件商标,除申请本案"马石油酷腾"商标外,还反复在第1类、第4类等类别上申请与同一主体在先注册的"马石油""途特力""酷泰""迈奇""欣腾""炫腾"等商标简单组合而成的"马石油途特力""马石油酷泰""马石油迈奇""马石油欣腾""马石油炫腾"等文字相同的商标,且自然人A未作出合理解释。同时经查,在自然人A申请注册的"马石油"商标无效宣告案件中,曾认定自然人A既未提供证据证明其有使用商标的真实意图,也未能提供其商标的合理出处,其大量注册的行为明显超出了正常的生产经营需要,该商标已被宣告无效。综上,自然人A申请本案商标的行为是针对同一主体具有一定知名度或者较强显著性的特定商标反复申请注册,扰乱了正常的商标注册秩序,属于不以使用为目的的恶意商标注册申请行为。虽然该商标发生转让,但不影响对《商标法》第四条的适用。因此,该行为已构成《商标法》第四条所指的"不以使用为目的的恶意商标注册申请"之情形。

6.4 大量申请注册与他人企业字号、企业名称简称、电商名称、域名,有一定影响的商品名称、包装、装潢,他人知名并已产生识别性的广告语、外观设计等商业标识相同或者近似标志的

案例一:

某网络科技有限公司陆续提交"百利金 PELIKAN""优凡文具 YOOFUN""普贴 PUTY"等92件商标注册申请,指定使用在第11类、第17类、第18类、第19类、第22类、第24类、第26类、第27类和第33类商品上。经查,其中70余件为淘宝天猫店铺名称。商标注册部门通过审查意见书程序要求申请人就申请注册商标意图及使用情况作出说明并提供相应证据,申请人未在法定期限内回复。

该申请人短时间内提交多件商标注册申请,大多数与地处不同地域的多家淘宝天猫店铺名称相同或者近似,尤其多件商标的中文和英文部分均与淘宝天猫店铺名称相同,指定的商品类别也与淘宝天猫店铺主要经营商品相同,申请人在相关类别上申请相同商标难谓巧合,且申请人未就申请意图作出合理解释,该申请人大量注册与他人电商名称相同或者近似标志作为商标的行为,构成《商标法》第四条所指的"不

以使用为目的的恶意商标注册申请"之情形。

案例二：

被异议人先后在 20 多个商品或者服务类别上申请注册了 100 余件商标，其中数十件商标与他人企业字号相同或者近似，如"科旭业""博盛尚""瞬知""禧涤""VEONEER""安软慧视""锚云科技"等。被异议人并未提交上述商标使用证据及商标创作来源，亦未提供其意图使用上述商标的证据，其申请注册商标数量、类别明显超出了市场主体的正常需求。本案中，被异议商标与异议人在先具有一定显著性的企业字号完全相同，因此，被异议人申请被异议商标的行为已构成《商标法》第四条所指的"不以使用为目的的恶意商标注册申请"之情形。

案例三：

被异议人共申请注册 40 余件商标，涉及 26 个不同商品或者服务类别，其中涉及第 35 类商标 28 件，部分商标与他人具有一定市场影响力的电商名称相同，如"美伦博士""资莱皙""迪特亚诺""启梦缘""红品爱家""进鑫铭帮""淘孕喜"等。本案被异议商标与异议人在先电商旗舰店名称相同，被异议人申请注册多件与他人电商名称等商业标识相同或者近似标志，且被异议人未对其创作思路或使用意图作出合理解释。因此，被异议人申请被异议商标的行为已构成《商标法》第四条所指的"不以使用为目的的恶意商标注册申请"之情形。

6.5 大量申请注册与知名人物姓名、知名作品或者角色名称、他人知名并已产生识别性的美术作品等公共文化资源相同或者近似标志的

案例一：

某生物科技公司提交了"迈克尔克雷默""詹姆斯皮布尔斯""格雷格塞门扎""米歇尔马约尔"等 30 余件商标注册申请，指定类别主要集中在第 5 类和第 30 类商品上。

经查，"迈克尔克雷默""詹姆斯皮布尔斯""格雷格塞门扎""米歇尔马约尔"等均为诺贝尔奖获得者。该申请人大量申请知名人物姓名作为商标，利用他人声誉牟取不正当利益，扰乱正常的商标注册秩序，认定构成《商标法》第四条所指的"不以使用为目的的恶意商标注册申请"之情形。

案例二：

某商贸有限公司申请 20 余件商标，均指定使用于第 35 类"替他人推销；市场营销"等服务上。

经查，该申请人申请注册的商标中有 20 件商标的名称样式均为"工艺美术师的姓名＋建盏"，如"陈大鹏建盏""蔡炳龙建盏""黄文勇建盏""吴立主建盏"等商标。其中，陈大鹏、蔡炳龙、黄文勇、吴立主在建盏行业均有一定知名度。申请人申请上述商标具有明显恶意且未提供其实际使用上述商标的证据。因此，申请人申请注册多件与知名人物姓名相同或近似的商标已构成《商标法》第四条所指的"不以使用为目的的恶意商标注册申请"之情形。

6.6 大量申请注册与行政区划名称、山川名称、景点名称、建筑物名称等相同或者近似标志的

案例一：

某文化传媒有限公司在20多个类别上提交160余件商标注册申请，其中100余件为"四贤坊""瓦市街""马祖岩"等江西南昌、赣州的地名或景点名称。

经查，该公司为自然人投资或控股的有限责任公司，经营范围为文化艺术交流策划、企业形象策划、商务信息咨询等。申请人未就上述商标注册申请的使用意图作出合理解释。地名和景点名称为公共资源，不宜由一家企业大量注册为商标进行独占。这种大量提交地名和景点名称等公共资源作为商标的行为，具有不正当囤积公共资源的意图，构成《商标法》第四条所指的"不以使用为目的的恶意商标注册申请"之情形。

案例二：

某信息技术有限公司共申请注册50多件商标，集中指定使用于第29类"干蔬菜"、第30类"米；面条"、第31类"新鲜水果"等商品上。

经查，该申请人申请注册的商标大部分为地名商标，比如："围底""箪竹""葵潭""黎溪""涧头集""谭格庄"等。其中，"围底"为广东省罗定市围底镇名称、"箪竹"为广东省云浮市新兴县箪竹镇名称、"葵潭"为广东省揭阳市惠来县葵潭镇名称、"黎溪"为四川省凉山州会理县黎溪镇名称、"涧头集"为山东省枣庄市台儿庄区涧头集镇名称、"谭格庄"为山东省莱阳市谭格庄镇名称。申请人申请上述商标具有明显恶意且未提供其意图使用上述商标的证据。因此，申请人申请注册大量与具有一定知名度的地名等相同或者近似商标的行为已构成《商标法》第四条所指的"不以使用为目的的恶意商标注册申请"之情形。

案例三：

某企业管理咨询公司注册资本10万元，业务经营范围仅限于企业咨询服务和品牌策划。该申请人1年内先后在第9类、第25类、第33类、第34类和第36类等商品或者服务上申请注册了100多件商标，大多属于以下八种类型：（1）"粤港澳大湾区""九龙半岛""铜锣湾""维港""纽伦港""北部湾""杭州湾"等与公众知晓的公共地名名称相同的商标；（2）"抚仙湖""鼋头渚""清江画廊""三峡人家""爱晚亭""醉翁亭""野三坡""塞罕坝""壶口瀑布""黄果树瀑布""大梅沙"等与全国各地知名景点名称相同的商标；（3）"南京路""春熙路""王府井大街""陆家嘴""旺角"等与知名商业街区名称相同的商标；（4）"允公允能""学以精工""诚朴雄伟"等与南开大学、北京理工大学、南京大学等我国著名学府校训相近的商标；（5）"粤港澳大桥"等与公众知晓的知名建筑名称相同的商标；（6）"可桢""仲尼""唐叔虞""冉季载""皋陶公"等与具有一定知名度的人名相同的商标；（7）"春分""处暑""大暑""寒露"等与二十四节气名称相近的商标；（8）"天秤座""天蝎座""水瓶座"等与十二星座中文名称相同的商标。

申请人申请注册的商品及服务与申请人的业务经营范围无关联性，其申请商标指定使用的第 34 类"烟草"商品和第 36 类"银行"服务具有行业特殊性，该申请人注册商标的真实使用目的难以实现又无法举证，申请人申请商标已明显超出了正常生产经营需要，申请人大量申请商标注册，占用公共资源，扰乱了正常的商标注册和管理秩序。因此，申请人申请商标的行为已构成《商标法》第四条所指的"不以使用为目的的恶意商标注册申请"之情形。

6.7 大量申请注册指定商品或者服务上的通用名称、行业术语、直接表示商品或者服务的质量、主要原料、功能、用途、重量、数量等缺乏显著性的标志的

案例：

某科技有限公司共提交 400 余件商标注册申请，商标名称大多数样式为："省会简称＋链""英文计算机专业术语＋TOKEN（令牌）/CHAIN（链）"，如"GSM TOKEN""DETONE CHAIN""CPU TOKEN"等，指定使用在第 3 类、第 5 类、第 9 类、第 12 类、第 18 类等 25 个商品或者服务类别上。申请人经审查意见书程序提交了使用意图说明及证据，包括公司章程、公司名片、产品宣传页面、产品采购合同、增值税普通发票原件及复印件、商业活动公证内容说明等证据材料。

经查，该申请人为有限责任公司（自然人独资），注册资本 1000 万元但未公示实缴资本，经营范围为"软件技术咨询；区块链技术的技术开发、技术推广、技术转让；百货货物及技术进出口；会议服务"等。该申请人申请商标中包含的"GSM"为"全球移动通信系统"的简称；"DECODE"为"指令解码"的含义，"CPU"为"中央处理器"的简称等。该申请人虽然对其经营情况和申请商标的行为作出了说明，但提交的证明材料与申请商标并无关联，且未有其他证据予以佐证，无法形成完整的证据链证明其对申请的商标进行或准备进行真实合理的使用；且申请人未对大量提交指定商品或者服务上的行业术语作出合理说明，构成《商标法》第四条所指的"不以使用为目的的恶意商标注册申请"之情形。

6.8 大量提交商标注册申请，并大量转让商标，且受让人较为分散，扰乱商标注册秩序的

案例：

某公司累计在 30 多个类别上提交了 700 余件商标注册申请，其中 198 件商标注册申请已转让给他人，受让人多达 198 人。

该申请人大量提交商标注册申请的同时大量转让商标，且受让人较为分散，可以推断出申请人申请并非以使用为目的，而是为了大量售卖商标牟取不当利益，明显缺乏真实使用意图，扰乱了正常的商标注册秩序，构成《商标法》第四条所指的"不以使用为目的的恶意商标注册申请"之情形。

6.9 申请人有以牟取不当利益为目的，大量售卖，向商标在先使用人或者他人强迫商业合作，索要高额转让费、许可使用费或者侵权赔偿金等行为的

案例：

被异议人先后在36个商品或者服务类别上申请注册了600多件商标，其中有130多件不同的商标在网上高价售卖，且部分售卖商标已发生实际转让。同时，异议人提供的证据表明被异议人曾存在向异议人索取高额转让费的行为。对于上述情形，被异议人未能作出合理解释。据此，本案审查认为被异议人申请注册商标并非以使用为目的，而是大量售卖或索要高额转让费，牟取不当利益。因此，被异议人上述行为已构成《商标法》第四条所指的"不以使用为目的的恶意商标注册申请"之情形。

6.10 其他可被认定为有恶意的申请商标注册行为的情形

案例一：

被异议人申请注册商标90余件，其中被异议20件。根据异议人提供的材料并经核实：某国际商贸有限公司申请商标74件，其中被异议14件；某展览（北京）有限公司申请商标42件，其中被异议7件，该公司的营业执照因未开业或未经营已被吊销；某传媒股份有限公司申请商标65件，其中被异议3件。上述三家公司的法定代表人或股东与被异议人的法定代表人相同，可以判定上述公司与本案被异议人有关联性。被异议人及其特定关系公司在不同商品和服务类别上申请注册了多件与他人在先注册使用且具有一定知名度的商标相同或者近似的商标。综合上述因素，该案认定不以使用为目的恶意申请注册的商标，不限于被异议人本人申请注册的商标，也包括与被异议人存在特定关系的自然人、法人或者其他组织申请注册的商标，本案被异议商标与他人具有一定显著性商标完全相同，因此，被异议人该行为已构成《商标法》第四条所指的"不以使用为目的的恶意商标注册申请"之情形。

案例二：

甲市A品牌策划工作室共提交了100余件商标注册申请，商标形式大部分为两三个汉字的任意组合。商标注册部门在审查该申请人提交的商标注册申请时，发现部分商标与甲市B品牌策划工作室、甲市C服装设计工作室申请的商标相同，提交商标注册申请时间相近。经进一步查实，甲市A品牌策划工作室、甲市B品牌策划工作室、甲市C服装设计工作室、甲市D贸易商行均为个体工商户，其法定代表人均为同一自然人，该自然人及上述主体在近一年时间内共提交1200余件商标注册申请。商标注册部门就上述存在特定关系的主体处在审查流程中的全部商标注册申请发出审查意见书，要求申请人就申请注册商标意图及使用情况作出说明并提供必要证据。申请人未在法定期限内回复。

该申请人及与其存在特定关系的主体短期内提交了大量商标注册申请，明显超出正常经营活动需要。申请人未对上述商标申请行为的合理性作出说明，其申请已构成《商标法》第四条所指的"不以使用为目的的恶意商标注册申请"之情形。

案例三：

被异议人先后在第5类、第9类、第35类等40多个类别的商品或服务上申请注册了1000多件商标，大量商标与他人在先注册且有一定显著性商标相同或相近，如："LAMERCOLLECTIONS""SMEG""喵趣KITEKAT""张小泉"等。被异议人曾在商标审查阶段被认定有不以使用为目的的恶意商标注册申请行为。被异议人申请的被异议商标与异议人在先注册并有一定显著性的商标完全相同，该情形难谓巧合，被异议人亦未对其大量申请注册商标的使用意图作出合理解释。综合考虑以上因素，被异议人申请被异议商标的行为已构成《商标法》第四条所指的"不以使用为目的的恶意商标注册申请"之情形。

第三章　不得作为商标标志的审查审理

1 **法律依据**
《商标法》
第十条　下列标志不得作为商标使用：
（一）同中华人民共和国的国家名称、国旗、国徽、国歌、军旗、军徽、军歌、勋章等相同或者近似的，以及同中央国家机关的名称、标志、所在地特定地点的名称或者标志性建筑物的名称、图形相同的；
（二）同外国的国家名称、国旗、国徽、军旗等相同或者近似的，但经该国政府同意的除外；
（三）同政府间国际组织的名称、旗帜、徽记等相同或者近似的，但经该组织同意或者不易误导公众的除外；
（四）与表明实施控制、予以保证的官方标志、检验印记相同或者近似的，但经授权的除外；
（五）同"红十字"、"红新月"的名称、标志相同或者近似的；
（六）带有民族歧视性的；
（七）带有欺骗性，容易使公众对商品的质量等特点或者产地产生误认的；
（八）有害于社会主义道德风尚或者有其他不良影响的。
县级以上行政区划的地名或者公众知晓的外国地名，不得作为商标。但是，地名具有其他含义或者作为集体商标、证明商标组成部分的除外；已经注册的使用地名的商标继续有效。

2 **释　义**
本条列举了不得作为商标使用的标志，明确了使用地名作为商标的限制。其目的是禁止损害或可能损害国家尊严、社会公共利益、社会公共秩序、民族团结、宗教信仰等的标志或者违反社会善良风俗、具有其他不良影响的标志获准注册和使用。如果有关标志的注册仅损害特定民事权益，由于《商标法》已经另行规定了救济方式和相应程序，不宜认定其属于具有其他不良影响的情形。"不得作为商标使用"是指除了禁止这些标志作为商标注册外，还禁止上述标志作为商标使用。
本条第一款对于特定标志进行保护，禁止其作为商标注册和使用。具体包括：我国国家名称、国旗、国徽、国歌、军旗、军徽、军歌、勋章，中央国家机关的名称、标志、所在地特定地点的名称或者标志性建筑物的名称、图形等；外国的国家名称、国旗、国徽、军旗等；政府间国际组织的名称、旗帜、徽记等；表明实施控制、予以保证的官方标志、检验印记；"红十字""红新月"的名称、标志。

本条第一款还禁止有损公序良俗等公共利益的标志作为商标使用。具体包括：带有民族歧视性的标志；带有欺骗性，容易使公众对商品的质量等特点或者产地产生误认的标志；有害于社会主义道德风尚的标志；有其他不良影响的标志。

对含有上述标志的商标注册申请应严格审查审理，原则上禁止注册和使用。标志具有多种含义或者具有多种使用方式，只要其中某一含义或者使用方式容易使公众认为其属于本条第一款所规定情形的，可以认定违反该款规定，标志的具体使用情况一般不予考虑。如"叫个鸭子"，鸭子通常含义是指一种家禽，但在特殊语境下，非主流文化中亦有"男性性工作者"的含义，该标志格调不高，违背了我国公序良俗，属于有害于社会主义道德风尚的情形。

实践中不同社会群体对有关标志是否属于本款禁用情形往往存在不同的理解，但只要特定群体有合理充分的理由认为该标志用作商标违反了本款规定，则应认定为该标志属于上述禁用情形。如"MLGB"，在网络环境下特定网络使用群体认为其具有不文明含义，该标志仍属于上述禁用情形。

本条第二款规定了县级以上行政区划的地名或者公众知晓的外国地名不得作为商标。其例外情况主要包括：一是地名具有除行政区划外的其他含义，且其他含义更易于被一般公众所接受和熟知，如"凤凰"除了具有行政区划地名的含义外，还有"传说中的百鸟之王"的含义，且公众更熟知第二层含义；二是地名作为集体商标、证明商标组成部分；三是已经注册使用地名的商标继续有效。为保护商标所有权人合法权益，现行法不追溯该法生效前已经注册的含有上述地名的普通商标，如"北京牌"电视机等。

2.1 同中华人民共和国的国家名称、国旗、国徽、国歌、军旗、军徽、军歌、勋章等相同或者近似的，以及同中央国家机关的名称、标志、所在地特定地点的名称或者标志性建筑物的名称、图形相同的

本条中的"国家名称"包括全称、简称和缩写，我国国家名称的中文全称是"中华人民共和国"，简称为"中国""中华"，英文全称是"The People's Republic Of China"，简称或者缩写为"CHINA""CHN""P. R. C""P. R. CHINA"等；"国旗" ；"国徽" ；"国歌"《义勇军进行曲》；"军旗" 等；"军徽"如 ；"勋章"如  等；"中央国家机关的名称、标志、所在地特定地点的名称或者标志性建筑物的名称"包括"全国人民代表大会""国务院""中南海""钓鱼台""天安门""新华门""紫光阁""怀仁堂""人民大会堂"等。

同中华人民共和国的国家名称等"相同或者近似",是指标志整体上与国家名称等相同或者近似。对于含有中华人民共和国的国家名称等,但整体上并不相同或者不相近似的标志,如果该标志作为商标注册可能损害国家尊严的,可以认定属于《商标法》第十条第一款第(八)项规定的情形。

商标注册审查审理不仅要保护商标注册人的利益,还要承担维护国家尊严、维护社会公共利益和社会主义市场经济秩序以及保护消费者权益的职责。上述我国国家名称、国旗、国徽等国家标志,与国家尊严紧密相连,因此对与此类标志相关的商标应严格审查审理,原则上禁止上述标志注册和使用。

2.2 同外国的国家名称、国旗、国徽、军旗等相同或者近似的

本条中的"外国的国家名称"包括中文和外文的全称、简称和缩写;"国旗"是由国家正式规定的代表本国的旗帜;"国徽"是由国家正式规定的代表本国的徽记;"军旗"是国家正式规定的代表本国军队的旗帜。

我国在国际交往中遵循"和平共处五项原则",主张国家不分大小、贫富、强弱,一律平等。为尊重外国国家主权,一切与外国国家名称、国旗、国徽、军旗等相同或者近似的标志,不得作为商标使用。但如果外国政府同意与其国家名称、国旗、国徽、军旗等相同或者近似的标志作为商标使用,不适用本项禁用规定。

2.3 同政府间国际组织的名称、旗帜、徽记等相同或者近似的

本条中的"政府间国际组织",是指由若干国家和地区的政府为了特定目的通过条约或者协议建立的有一定规章制度的团体。例如:联合国、世界贸易组织、世界知识产权组织、亚太经济合作组织、上海合作组织、欧洲联盟、东南亚国家联盟、非洲联盟等。国际组织的名称包括全称、简称或者缩写。例如:

联合国的英文全称为"United Nations",简称"UN",旗帜为 。"欧洲联盟"简称"欧盟",英文名称为"European Union",简称"EU",旗帜为 。上海合作组织简称"上合组织",英文名称为"The Shanghai Cooperation Organization",简称"SCO",会徽为 。

禁止将上述标志作为商标使用和注册的理由在于,非经该国际组织同意,他人将这些标志作为商标使用注册,易使公众误认为这些标志的使用者得到了该组织的授权,或者与该组织存在某种联系。但是,如果经政府间国际组织同意,或不会令公众对产品或服务的来源等产生误认的,不适用本项禁用规定。

2.4 与表明实施控制、予以保证的官方标志、检验印记相同或者近似的

本条中的"实施控制"是指有关官方机构根据法律的规定,掌握和监督某些产品

的质量、精度的行为。"予以保证"指有关官方机构根据法律的规定，对质量、精度等方面达到一定要求的产品给予确认的行为。"官方标志、检验印记"，是指官方机构用以表明其对商品质量、性能、成分、原料等实施控制、予以保证或者进行检验的标志或印记，如丹麦奶酪印记、荷兰商品检验印记等。这些标志仅仅为这些机构所有。本项所指的控制、保证机构通常不是指非官方机构，而是指官方机构。表明实施控制、予以保证的官方标志、检验印记是政府履行职责，对所监管事项作出的认可和保证，具有国家公信力，不宜作为商标使用，如果他人将含有此类官方标志、检验印记或者与之近似的标志进行使用或申请注册，并且未经该组织的授权，则易使公众误认为该使用或注册申请人是这些标志的所有人，或者误认为其已得到有关官方机构的授权，使这种标志的公信力受到损害。但是，如果官方机构授权他人使用，或者授权他人将官方标记、检验印记申请商标注册的，则该机构和该个人之间已经存在授权与被授权的约定，不适用该项的禁止性规定。

2.5 同"红十字""红新月"的名称、标志相同或者近似的

本条中的"红十字"是国际人道主义保护标志，是武装力量医疗机构的特定标志，是红十字会的专用标志，其图案为 ✚ 。"红新月"是阿拉伯国家和部分伊斯兰国家红新月会专用的，性质和功能与红十字标志相同的标志，是向右弯曲或者向左弯曲的红新月，其图案为 ☾ 。

《红十字会法》规定：红十字标志是标示在武装冲突中必须受到尊重和保护的人员和设备。其使用办法，依照日内瓦公约及其附加议定书的有关规定执行。红十字标志的标明使用，是标志与红十字活动有关的人或者物。其使用办法由国务院规定。因宗教信仰使用红新月标志的，其使用办法适用红十字标志的使用规定。禁止滥用红十字标志。

此外，"红水晶"标志 ◆ （图案为白底红色边框的竖立正方形），系国际人道主义保护公约战场救护的第三个特殊的标志，与"红十字""红新月"标志具有同等法律效力和地位。同"红十字""红新月"的名称、标志相同或者近似的标志不得作为商标注册和使用。

2.6 带有民族歧视性的

本条中的"民族歧视性"，是指标志中带有对特定民族进行丑化、贬低或者其他不平等看待该民族的内容。该项旨在禁止带有民族歧视性的标志等作为商标使用和注册。

2.7 带有欺骗性，容易使公众对商品的质量等特点或者产地产生误认的

本条中的"带有欺骗性"，是指标志对其指定商品或者服务的质量等特点或者来源

作了超过其固有程度或与事实不符的表示，容易使公众对商品或者服务的质量等特点或者来源产生错误的认识。如将"健康""长寿"标志指定使用在"香烟"商品上；将"万能"标志指定使用在"药品"商品上。

判断有关标志是否属于该项情形，必须结合指定的商品或者服务本身特点进行具体分析，如"好土"用于"鸡蛋"商品上，易使消费者对商品的品质、质量、培育方式等特点产生误认，属于此类情形。

但是，如果公众基于日常生活经验等不会对标志指定的商品或者服务的质量等特点或者来源产生误认的，不属于该项规定的情形。

2.8 有害于社会主义道德风尚或者有其他不良影响的

本条中的"社会主义道德风尚"，是指我国公众共同生活及其行为的准则、规范以及在一定时期内社会上流行的良好风气和习惯，富强、民主、文明、和谐、自由、平等、公正、法治、爱国、敬业、诚信、友善的社会主义核心价值观，是我国各族人民共同的思想道德基础。"其他不良影响"是指除了有害于社会主义道德风尚之外的情况，一般是指标志的文字、图形或者其他构成要素具有贬损含义，或者该标志本身虽无贬损含义，但由该申请人注册使用，易对我国政治、经济、文化、宗教、民族等社会公共利益和公共秩序产生消极、负面的影响。有害于社会主义道德风尚或者具有其他不良影响的判定应考虑政治背景、社会背景、历史背景、文化传统、民族风俗、宗教政策等因素，并应考虑标志的构成要素及其指定的商品和服务。根据公众日常生活经验，或者辞典、工具书、权威文献，或者相关领域人士的通常认知等，能够确定有关标志或者其构成要素可能对我国社会公共利益和公共秩序产生消极、负面影响的，可以认定具有"其他不良影响"。申请人的主观意图、使用方式、社会影响等可以作为认定是否具有"其他不良影响"的参考因素。在审查审理判断有关标志或者其构成要素是否具有"其他不良影响"时，一般以审查审理时的事实状态为准。

2.9 含地名标志的审查审理

本条中的"县级以上行政区划"包括县级行政区划，如县、自治县、县级市、市辖区等；地级行政区划，如市、自治州、地区、盟等；省级行政区划，如省、直辖市、自治区；特别行政区，即香港特别行政区和澳门特别行政区；台湾地区。县级以上行政区划的地名以我国民政部发布的《中华人民共和国行政区划简册》为准。本条中的县级以上行政区划地名包括全称、简称，以及省、自治区、直辖市、特别行政区，省会城市、计划单列市、著名旅游城市名称的拼音形式。

本条中的"公众知晓的外国地名"，是指我国公众知晓的我国以外的其他国家或地区的地名。地名包括全称、简称、外文名称和通用的中文译名，如"东京""纽约"等。我国公众不熟知的外国地名，不在禁止之列。

本条中的"地名具有其他含义"，是指地名作为词汇具有确定含义且该含义强于作为地名的含义，不会误导公众的。

以地名作为商标本身缺乏显著性或显著性较弱，不利于消费者区分商品和服务的来源，容易造成混乱。县级以下的行政区划或我国公众不知晓的外国地名虽然不属于该款情形，但若相应地域本身以生产某种商品或提供某种服务闻名，仍要结合申请使用的商品与服务综合判断是否属于误认情形。

实践中，有些标志由地名和其他要素组成，如果该标志因其他要素的加入，在整体上具有显著特征且整体上形成了强于上述地名以外的其他含义的，或者整体上无含义且一般不易被识别为上述地名的，可以认定不属于本款所规定的情形。

3 具体适用

3.1 同中华人民共和国的国家名称、国旗、国徽、国歌、军旗、军徽、军歌、勋章等相同或者近似的，以及同中央国家机关的名称、标志、所在地特定地点的名称或者标志性建筑物的名称、图形相同的

3.1.1 同我国的国家名称相同或者近似的

标志与我国国家名称相同的，判定为与我国国家名称相同。例如：**CHINA**。标志的含义、读音或者外观等与我国国家名称近似，容易使公众误认为我国国家名称的，判定为与我国国家名称近似。例如：**ZHONGGUO** 与 **CHINAR**，其中 **CHINAR** 虽然整体无含义，但外观上与我国国名的英文 CHINA 相近，易导致混淆，因此判定为与我国国名近似。

例如：

（"囻"是"国"的异体字）

3.1.2 同我国的国旗、国徽、国歌相同或者近似的

有关标志与我国国旗、国徽、国歌的名称、图案或者声音相同或者近似，足以使公众将其与我国国旗、国徽、国歌相联系的，判定为与我国国旗、国徽、国歌相同或者近似。例如：**五★红旗**等。

例外情形：

标志中含有"五星""红旗"字样或者"五星图案""红旗图案"，但不会使公众

将其与国旗相联系的,不判为与我国国旗相同或者近似。例如: ,又如:五 星。

3.1.3 同我国的军旗、军徽、军歌等相同或者近似的

有关标志与我国军旗、军徽、军歌的名称、图案或者声音等相同或者近似,足以使公众将其与军旗、军徽、军歌相联系的,判定为与我国军旗、军徽、军歌相同或者近似。例如: 、 等。

3.1.4 同我国的勋章相同或者近似的

有关标志与我国勋章的名称、图案等相同或者近似,足以使公众将其与勋章相联系的,判定为与我国勋章相同或者近似。例如: 、、、 等。

3.1.5 同中央国家机关的名称、标志、所在地特定地点的名称或者标志性建筑物的名称、图形相同的

有关标志同中央国家机关的名称、标志、所在地特定地点的名称或者标志性建筑物的名称、图形相同的,审查审理时适用该项禁用规定。例如:紫光阁、怀仁堂、新华门  等。

3.2 同外国的国家名称、国旗、国徽、军旗等相同或者近似的

3.2.1 同外国的国家名称相同或者近似的

有关标志与外国的国家名称相同的,判定为与外国的国家名称相同。有关标志与外国的国家名称近似或者含有与外国的国家名称相同或者近似的文字的,判定为与外国的国家名称近似。

例如: 毛里求斯、安道尔、拉脱维亚

例外情形：

（1）经该国政府同意的，一般不适用该禁用规定。但申请人应当提交经该国政府同意的书面证明文件。例如：

日本ペイント

（申请人提交了经公证认证的日本本国商标注册证复印件及译文，即可视为申请标志在相关商品上的注册已经获得日本政府同意）

申请人就该商标在相同或类似商品、服务上，在该外国已经获得注册的，视为该外国政府同意。

例如：

ITALIA 1

（申请人就该标志在相关商品、服务上，在意大利已经获准注册，可视为其已获得意大利政府同意）

但外国政府明确表示在本国的注册不视为授权的，或对授权有其他明确要求的，不当然视为外国政府同意，如瑞士。

（2）具有明确的其他含义且不会造成公众误认的，一般不适用该禁用规定。例如：在"服装、鞋、领带"商品上申请，虽然与法国国名"FRANCE"相差两个字母，但英文含义为"坦白的、真诚的"，也是常用英文人名"弗兰克"，审查审理时一般不适用上述禁用规定。又如：在"服装"商品上申请的 TURKEY，其中含有的"TURKEY"虽与土耳其国名相同，但另有广为认知的其他含义"火鸡"；在"电视机、麦克风"商品上申请的 Span，虽然与西班牙国名"SPAIN"相差一个字母，但英文含义为"跨度、跨距"，以上两件商标审查审理时一般均不适用上述禁用规定。

（3）有关标志同外国国名的旧称相同或者近似的，通常不适用上述禁用规定。例如：在服装商品上申请的天竺、花旗。但如果在特定商品上容易使公众发生商品产地误认的，适用《商标法》第十条第一款第（七）项的规定予以驳回。例如：在"大米"商品上申请的暹罗。

（4）有关标志的文字由两个或者两个以上中文国名简称组合而成，不会使公众发生商品产地误认的，一般不适用该项禁止性规定。例如：在"计算机"商品上申请的德意，在"照明器"商品上申请的中发法。但如果在特定商品上容易使公众发生商品产地误认的，适用《商标法》第十条第一款第（七）项的规定予以驳回。例如：在"化妆品"商品上申请的韩日，在"葡萄酒"商品上申请的法美。

（5）有关标志所含国名与其他具备显著特征的标志相互独立，国名仅起真实表示申请人所属国作用或与其他叙述性语言一起真实表示指定商品或者服务有关特点的，可不适用本禁用规定。例如：来自意大利的申请人 CIELO E TERRA S. P. A. 申请的 MAESTRO ITALIANO，其中含有的"ITALIANO"虽译为"意大利"，但因"ITALIANO"与其他具备显著特征的标志"MAESTRO"相互独立，国名仅起真实表示申请人所属国作用，不适用本禁用规定。例如：在"日式料理餐厅"服务上申请的柚子日本料理，虽然含有外国国名，但整体上属于真实表示了指定服务的特点，不适用本禁用规定。

3.2.2 与外国国旗、国徽、军旗等的名称或者图案相同或者近似的

有关标志与外国国旗、国徽、军旗的名称或者图案相同或者近似，足以使公众将其与外国国旗、国徽、军旗相联系的，判定为与外国国旗、国徽、军旗相同或者近似，不得作为商标使用和注册。例如：申请  商标，可判定为与美国国旗近似；申请 商标，可判定为与意大利国旗近似；申请 UNION JACK 商标，因其可译为"英国国旗"，可判定为与英国国旗近似。

例外情形：

经该国政府同意的，一般不适用该禁用规定。但申请人应当提交经该国政府同意的书面证明文件。申请人就该商标在相同或类似商品、服务上，在该外国已经获得注册的，视为该外国政府同意。

3.3 同政府间国际组织的名称、旗帜、徽记等相同或者近似的

有关标志足以使公众将其与政府间国际组织的名称、旗帜、徽记等相联系的，判定为与政府间国际组织的名称、旗帜、徽记相同或者近似，不得作为商标使用和注册。

例如：申请  商标。

例外情形：

（1）经该政府间国际组织同意的，可不适用本禁用规定，但申请人应当提交能够证明相关政府间国际组织同意的书面证明文件。

（2）具有明确的其他含义或者特定的表现形式，不会误导公众的，可不适用本禁用规定。例如：在"比重计"商品上申请的  商标，在"人用药"商品上申

请的商标,因整体表现形式特殊,一般不会导致公众将其与联合国的英文简称或世界卫生组织的会徽相联系,可不适用本禁用规定。

3.4 与表明实施控制、予以保证的官方标志、检验印记相同或者近似的

有关标志与表明实施控制、予以保证的官方标志、检验印记相同或者近似的,禁止作为商标注册和使用。例如:CCC、EXCHANGE货币兑换分别为中国强制性产品认证标志、本外币兑换统一标识,有关标志与上述类型标志相同、近似或者含有上述类型标志的,一般不得作为商标注册和使用。

有关标志足以使公众将其与表明实施控制、予以保证的官方标志、检验印记相联系的,判定为与该官方标志、检验印记相同或者近似。例如:在"照明器械及装置"商品上申请的CCC中标商标认定为与中国强制性产品认证标志近似。

例外情形:

(1) 经该官方机构授权的,可不适用本禁用规定,但申请人应当提交能够证明已获得官方机构授权的书面证明文件。

(2) 具有明确的其他含义或者特定的表现形式,不会误导公众的,可不适用本禁用规定。例如:在"手机用电池、手机用充电器"商品上申请的商标,在"水龙头、淋浴用设备"商品上申请的商标。

3.5 同"红十字""红新月"的名称、标志相同或者近似的

有关标志与"红十字""红新月""红水晶"的名称、图案在视觉上基本无差别的,判定为同"红十字""红新月""红水晶"的名称、标志相同。例如:Red Cross,其中的"Red Cross"译为"红十字";red ☾ crescent,其中的"red crescent"译为"红新月"。

有关标志足以使公众将其误认为"红十字""红新月""红水晶"的名称、图案的,判定为同"红十字""红新月""红水晶"的名称、标志近似。例如:

指定商品:医用药物

指定商品:葡萄糖膳食补充剂

指定商品：救急包

指定商品：医疗器械和仪器

例外情形：

具有明确的其他含义或者特定的表现形式，不会误导公众的，可不适用本禁用规定。例如：在"灭火器械"商品上申请的商标，以及在"印刷油墨、颜料"商品上申请的  商标。

3.6 带有民族歧视性的

标志本身及其构成要素与民族名称相同或者近似，并丑化或者贬低特定民族的，判定为带有民族歧视性。例如：在"蜂蜜"等商品上申请的 蛮子 标志，蛮子属于对少数民族的蔑称。

3.7 带有欺骗性，容易使公众对商品的质量等特点或者产地产生误认的

具体情形包括但不限于：

3.7.1 容易使公众对商品或者服务的质量、品质、功能、用途、原料、内容、重量、数量、价格、工艺、技术等特点产生误认的

3.7.1.1 容易使公众对商品或者服务的质量、品质等特点产生误认的

例如：

指定商品：染料

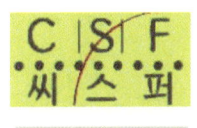
指定商品：家具

指定商品：矿泉水

指定商品：茶

周大麟 24K
指定商品：仿金制品

皖典优级原浆
指定商品：白酒、烧酒

儿童第一城 First community for KIDS
指定服务：临时照看婴孩

首字为"国"字的商标注册申请，应当严格按照以下标准，从严审查审理：

对"国+商标指定商品名称"作为商标申请，或者商标中含有"国+商标指定商品名称"的，以其"带有欺骗性，容易使公众对商品的质量等特点产生误认"为由予以驳回。根据标志具体情况，有损公平竞争的市场秩序，容易产生不良影响的，或缺乏显著特征的，可同时适用《商标法》第十条第一款第（八）项或者第十一条第一款第（三）项。例如：在"白酒"商品上申请的**国酒**商标；在"餐厅"服务上申请的**国宴**商标；在"新鲜水果"商品上申请的**国果网 GUOGUOWANG**商标。

对首字为"国"，但不是"国+商标指定商品名称"组合的申请商标，应当视情况进行具体判断。对使用在指定商品上直接表示了商品质量特点或者具有欺骗性，甚至有损公平竞争的市场秩序，或者容易产生不良影响的，应予驳回。例如：在"烧酒"商品上申请的**国贡**商标；在"运输"服务上申请的**国圣**商标。

3.7.1.2 容易使公众对商品的功能、用途等特点产生误认的

例如：

肺力长
指定商品：茶、蜂蜜

代谢修复
指定商品：食用燕窝、水果罐头

超感白
指定商品：漂白水

妇医生
指定商品：人用药

清雪剂
指定商品：人用药
（"清雪剂"与"清血剂"读音相同，易使消费者认为指定商品具有清血的功能）

3.7.1.3 容易使公众对商品的种类、主要原料、成分等特点产生误认的

例如：

指定商品：鱼制食品

指定商品：谷（谷类）

铁观音

指定商品：烟草

指定商品：婴儿食品

优加倍乳铁

指定商品：婴儿食品

（"乳铁"是"乳铁蛋白"的简称，可作为食品添加剂）

但申请注册的标识、文字等所指示的含义或物品与申请注册的商品无行业关联性的除外。

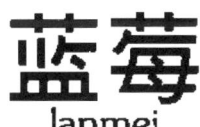

指定商品：洗碗机

苹果

指定商品：计算机

3.7.1.4 容易使公众对商品的重量、数量、价格、生产时间、工艺、技术等特点产生误认的

例如：

指定商品：糕点

明 嘉靖十八年

指定商品：珠宝首饰

指定商品：小五金器具

指定商品：防冻液

指定商品：服装

指定商品：服装

指定商品：家禽（非活）、鱼制食品
（"倒笃"是一种咸菜腌制方法）

3.7.1.5 容易使公众对服务的内容、性质等特点产生误认的

例如：

指定服务：培训

指定服务：药品零售或批发服务
（"前列线"与"前列腺"相近，易使消费者对服务的内容产生误认）

指定服务：金融管理
（"公益"是公共利益事业的简称，易使消费者对服务的性质产生误认）

3.7.2 容易使公众对商品或者服务的产地、来源产生误认的

3.7.2.1 标志由地名构成或者包含地名，申请人并非来自该地，使用在指定商品上，容易使公众发生产地误认的（属于《商标法》第十条第二款规定的不得作为商标使用的情形的，应同时适用该条款）

例如：

指定商品：服装、帽子
申请人：北京盛世杰威服装服饰有限公司
（"NEW YORK"译为"纽约"，"PARIS"译为"巴黎"）

指定商品：香精油、化妆品
申请人：M. SERGE LOUIS ALVAREZ
申请人地址：……BP 148 F–26905 VALENCE CEDEX 9（FRANCE）（FR）
（"PARIS"译为"巴黎"，申请人地址在法国瓦朗斯市）

FREDERIQUE CONSTANT
GENEVE

指定商品：钟、表
申请人：弗雷德瑞克康士丹顿控股有限公司
申请人地址：荷属安的列斯岛，库拉索岛
（"GENEVE"译为"日内瓦"）

3.7.2.2 标志文字构成与我国县级以上行政区划的地名或者公众知晓的外国地名不同，但字形、读音近似足以使公众误认为该地名，从而发生商品产地误认的

例如：

宁夏

指定商品：烧酒

扎幌

指定商品：果酒（含酒精）
申请人：南通富豪酒业有限公司

指定服务：咖啡馆、酒吧
申请人地址：云南省丽江市滇西明珠花园别墅

指定商品：烧酒
申请人地址：河南省南阳市唐河县城关镇

3.7.2.3 标志由我国县级以上行政区划的地名之外的其他地名构成或者含有此类地名，使用在其指定的商品上，容易使公众发生商品产地误认的

例如：

酷艾阳澄湖

指定商品：贝壳类动物（活的）
申请人：广州匡恒服装有限公司

西街口

指定商品：新鲜水果、新鲜蒜
申请人地址：云南省曲靖市富源县黄泥河镇
（"西街口"是云南省昆明市石林彝族自治县下辖一镇名，该镇出产的西街口人参果、西街口大蒜等农副产品具有较高知名度）

今治

指定商品：纺织品毛巾；毛毯等
申请人：上海夕尔实业有限公司
（"今治"是日本一个市名，该市的毛巾产量位居日本第一，在相关公众中具有一定知名度）

1 de MENDOZA

指定商品：葡萄酒等

申请人：北京众拓必亨国际贸易有限公司

("MENDOZA"是阿根廷历史名城，位于以葡萄酒酿造闻名的库约地区的核心地带）

但指定的商品与其指示的地点或者地域没有特定联系，不会使公众发生商品产地误认的除外。

例如：

北戴河长胜 BEI DAI HE CHANG SHENG

指定商品：摩托车

盛泽

指定商品：液压泵

指定商品：非金属箱

3.7.2.4 标志包含国家名称，但申请人并非来自该国，使用在其指定的商品上，容易使公众发生商品产地误认的

例如：

法国双飞人

指定商品：医药制剂

申请人地址：阿联酋迪拜，酋长扎耶德路迪尼尔大厦

指定商品：谷类制品、冰淇淋

申请人：苏州淘味道食品有限公司

3.7.2.5 标志包含企业名称，而该企业名称与申请人名义存在实质性差异的，容易导致公众误认的

此处企业名称包括全称、简称、中文名称、英文名称以及名称的汉语拼音等，且以容易使公众将其作为指代企业主体身份的标识为认定要件。

通常标志所含企业名称的行政区划或者地域名称、字号、行业或者经营特点、组织形式与申请人名义不符的，判定为与申请人名义存在实质性差异。

例如：

指定商品:服装
申请人:潍坊体会制衣有限公司

(字母为"北京茂盛园肉食品厂"的拼音)
指定商品:肉
申请人:褚某某

指定服务:医院、兽医辅助、动物饲养
申请人:郑某某

潮创集团

指定服务:不动产出租
申请人:广州潮创房地产开发有限公司

汇智银行

指定服务:法律研究
申请人:深圳市中兴达文化传播有限公司

海涛医院

指定服务:医院、整形外科
申请人:芜湖济仁网络科技有限公司

指定服务：职业介绍、人事管理咨询
申请人：河北爱聘人力资源有限公司

标志所含企业名称与申请人名称不一致，但符合商业惯例，且不会使公众对商品或者服务来源产生误认的除外。

例如：

指定商品：塑料包装容器
申请人：（台湾）宏全国际股份有限公司

指定商品：机器人（机械）
申请人：沈阳新松机器人自动化股份有限公司

指定商品：家具用非金属附件
申请人：上海永春装饰有限公司

指定商品：金属绳
申请人：诚志股份有限公司

指定商品：香肠
申请人：沈阳长香斯食品有限公司
（该商标中"Shen Yang ChangXiangSi Food Limited Company"部分可视为申请人名称）

3.7.2.6　与公众人物姓名、肖像等相同或者近似，容易导致公众误认的

标志或者其构成要素与公众人物姓名、肖像等相同或者近似的，未经本人许可，容易导致公众对商品或者服务来源等产生误认的，一般适用本规定。姓名包括户籍登记中使用的姓名，也包括别名、笔名、艺名、雅号、绰号等。

例如：

顾景舟

指定商品：家用器皿、瓷器
申请人：江某
（顾景舟是中国工艺美术大师）

沃伦巴菲特

指定服务：资本投资
申请人：苏州国一智孵化器管理有限公司

葛优

指定商品：医用营养品、杀害虫剂
申请人：盛某

3.7.2.7　与具有一定知名度的教育院校、体育组织、环保组织、慈善组织等机构的名称、标志相同或者近似，未经该机构许可，容易导致公众对商品或者服务来源产生误认的

例如：

北大金秋

指定服务：撰写科技文稿

申请人：北京北大金秋新技术有限公司

(北京大学简称"北大"，是我国具有上百年历史的著名高校，具有较高社会知名度)

哈工程

指定服务：教育、培训

申请人：哈尔滨亮角落广告传媒有限公司

(哈尔滨工程大学简称"哈工程"，是我国知名大学)

申请人：宁德市米勒耐磨材料有限公司

(该标志与国际狮子俱乐部协会会标整体外观近似。国际狮子俱乐部协会是非政府慈善服务组织，其会标已为相关公众熟悉)

3.7.2.8 与重要赛事、重要展会、重大考古发现名称（含规范简称）、标志等相同或者近似的，未经主办方或主管单位授权，容易导致公众误认的

冬奥蜂谷

指定商品：谷粉制食品、莲茸、蜂糕

申请人：孙某某

("冬奥"为"冬季奥林匹克运动会"的简称)

环渤海国际自行车赛

指定服务：教育、组织体育比赛

申请人：曲某某

("环渤海国际自行车赛"为国家体育总局主办的一项国际体育赛事)

渝洽会

指定服务：广告、组织商业或广告交易会

申请人：重庆玺升企业策划有限公司

["渝洽会"为"中国（重庆）国际投资暨全球采购会"的简称]

进博会

指定商品：安全监控机器人

申请人：重庆亢谷网络服务股份有限公司

("进博会"是中国国际进口博览会的简称)

海昏侯

指定服务：追踪被盗财产、尸体防腐服务

申请人：翁某某

("海昏侯"是西汉爵位，南昌汉代海昏侯国考古遗址是我国目前发现的面积最大、保存最好、格局最完整、内涵最丰富的典型汉代列侯国都城聚落遗址)

3.7.3 其他易导致公众误认的

央储

指定服务：计算机网络上的在线广告

申请人：赵某某

("央储"有"中央储备"之意，通常指中央政府储备的为稳定国家粮食、食用油、肉、糖等市场，以及应对重大自然灾害或者其他突发事件等情况的粮食、食用油、肉、糖等资源)

3.8 有害于社会主义道德风尚或者有其他不良影响的

3.8.1 有害于社会主义道德风尚的

例如：

六合彩　　吻腚 WENDING　　MLGB

包二奶　　黑社会　　土豪

裸跑弟　　泼妇鱼庄

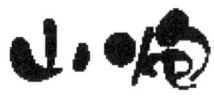

("山炮"为东北方言,形容一个人头脑简单,见识平庸,且"山炮"在生活中多为贬义)

3.8.2 具有政治上不良影响的

3.8.2.1 与我国党和国家领导人姓名相同或者近似的

以党和国家领导人姓名或名字作为商标申请注册,对我国公共利益和公共秩序产生消极、负面影响的,适用《商标法》第十条第一款第(八)项予以驳回。

与党和国家领导人姓名或名字近似的标志,足以对我国公共利益和公共秩序产生消极、负面影响的,亦适用《商标法》第十条第一款第(八)项予以驳回。

3.8.2.2 与公众知晓的其他国家、地区或者政治性国际组织领导人姓名相同或者近似的

古特雷斯

埃马纽埃尔·马克龙　　　　甘　地

3.8.2.3 有损国家主权、尊严、形象或者危害国家安全、破坏国家统一的

《国家安全法》规定:中华人民共和国公民、一切国家机关和武装力量、各政党和各人民团体、企业事业组织和其他社会组织,都有维护国家安全的责任和义务。中国的主权和领土完整不容侵犯和分割。维护国家主权、统一和领土完整是包括港澳同胞和台湾同胞在内的全中国人民的共同义务。

例如:

(殖民主义者对我国台湾的称谓)

(含有不完整的我国版图)

为防止我国国家名称的滥用,损害国家尊严,标志中含有与我国国家名称相同或者近似的文字,因与其他要素相结合,整体上已不再与我国国家名称相同或者近似的,应当适用该项禁止性规定。

例如:

指定商品:葡萄酒

指定服务:广告

指定商品:电吹风

指定商品:家具

例外情形:

(1)标志中含有与我国国家名称相同或者近似的文字,但其描述的是客观存在的事物,一般不适用该项禁止性规定。

例如:

(2)标志中含有与我国国家名称相同或者近似的文字,但其整体是报纸、期刊、杂志名称,且与申请人名义一致,如申请人能证明其合法出版发行资格,则指定使用于报纸、期刊、杂志(期刊)、新闻刊物等特定商品上,一般不适用该项禁止性规定。

例如:

指定商品:报纸
申请人:中国消费者报社

中国国家地理

指定商品：期刊
申请人：《中国国家地理》杂志社

指定商品：报纸
申请人：中国交通报社

指定商品：报纸
申请人：中国环境报社

（3）标志中含有与我国国家名称相同或者近似的文字，但其整体是企事业单位简称，如果具备以下条件，则不以该项禁用规定为由予以驳回：申请人主体资格应当是经国务院或其授权的机关批准设立的；申请人名称应经名称登记机关依法登记；申请标志与申请人名称的简称一致，简称是经国务院或其授权机关批准；该标志经过申请人在实际中长期广泛使用，在相关公众的认知中，与申请人形成了唯一对应关系。

例如：

指定商品：石油化工设备
申请人：中国石油化工集团有限公司，英文简称为 Sinopec Group

指定服务：电话业务
申请人：中国电信集团有限公司，英文名称为 China Telecom

中国人保

指定服务：保险
申请人：中国人民保险集团股份有限公司

指定服务：电视广播
申请人：中国联合网络通信集团有限公司，英文名称为 China Unicom

中国南方电网
CHINA SOUTHERN POWER GRID

指定服务：维修电力线路
申请人：中国南方电网有限责任公司，英文名称为 China Southern Power Grid Company Limited

（4）标志中含有我国国名，国名与其他显著部分相互独立，在整个标志构成中属于非主要部分或附属部分，仅起到真实表示商品或者服务来源国的作用，其注册使用一般不会对我国国家尊严、社会公共利益和公共秩序产生消极、负面影响的，可不适用该项禁用规定。

例如：

指定商品：电力网绝缘体

3.8.2.4 与党的重要理论成就、科学论断、政治论述等相同、近似，或与国家战略、国家政策、党和国家重要会议等相同、近似，易使公众与之产生联想的

例如：

实事求是　　绿水青山就是金山银山

六稳六保　　一带一路

粤港澳大湾区　　长三角一体化

金砖会晤

3.8.2.5　由具有政治意义的数字等构成的

例如：

七・七　　九一八

3.8.2.6　由具有政治意义的事件、地点名称等构成的

例如：

西柏坡

三条驴腿

（河北省遵化市西铺村"三条驴腿"事迹是20世纪50年代我国开展农业合作化运动的典型代表，23户贫民办起仅有"三条驴腿"的农业生产合作社"穷棒子社"，成为全国的先进典型）

3.8.2.7　与恐怖主义组织、邪教组织、黑社会组织或黑社会性质的组织名称或者其领导人物姓名相同或者近似的

例如：

（中文部分为"基地组织"）

3.8.2.8 其他具有政治不良影响的

例如：

（纳粹符号） （图中文字为"反贪"）

3.8.3 对我国经济、文化、民族、宗教、社会易产生消极、负面影响，损害公共利益，扰乱公共秩序的

3.8.3.1 与我国整体发展战略关系密切的国家级新区或国家级重点开发区域名称（含规范简称）等相同或者近似，有害于我国经济、社会公共利益的

例如：

申请人：河北雄安保府酒业有限公司

但经国务院及其授权部门同意的除外，申请人需提供相关的书面证明文件。

例如：

雄安建投

申请人：中国雄安集团有限公司

3.8.3.2 与各国法定货币的图案、名称或者标记相同或者近似的

例如：

（人民币符号）

（美金即"美元"）

KRONE

（丹麦货币名称"克朗"）

3.8.3.3 标志中含有不规范汉字或系对成语的不规范使用，容易误导公众特别是未成年人认知的

将含有书写不规范的汉字或使用不规范的成语的标志作为商标使用，易对我国文化等社会公共利益和公共秩序产生消极、负面的影响。

例如：

随心所禦

（成语"随心所欲"的不规范使用）

左右逢缘

（成语"左右逢源"的不规范使用）

商标中使用的汉字，原则上要求是规范汉字。但考虑到商标工作的特殊性和我国香港特别行政区、澳门特别行政区和台湾地区的现实情况和历史传统，也可以使用繁体字，以及行书、草书、隶书、篆书等书法形式的汉字。

判断商标中的汉字是否规范时，对印刷体或普通手写体形式的汉字应从严。自造字、缺笔画、多笔画或笔画错误的汉字，易使公众特别是未成年人对其书写产生错误认知的，一般应视为不规范汉字。

例如：

（自造字）

（"绿"字笔画错误）

（"贼"字多一笔）

（"值"字少一笔）

（"微"字少一笔）

但商标中的汉字系书法体或其笔画经图形化、艺术化设计，不易使公众特别是未成年人对其书写产生错误认知的，可不视为不规范汉字。

例如：

（篆书"野草"）

（手写体）

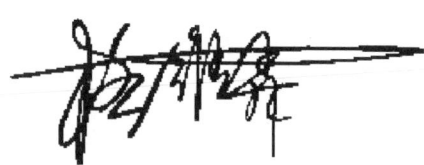

（"橙晶网逅"的图形化）

（"丽"字图形化）

3.8.3.4 有害于民族、种族尊严或者感情的

我国是全国各族人民共同缔造的统一的多民族国家，各民族一律平等。《宪法》第四条规定："禁止对任何民族的歧视和压迫，禁止破坏民族团结和制造民族分裂的行为。"我国《刑法》《治安管理处罚法》均对煽动民族仇恨、民族歧视等行为规定了相

应的处罚。

标志本身并非丑化、歧视任何民族,但作为商标使用和注册,可能伤害民族尊严或者感情,有害于民族团结、民族平等的,适用本条禁用规定。

例如:

("喜利妈妈"为锡伯族信仰)

标志中含有可能伤害种族尊严和感情的文字、图形等的,亦适用本条禁用规定。

例如:

(译为"白鬼子",是黑人对白人的蔑称)

有害于民族、种族尊严或者感情的判定应综合考虑该标志的构成及其指定商品或者服务。有些与民族或种族有关的文字图形等,其本身可能不会伤害民族、种族感情,但如果使用在某些特定商品或者服务上,也可能产生伤害民族、种族感情的后果,应予驳回。如在卫生洁具商品上注册使用"印第安人"文字标志。

但标志本身有明确的其他含义的,一般不适用该禁用规定。例如:在"花露水"商品上申请 商标,在"复印服务"上申请  商标。

3.8.3.5 有害于宗教信仰、宗教感情或者民间信仰的

本指南中的"宗教"包括佛教、道教、伊斯兰教、基督教、天主教等,以及上述宗教的不同教派分支。本指南中的民间信仰主要指妈祖等民间信仰。

标志有下列情形之一的,判定为有害于宗教信仰、宗教感情或者民间信仰:

(1) 宗教或者民间信仰对象的名称、图形或者其组合。

例如:

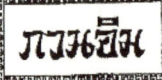　　　　

（佛教偶像）　　　　　　（道教偶像）　　　　　　（民间信仰）

MY GOD SOFT

（"GOD"译为"上帝"）

（2）宗教活动地点、场所的名称、图形或者其组合。

例如：

美　联

Mecca

（"MECCA"的含义为伊斯兰教圣地"麦加"）

（常见道观名称）

雍和宫

（中国藏传佛教寺院）

茅山道院

（道教知名宫观）

（3）宗教的教派、经书、用语、仪式、习俗、专属用品，以及宗教人士的称谓、形象。

例如：

全　真
QUAN ZHEN

（道教教派之一）

心经

（佛教经典经文）

嗡　嘛呢呗咪吽

（佛教六字箴言）

光和盐
（基督教《圣经》中内容）

三平祖师
（唐代高僧义中禅师，为佛教禅宗大师，在闽南一带被称为"三平祖师公"）

（标志中汉字为"雪域小和尚"）

商标有下列情形之一的，不判定有害宗教信仰、宗教感情或者民间信仰：

（1）根据《宗教事务条例》第五十六条规定，宗教团体、宗教院校、宗教活动场所、宗教教职人员可以依法兴办公益慈善事业。宗教团体、宗教院校、宗教活动场所、宗教教职人员和经其授权的宗教企业以专属于自己的宗教活动场所的名称作为商标申请注册，不损害其他宗教活动场所利益和相关公众的宗教信仰、宗教感情的。

例如：

申请人：中国嵩山少林寺　　　　申请人：北京雍和宫管理处

但该宗教禁忌或不宜使用的商品或者服务除外。

例如：

指定商品：米酒、白酒
申请人：中国嵩山少林寺

（2）商标的文字或者图形虽然与宗教或者民间信仰有关，但具有其他含义或者其与宗教有关联的含义已经泛化，不会使公众将其与特定宗教或者民间信仰相联系，不会损害相关公众的宗教信仰、宗教感情的。

例如：

(确有"佛顶山",浙江、贵州、辽宁都存在此名的山)

 月老

3.8.3.6 与我国各党派、政府机构、社会团体等单位或者组织的名称、标志相同或者近似的

本条中的党派包括中国共产党和被统称为民主党派的八个政党,即中国国民党革命委员会、中国民主同盟、中国民主建国会、中国民主促进会、中国农工民主党、中国致公党、九三学社、台湾民主自治同盟;本条中的名称包括全称、简称、缩写等;本条中的标志包括徽章、旗帜等。

例如:

("民建"为中国民主建国会的简称)　　(与中国消费者协会的标志相同)

(与我国海关关徽近似)　　　　　　(与少先队队徽相同)

3.8.3.7 与我国党政机关、军队、警察等职务、职级、职衔名称相同的,易与上述特定主体产生联系,引起混淆或误导,损害公共利益、扰乱公共秩序的

本条中的党政机关通常包括中国共产党机关、人大机关、民主党派机关、政协机

关、行政机关、审判机关、检察机关等。行政机关的职务包括总理、部长、局（司）长、处长、科长、科员等；行政机关的职级包括巡视员、调研员等。军队的行政职务包括司令员、军长、师长、旅长、团长、营长、连长、排长等；军队的军衔包括将官三级即上将、中将、少将，校官四级即大校、上校、中校、少校，尉官三级即上尉、中尉、少尉等。警衔包括五等十三级，如总警监（副总警监）、警监、警督、警司、警员等。消防救援衔包括总监、副总监、助理总监、指挥长、指挥员、高级消防员、中级消防员、初级消防员等。海关关衔包括海关总监、海关副总监、关务监督、关务督察、关务督办、关务员等。外交衔级包括大使、公使、参赞、秘书、随员等。

例如：

但标志含有我国党政机关、军队、警察等职务、职级、职衔名称相同或者近似的文字，具有其他含义，不会与特定主体产生联系或混淆，不会误导公众的除外。

例如：

3.8.3.8　与我国突发公共事件特有词汇相同或者近似，扰乱公共秩序的

根据《突发事件应对法》，突发事件是指突然发生，造成或者可能造成严重社会危害，需要采取应急处理措施予以应对的自然灾害、事故灾难、公共卫生事件和社会安全事件。

（1）标志及其组成部分与重大疫情等公共卫生事件相关的特有词汇相同或者近似，易使公众将其与该突发事件产生联想，扰乱社会公共秩序的。

在重大疫情发生时，对于与疫情病毒名、疾病名等标志相同或者近似的商标申请，一般适用本禁用规定。

例如：

抗冠　　抗疫

（2）标志及其组成部分与重大自然灾害、重大事故灾难相关的特有词汇相同或者近似，易使公众将其与该突发事件产生联想，危害社会公共秩序的。

例如：

512

指定商品：医疗器械和仪器
申请人：广东思创格电子电器有限公司
申请日期：2008年5月20日

（2008年5月12日，四川省阿坝藏族羌族自治州汶川县发生破坏力极大的地震。经国务院批准，自2009年起，每年5月12日为"全国防灾减灾日"。）

（3）标志及其组成部分与社会安全事件相关的特有词汇相同或者近似，易使公众将其与该突发事件产生联想，危害社会公共秩序的。

3.8.3.9　与我国政治、经济、文化、社会发展关系密切的国家重大工程、重大科技项目等名称相同或者近似，由该申请人注册使用易对我国社会公共利益和公共秩序产生消极、负面影响的

例如：

港珠澳大桥

申请人：谢某某

申请人：寻梦文传科技（珠海）有限公司
（"HZM BRIDGE"是英文"HONG KONG – ZHUHAI – MACAO BRIDGE"的简称）

神舟六号

申请人：西安亨通光华制药有限公司

中国天眼

申请人：平塘县国有资本营运有限责任公司

由国家相关部门授权的适格主体申请，不会对我国社会公共利益和公共秩序产生消极、负面影响的，不适用该禁用规定。申请人需提供相关的书面证明文件。

例如：

港珠澳大桥

申请人：港珠澳大桥管理局

中国天眼

申请人：中国科学院国家天文台

3.8.3.10 与我国烈士姓名相同或者含有烈士姓名，容易使公众将其与烈士姓名产生联想的

《英雄烈士保护法》规定："禁止歪曲、丑化、亵渎、否定英雄烈士事迹和精神。英雄烈士的姓名、肖像、名誉、荣誉受法律保护。任何组织和个人不得在公共场所、互联网或者利用广播电视、电影、出版物等，以侮辱、诽谤或者其他方式侵害英雄烈士的姓名、肖像、名誉、荣誉。任何组织和个人不得将英雄烈士的姓名、肖像用于或者变相用于商标、商业广告，损害英雄烈士的名誉、荣誉。"因此，与烈士姓名相同或者含有烈士姓名的标志，且容易使公众将其与烈士姓名产生联想的，一般应认定为具有不良影响。

对于与烈士姓名相同或者含有烈士姓名的标志，应当结合该标志的构成要素、指定的商品服务、申请人所在地域与该烈士的关联程度等因素，综合判断该标志的注册和使用是否可能损害烈士的名誉、荣誉或产生其他不良影响。

例如：

刘胡兰

例外情形：

（1）标志本身有其他含义，不易使社会公众与烈士姓名产生联想，不易损害烈士荣誉名誉和公众的爱国情怀的，可不适用前款规定。

例如：**万家福**

（2）标志本身为申请人姓名、企业字号、社会组织简称，虽与烈士姓名相同，但不易使社会公众与烈士姓名产生联想，不易损害烈士荣誉、名誉和公众的爱国情怀的，

可不适用前款规定。

（3）标志虽与烈士姓名相同或者含有烈士姓名，但无法与特定烈士形成对应关系的（如周班长、陈先生、熊氏、周木匠），不易损害烈士荣誉、名誉和公众的爱国情怀的，可不适用前款规定。

3.8.3.11 与政治、经济、文化、民族、宗教等公众人物的姓名相同或者近似，足以对我国政治、经济、文化、民族、宗教等社会公共利益和公共秩序产生消极、负面影响的

上述姓名包括户籍登记中使用的姓名，也包括公众熟知的别名、笔名、艺名、雅号、绰号等。

例如：

孔子　　　　鲁迅

宗喀巴

（"宗喀巴"是藏传佛教格鲁派的创立者）

3.8.3.12 其他对我国经济、文化、民族、宗教、社会公共利益和公共秩序易产生不良影响的

除上述类型外，其他可能造成不良影响的标志适用本项禁用规定。

例如：

老鼠仓

（一种金融领域从业人员营私舞弊、损公肥私的违规行为的俗称，用作商标易产生不良影响）

奉天承运

（"奉天承运"既指君权神授，又是历史上部分皇帝诏书开头的套语，用作商标易产生不良影响）

申请人：昆山市巴城镇沃时尚羊绒服装厂（普通合伙）

（有充分证据表明，经过各从业者多年的宣传使用，"巴城羊绒"在当地已形成较高影响力，代表着整个巴城地区羊绒产品的品质和商业信誉，是巴城镇近年来着力打造的重点产业和区域性特色品牌。申请人虽位于巴城镇，但该标志为一家独占有失公允，易对社会公共利益产生损害，进而产生不良影响）

3.9 含有地名的商标

3.9.1 含有县级以上行政区划地名的商标的审查审理

标志由县级以上行政区划的地名构成，或者含有县级以上行政区划的地名，通常不得作为商标。

例如：

但有下列情形之一的除外：

3.9.1.1 地名具有其他含义且该含义强于地名含义的

例如：

但上述标志与"市、县、区"等组合在一起,地名含义明显的,一般仍适用本禁用规定,如"黄山市"。

3.9.1.2 商标由地名和其他文字构成而在整体上具有强于地名含义的其他含义

例如:

指定服务:药品零售或批发服务等

3.9.1.3 商标由两个或者两个以上行政区划的地名的简称组成,且不会使公众发生商品产地等特点误认的

例如:

指定商品:肥料　　　指定商品:石膏板

但容易使消费者对其指定商品的产地或者服务内容等特点发生误认的,适用《商标法》第十条第一款第(七)项的规定予以驳回。

例如:

指定服务:观光旅游　　　指定服务:旅游安排

3.9.1.4 商标由省、自治区、直辖市、特别行政区,省会城市、计划单列市、著名的旅游城市以外的地名的拼音形式构成,且不会使公众发生商品产地误认的

例如:

指定商品：传动装置（机器）
(TAI XING 与江苏省泰兴市的拼音相同)

指定商品：自行车
("XIANG HE" 与河北香河县的拼音相同)

3.9.1.5　商标由组成地名的文字和其他文字构成，整体构成有别于地名，不易使消费者联想到地名，亦不易导致产地误认的

例如：

3.9.2　含有公众知晓的外国地名的商标的审查审理

标志由公众知晓的外国地名构成，或者含有公众知晓的外国地名的，不得作为商标。

例如：

加州红

指定商品：啤酒、矿泉水
(美国加州)

指定商品：服装
(希腊奥林匹亚)

指定商品：啤酒

（德国首都柏林）

指定商品：鞋

（波兰首都华沙）

但商标由公众知晓的外国地名和其他文字构成，整体具有其他含义且使用在其指定商品上不会使公众对商品产地产生误认的除外。

例如：

LONDON FOG

指定商品：公文包、伞

（伦敦雾为一种自然现象）

3.9.3 商标所含地名与其他具备显著特征的要素相互独立，地名仅起真实表示申请人所在地作用的除外

例如：

申请人：杨某某　　　　　　　　申请人：凤凰股份有限公司

地址：天津市武清区汉沽港镇一街　地址：上海市浦东新区塘南路20号

（"GENEVE"译为"日内瓦"）

申请人：QUINTING S. A.

地址：瑞士日内瓦

申请人：COCO DE MER LIMITED

地址：……LONDON, ENGLAND, WC2H 9EY

3.9.4 地名作为集体商标、证明商标组成部分的除外

例如：

商标类型：地理标志证明商标
指定商品：黄酒
申请人：绍兴市黄酒行业协会

帕尔玛火腿

商标类型：地理标志集体商标
指定商品：火腿
申请人：帕尔玛意大利熏火腿康采恩公司

商标类型：集体商标
指定服务：餐馆
申请人：沙县小吃同业公会

3.9.5 "地市级以上行政区划地名＋公共事业名称"标志的审查审理标准

标志由"地市级及以上行政区划地名＋公共事业名称"组成，申请人及申请标志

同时具备以下条件的，可予以初步审定：

（1）申请人主体应当依法登记，资产投入主体是国有资产管理部门的国有企业，提交商标注册申请应获得上级主管部门的授权。

（2）标志名称应与申请人企业名称的简称一致，构成形式为"行政区划地名＋公共事业名称"或者"行政区划地名＋公共事业名称＋其他要素"。

（3）申请指定使用的商品或者服务对应的行业为关系国计民生的公共事业，如：燃气、电力、地铁、高速等。

（4）申请标志在实际中经过了长期的使用，与申请人主体在相关公众中形成了唯一对应关系。

重庆燃气

指定商品：燃料
申请人：重庆燃气集团股份有限公司

第四章 商标显著特征的审查审理

1 法律依据
《商标法》
第十一条 下列标志不得作为商标注册：
（一）仅有本商品的通用名称、图形、型号的；
（二）仅直接表示商品的质量、主要原料、功能、用途、重量、数量及其他特点的；
（三）其他缺乏显著特征的。
前款所列标志经过使用取得显著特征，并便于识别的，可以作为商标注册。

2 释义
《商标法》第十一条是对商标禁止注册的规定，缺乏显著特征的标志不可作为商标注册，但并非绝对禁止，而是相对禁止，经过使用取得显著特征的可以作为商标注册。

商标的显著特征，即商标的显著性，是商标标志获得商标注册的重要要件。商标的显著特征是指商标应当具备的足以使相关公众区分商品或者服务来源的特征，具体来讲，是指商标能够使消费者识别、记忆，可以发挥指示商品或者服务来源的功能与作用。商标的显著性可以通过两种方式取得：固有显著性和通过使用获得显著性。固有显著性是商标本身具有的，通过使用获得显著性则是商标本身通过不断地实际使用获得的。

判断商标是否具有显著特征，除了要考虑商标标志本身的含义、呼叫和外观构成，还要结合商标指定的商品或者服务、商标指定商品或者服务的相关公众的认知习惯、商标指定商品或者服务所属行业的实际使用情况等，进行具体的、综合的、整体的判断。

2.1 仅有本商品的通用名称、图形、型号的
"本商品"是指商标注册申请指定的具体商品或者服务。
"通用名称、图形、型号"是指国家标准、行业标准规定的或者约定俗成的名称、图形、型号，其中包括全称、简称、缩写、俗称，经注册登记的植物新品种也为通用名称。认定是否属于本商品或者服务的通用名称、图形、型号有两个途径，一是依照法律规定或者国家标准、行业标准；二是看在相关公众的认知中是否已约定俗成或已

普遍使用。一般以全国范围内相关公众的通常认识为判断标准。对于由于历史传统、风土人情、地理环境等原因形成的相关市场较为固定的商品或者服务，在该相关市场内通用的称谓、图形、型号，也可以认定为通用名称、图形、型号。

"仅"是指申请注册的商标中除本商品或者服务的通用名称、图形、型号以外并无其他构成要素。

商品或者服务的通用名称、图形、型号因其在行业内或公众中被广泛使用，显然不具有区别不同生产者和经营者的商品或者服务的功能，不具备显著特征。而且，此类标志应由本行业的生产者或经营者在其生产或经营活动中共同使用，而不应由某个生产者或经营者独占使用，允许此类标志作为商标注册，容易引起争议，从而扰乱公平竞争的市场秩序，故应予禁止注册。

需要注意的是，本项强调"仅有本商品的通用名称、图形、型号"的标志不得作为商标注册，如果标志的设计不是"仅有本商品的通用名称、图形、型号"，而是与其他具有显著特征的要素组合在一起，则不能直接认定该标志缺乏显著性，其整体是否具备显著特征需综合判断。

2.2 仅直接表示商品的质量、主要原料、功能、用途、重量、数量及其他特点的

"仅直接表示"是指申请商标仅由对指定商品或者服务的质量、主要原料、功能、用途、重量、数量及其他特点，具有直接说明性和描述性的标志构成，或者商标虽然包含其他构成要素，但整体上仅直接表示。

判断"仅直接表示"必须结合商标指定的商品或者服务、相关公众的认知习惯等因素，不能机械地以其包含直接说明性和描述性要素进行认定，商标整体上是对指定的商品或者服务特点的描述的，才会被禁止注册。

"质量"是指商品或者服务的优劣程度，如"一流""顶级""优秀"等。

"主要原料"是指商品的主要成分或主要的经加工、半加工的材料，如"西柚"（指定商品：果汁饮料）、"羊毛"（指定商品：地毯）。

"功能""用途"是指商品或者服务所发挥的作用等，如"载重"（指定商品：汽车）、"清洁"（指定服务：家政服务）、"物流"（指定服务：运输）。

"重量"是指商品或者服务的轻重，一般以重量单位来表示，如"克拉"（指定商品：珠宝）、"三十吨"（指定服务：运输服务）。

"数量"表示商品或者服务的多少，如"2 副"（指定商品：扑克牌）、"两顿"（指定服务：餐馆、饭店）。

"其他特点"是指对商品或者服务的价格、尺码、风味、使用方法、内容、生产工艺、技术特点、销售场所等的说明或描述。如"9 元 9"（指定商品：家用或厨房用容器）、"麻辣"（指定服务：餐饮）、"超肥大"（指定商品：衣服）、"机绣"（指定商品：服装）。

直接表示商品或者服务的质量、主要原料、功能、用途、重量、数量及其他特点的标志通常无法将商品或者服务来源区别开来，故缺乏商标显著特征。而且，此类标

志系有关行业的生产者和经营者经常用来描述其商品或者服务，应由本行业公用，不宜被某一家独占使用，允许此类标志作为商标注册，容易引起争议，从而扰乱公平竞争的市场秩序，故应予禁止注册。

如果一件标志的设计不是仅含上述"仅直接表示商品的质量、主要原料、功能、用途、重量、数量及其他特点的"部分，而是与其他具有显著特征的要素组合在一起，则不能直接认定该标志缺乏显著性，其整体是否具备显著特征需综合判断。

2.3 其他缺乏显著特征的

其他缺乏显著特征的标志，是指前述两项规定以外的、依照社会通常观念，作为商标使用在指定商品或者服务上不具备商标的显著特征的标志。

常见类型主要包括以下几种：

（1）商标过于简单或者过于复杂的。如过于简单的线条、普通几何图形、一个或两个普通表现形式的字母，或者过于复杂的文字、图形、数字、字母或上述要素的组合等。

（2）表示商品或者服务特点的短语或者句子，或者普通广告宣传用语。此类句子或短语，相关消费者通常不会将其视为指示商品或者服务来源的标志，不具备商标的显著特征。

（3）日常商贸场所、用语或标志。这些商业贸易常用的场所、语言或标志，缺乏显著特征。

（4）企业的组织形式、行业名称或简称。这些被有关行业的生产者或经营者用来呼叫其行业或描述其行业的组织形式，为行业公用，不具备商标的显著特征。

（5）仅有申请人（自然人除外）名称全称的。一般来说，申请人（自然人除外）名称全称缺乏商标的显著特征，消费者通常不会将其识别为商标。

（6）常用祝颂语和日常用语、网络流行词汇及表情包、常用标志符号、节日名称、格言警句等。这些在日常生活中经常被大众使用，消费者通常不会将其视为指示商品或者服务来源的标志，不具备商标的显著特征。

随着市场经济的发展和网络的日益发达，商标的表现形式多种多样，难以穷尽所有类型，是否具备显著性还需结合经济社会发展、大众相关认知等各个方面综合研判。

2.4 经过使用取得显著特征的

前款所列标志经过使用取得显著特征，并便于识别的，可以作为商标注册。

如《商标法》第十一条第一款所指的标志经使用已成为相关公众识别该使用人提供的商品或者服务的标志的，应当依据《商标法》第十一条第二款的规定，判定其可以作为商标注册。

依照《商标法》第十一条第二款的规定，判定某个标志是否经过使用取得显著特征，应当综合考虑下列因素：

（1）相关公众对该标志的认知情况；

(2) 该标志在指定商品或者服务上实际使用的时间、使用方式、同行业使用情况；
(3) 使用该标志的商品或者服务的销售量、营业额及市场占有率；
(4) 使用该标志的商品或者服务的广告宣传情况及覆盖范围；
(5) 使该标志取得显著特征的其他因素。

判断某个标志是否属于经使用取得显著特征的标志，应以相关公众的认知为准。如当事人主张该标志经使用取得显著特征，应当提交相应的证据材料加以证明。用以证明该标志使用情况的证据材料，应当能够显示所使用的商标标志、商品或者服务、使用日期及该标志的使用人。该标志的使用包括商标注册申请人及商标被许可使用人的使用。

申请注册经使用取得显著特征的标志，应当与实际使用的标志基本一致，不得改变该标志的显著特征；且应当限定在实际使用的商品或者服务上。如在该标志与其他标志共同使用的情况下，应将该标志与其他标志的显著特征加以区别，对该标志本身是否经使用具有显著特征作出判断。

判定某个标志是否属于经使用取得显著特征，驳回复审案件、不予注册复审案件应当以审理时的事实状态为准；无效宣告案件原则上以系争商标申请注册时的事实状态为准，以审理时的事实状态作为参考。

本部分解释说明的内容以普通商标的显著性审查为主，立体商标、声音商标、颜色组合商标的显著性审查另有说明。

3 具体适用：缺乏显著特征的

3.1 仅有本商品的通用名称、图形、型号的

3.1.1 仅有指定商品或者服务的通用名称的

例如：

红富士

指定商品：新鲜水果
（"红富士"是苹果的一种品种名称，属于通用名称）

MULLER

指定商品：磨具（手工具）
（"MULLER"可翻译为研磨机，研磨机是一种磨床，属于指定商品磨具的通用名称）

拍卖

指定服务：拍卖
（"拍卖"是指定服务的通用名称）

3.1.2 仅有指定商品或者服务的通用图形的

例如：

指定商品：新鲜水果
(该"苹果图形"是指定商品苹果的通用图形)

指定商品：鞋底
(该"鞋底图形"是指定商品鞋底的通用图形)

指定服务：理发
(该图形常用在理发店的门口，已成为指定服务"理发"的通用图形)

3.1.3 仅有指定商品或者服务的通用型号的

例如：

指定商品：工业用粘合剂
("502"是指定商品工业用粘合剂的通用型号)

指定商品：服装
("XXL"是指定商品服装的通用型号)

ZKT

指定商品：空调机
("ZK"为组合式空调机级代号，"T"为通用机组代号，用在指定商品空调机上缺乏商标的显著特征)

3.2 仅直接表示商品的质量、主要原料、功能、用途、重量、数量及其他特点的

3.2.1 仅直接表示指定商品或者服务的质量的
例如：

纯净
Chunjing

指定商品：食用油
("纯净"仅直接表示指定
商品食用油的质量)

超一流

指定服务：饭店
("超一流"仅直接表示
指定服务饭店的质量)

但未仅直接表示指定商品或者服务质量的除外，例如：

纯净山谷

指定商品：食用油

("纯净"仅直接表示指定商品食用油的质量，但与有显著特征的"山谷"相结合，整体具备商标的显著特征)

3.2.2 仅直接表示指定商品的主要原料的
例如：

彩棉

指定商品：服装

龙眼

指定商品：糖果

指定商品：人用药

但非仅直接表示指定商品的原料的除外，例如：

桔子红了

指定商品：水果罐头、果酱

3.2.3 仅直接表示指定商品或者服务的功能、用途的
例如：

指定商品：车辆轮胎

SAFETY
指定商品：漏电保护器

溶栓清脂
指定商品：医药制剂

脑基因
指定商品：医用营养饮料

出行管家
指定商品：可下载的手机软件

快快减脂
指定服务：健身指导课程

3.2.4 仅直接表示指定商品或者服务的重量、数量的
例如：

50kg
指定商品：米

50支
指定商品：香烟

四菜一汤
指定服务：饭店

3.2.5 仅直接表示指定商品或者服务的其他特点的
（1）仅直接表示指定商品或者服务特定消费/使用对象或提供者的。
例如：

女过四十
指定商品：医用营养品

醫生
指定商品：医疗手术用手套

法律达人
指定服务：诉讼服务

月嫂
指定服务：临时照看婴孩

(2) 仅直接表示指定商品或者服务的价格的。
例如：

百元店
指定服务：替他人推销

九块九
指定商品/服务：肥料、替他人推销

(3) 仅直接表示指定商品或者服务内容的。
例如：

名师说课
指定商品：光盘、计算机软件（已录制）

三国演义onweb
指定商品：连环漫画书

俄罗斯方块
指定商品：视频游戏的图像及声音软件

大闹天宫
THE MONKEY KING: UPROAR IN HEAVEN
指定商品：动画片

名车快修
指定服务：汽车保养和修理

炭烤鱼
指定服务：餐馆

(4) 仅直接表示指定商品或者服务风格或者风味的。
例如：

中式
指定商品：家具

果味夹心
指定商品：饼干

泰式
指定服务：按摩

杭帮菜
指定服务：饭店

(5) 仅直接表示指定商品或者服务的使用方式、方法的。
例如：

冲泡

指定商品：方便面

自 助

指定服务：教育、书籍出版

(6) 仅直接表示指定商品或者服务的生产工艺的。
例如：

二锅头

指定商品：酒
("二锅头"是原材料在经过第二锅烧制时的"锅头"酒，是一种生产工艺，用在商标上仅直接表示指定商品酒的生产工艺)

蜡染

指定商品：布
("蜡染"是中国古代的一种印花技艺，用在商标上仅直接表示指定商品布的生产工艺)

(7) 仅直接表示指定商品或者服务生产地点、时间、年份等特点的。
例如：

990418

指定商品：烧酒

5.5度

指定商品：开胃酒

藏地特产

指定服务：替他人推销

(8) 仅直接表示指定商品的形态的。
例如：

SOLID

指定商品：硅酸盐、工业用胶
(译为"固体的")

果晶

指定商品：无酒精果汁饮料
("果晶"为固体饮料的一种形式)

(9) 仅直接表示指定商品或者服务的有效期限、保质期或者服务时间的。
例如：

全 天

指定服务：无线电广播、有线电视播放

24小时

指定服务：银行

(10) 仅直接表示商品或者服务经营场所、商品销售场所或者地域范围的。

例如：

酒 轩

指定商品：白酒

露天

指定服务：电影放映

大食堂 DASHITANG

指定服务：餐馆

(11) 仅直接表示商品或者服务的技术特点、商业模式的。

例如：

蓝牙

指定商品：电话机

共晶

指定商品：普通金属合金
(共晶技术应用于冶金、热处理工业。一种液相在一定温度下同时结晶出两种不同成分和不同晶体结构，"共晶"仅表示指定商品的技术特点)

3D美容

指定服务：美容院等
("3D美容"仅表示指定服务美容院的技术特点)

近场通讯

指定服务：信息传送
("近场通讯"指近距离无线通讯技术，仅表示指定服务信息传送的技术特点)

零售网

指定服务：替他人推销等
(零售是服务的一种方式，该商标仅指指定服务替他人推销的服务方式)

指定服务：汽车出租

（"P2P"可理解为"个人对个人"，是一种新型经营模式，"P2P租车"可指个人与个人间的租车行为。"P2P租车"用在汽车出租等服务上直接表示服务的内容、模式等特点）

云计算

指定服务：技术研究

（"云计算"是分布式计算的一种，指的是通过网络"云"将巨大的数据计算处理程序分解成无数个小程序，然后通过多部服务器组成的系统进行处理和分析程序得到结果并返回给用户。"云计算"使用在指定服务上，仅直接表示技术研究的模式方法）

商标使用在指定商品或者服务上，可能直接表示指定商品或者服务的质量、主要原料、功能、用途、重量、数量及其他特点，也可能使公众对上述特点产生误认的，应同时适用《商标法》第十条第一款第（七）项的规定。

3.3 其他缺乏显著特征的

其他缺乏显著特征的标志，是指《商标法》第十一条第一款第（一）项、第（二）项以外的依照社会通常观念，作为商标使用在指定商品或者服务上不具备标示商品或者服务来源作用的标志。主要包括：

3.3.1 过于简单的线条、普通几何图形

例如：

3.3.2 一个或者两个普通表现形式的字母

例如：

但非普通字体或者与其他要素组合而整体具有显著特征的除外。例如：

3.3.3 普通形式的阿拉伯数字
例如：

但非普通表现形式或者与其他要素组合而整体具有显著特征的除外。
例如：

3.3.4 过于复杂的文字、图形、数字、字母或上述要素的组合
例如：

3.3.5 商品的外包装
商品的外包装，一般消费者不会将其作为区分商品或者服务来源的商标标志看待，不具备商标的显著特征。例如：

3.3.6 指定商品的容器或者装饰性图案

例如：

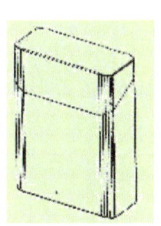 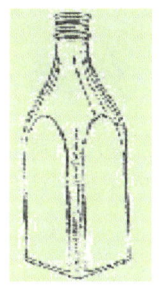 

（平面商标）　　　　　　（平面商标）　　　　　　（平面商标）
指定商品：香烟　　　　　指定商品：黄酒　　　　　指定商品：盘子

但与其他要素组合而整体具有显著特征的除外。例如：

（平面商标）　　　　　　　　　　　　（平面商标）
指定商品：矿泉水　　　　　　　　　　指定商品：巧克力块
　　　　　　　　　　　　　　　　　　（每块巧克力上印有 Ritter sports）

（平面商标）
指定商品：玻璃杯（容器）

3.3.7 表示商品或者服务特点的短语、句子，或者普通广告宣传用语

此类句子或短语通常会使相关公众仅把其作为对商品或者服务的特点描述，或是普通广告宣传用语看待，用在其指定的商品或者服务上不具备表示商品或者服务来源的作用，缺乏商标应有的显著特征。

值得注意的是，广告用语是否独创并非判断其是否具备显著性的标准。

例如：

一旦拥有，别无所求

("一旦拥有，别无所求"这句广告语是对使用对象进行引导，无商标的显著特征)

让养殖业充满生机

("让养殖业充满生机"这句广告语是表示使用商品的效果，无商标的显著特征)

如果普通广告宣传用语与其他显著要素组合，整体仍然缺乏显著性，视为不具备商标的显著特征。

例如：

行走在宽窄之间

("行走在宽窄之间"是普通广告宣传用语，虽然"宽窄"具有显著性，但整体上相关公众仍然容易将其当作普通广告宣传用语，整体缺乏显著特征)

但与其他要素组合且使得整体具有显著特征的除外。

例如：

("一旦拥有，全程无忧"是一句普通广告宣传用语，但与"世纪行及图"相结合，使得整体具备显著特征)　　(商标文字为"贴心还是千金"，是一普通广告宣传用语，但与图形相结合，整体具备显著特征)

3.3.8　常用贸易场所名称、商贸用语或者标志

例如：

超市

指定服务：替他人推销

酒店

指定服务：旅馆

打折

("打折"和"二维码"均是常用的贸易用语,不具备商标的显著特征)

网购
指定商品:电脑软件(录制好的)

mall
指定服务:替他人推销

但与其他要素组合而整体具有显著特征的除外。

例如:

清漾超市
指定服务:替他人推销

指定服务:替他人推销

卓越网购
指定商品:电脑软件(录制好的)

3.3.9 企业的组织形式、行业名称或者简称

企业的组织形式、行业名称或简称,被有关行业的生产者或经营者用来呼叫其行业或描述其行业的组织形式,为行业公用,且消费者难以将所指定的商品或者服务与其他生产者或经营者的商品或者服务区分开,不具备商标的显著特征。

例如:

Inc

公司
CO.

("Inc""CO."可译为"公司","公司"仅为企业的组织形式,用作商标不具备显著识别特征)

重工

指定商品:起重运输机械
("重工"是本行业对重型工业的简称,用作商标不具备显著特征)

但带有其他构成要素而整体具有显著特征的除外，例如：

3.3.10 仅有申请人（不包括自然人）名称全称的

一般来说，仅有申请人（不包括自然人）名称全称的，不具备商标的显著特征。例如：

湖北宏业百顺建材有限公司

但带有图形等要素而使整体具有显著特征的除外。
例如：

河南瀚源水务有限公司　　　　西安利洲装饰工程有限公司

值得注意的是，如果事业单位及其他组织的全称经过长期使用，已经与所指定的商品或者服务产生一一对应关系，不会造成消费者混淆误认，可以识别商品或者服务来源的，则视为具备商标的显著特征。例如：

清华大学　　　　　　　　　　贵阳市口腔医院
指定服务：学校教育、书籍出版等　　指定服务：医院、医疗护理、教育
　　　　　　　　　　　　　　　　考核等

3.3.11 仅由电话、地址、门牌号等要素构成

例如：

95557

（此为某公司的公共服务电话）

1 Donghai Road
東海路1號

3.3.12 常用祝颂语和日常用语

常用祝颂语和日常用语是指在平时工作生活中或者节日中，经常使用的词汇或者短语，不具备商标的显著特征。

例如：

HAPPY NEW YEAR　　**閤家幸福**

恭喜發財
GONGXIFACAI

（"HAPPY NEW YEAR""閤家幸福""恭喜发财"属于常用祝颂语）

啥都行　　走好运　　吃嘛嘛香

（"啥都行""走好运""吃嘛嘛香"属于日常生活用语，已被公众广泛使用）

3.3.13 网络流行词汇和网络流行表情包

网络流行词汇和流行表情包是指在互联网上比较广泛使用的语言、表情包，成为网民们约定俗成的表达方式，不具备商标的显著特征。

（1）网络流行词汇。

例如：

真香警告

（"真香警告"属于网络流行用语）

蓝 瘦 香 菇
Lanshouxianggu

（"蓝瘦香菇"属于网络流行用语，一般用于表示"难受，想哭"）

（2）网络流行表情包。

3.3.14 常用标志符号

日常生活或工作中常见的标志符号,且消费者很难将其作为区分商品或者服务来源的标志,不具备商标的显著特征。

例如:

("禁止向左转弯"的交通标志)

("小心有电"的标志)

("可循环使用"的标志)

("紧急呼救电话"的标志)

3.3.15 节日名称

节日名称是指法定或约定俗成的节日名称。

例如:

3.3.16 格言警句

格言警句,是指名人名言,或者前人总结的为人处事、修身齐家等的短语或成语或句子等,不具备商标的显著特征。

例如:

("仁义礼智信"出自《孟子·告子上》)

人之初性本善

("人之初性本善"出自《三字经》)

另外,还有知名的古诗、对联等,亦缺乏商标的显著特征。

例如:

生意通四海,财源达三江

床前明月光

3.4 商标含有不具备显著特征的标志的审查

3.4.1 商标由不具备显著特征的标志和其他要素构成,但相关公众通过其他要素或者商标整体难以识别商品或者服务来源的,仍视为缺乏显著特征

例如:

指定商品:工业用粘合剂

指定商品:纳米服装

指定服务:饭店

但该其他要素或者商标整体能够起到区分商品或者服务来源作用的除外。

例如:

SHNEGHUA 502

指定商品:工业用粘合剂

指定商品:金属柜

("reliable"译为"可靠的")

指定商品：鞋　　　　　　　　　　　指定商品：矿泉水

（"SHOE"译为"鞋"）　　　　　　（"PURITY"译为"纯净"）

若商标由独立文字部分和独立其他要素组成，文字部分不具备显著特征，则该商标整体应被认定为缺乏显著特征。

例如：

指定商品：纳米服装　　　　　　　　指定服务：饭店

指定服务：饭店

（"爆丸烧"是章鱼烧系列小吃中的一种）

如果其他要素具有较强显著特征，商标注册部门认为依据该要素有区分商品或者服务来源可能的，可以发出审查意见书，要求申请人对缺乏显著特征文字部分放弃专用权。申请人未放弃的或者在规定期限内未答复审查意见书的，对其该商标注册申请予以驳回。

3.4.2　商标由不具备显著特征的标志和其他要素构成，其中不具备显著特征的标志如果与其指定商品或者服务的特点相一致，而且依据商业惯例和消费习惯，不会造成相关公众误认的，不适用相关禁用条款，只需对显著部分予以审查

例如：

利郎商务男装

指定商品：服装、鞋

指定商品：碗柜、办公家具

北大医疗

指定服务：医疗诊所、医院

4　具体适用：经过使用取得显著特征的

本身不具备显著特征的标志经过使用取得商标显著特征，能够起到区分商品或者服务来源作用的，可以作为商标注册。

案例一："十万个为什么100000 WHYS及图"商标驳回复审案

（1）商标信息。

指定服务：书籍出版、在线电子书籍和杂志的出版等

（2）审理要点。

商标的主要功能是区分商品或者服务的来源，描述商品或者服务特点的标志本身不具备商标应有的显著性，但可以通过使用取得显著特征，从而具备区分商品或者服务来源的功能。本案中，商标注册申请人提交了有关《十万个为什么》书籍的印刷数量统计、获奖资料、宣传报道、审计报告及其他使用证据材料，上述证据能够证明申请商标在指定使用的书籍出版等服务上经申请人使用已为中国相关公众知晓，并取得商标的显著特征，属于《商标法》第十一条第二款所指的可以作为商标注册的标志。

案例二："fresh ROSE FACE MASK"商标驳回复审案

（1）商标信息。

fresh
ROSE FACE MASK

指定商品：化妆品、美容面膜等

（2）审理要点。

本案中，商标注册申请人提交了专柜信息列表、销售发票等使用证据证明在申请商标申请日前，冠以"fresh"的产品在上海、北京、成都、杭州、武汉、温州、西安、长沙、广州等多个地区进行了销售。该申请人提交的广告发布合同、杂志刊登页面等宣传证据表明申请人对"fresh"品牌产品进行了长期、广泛的宣传。由此可见,申请人通过销售"fresh"品牌产品,对"fresh"品牌进行了大量的使用和宣传,增强了"fresh ROSE FACE MASK"作为商标的显著性,若注册使用在第 3 类"化妆品"等商品上,足以产生识别商品来源的作用,具备商标应有的显著特征,符合《商标法》第十一条第二款"经使用产生显著特征,并便于识别"之情形。

第五章　商标相同、近似的审查审理

1　法律依据
《商标法》

第三十条　申请注册的商标，凡不符合本法有关规定或者同他人在同一种商品或者类似商品上已经注册的或者初步审定的商标相同或者近似的，由商标局驳回申请，不予公告。

第三十一条　两个或者两个以上的商标注册申请人，在同一种商品或者类似商品上，以相同或者近似的商标申请注册的，初步审定并公告申请在先的商标；同一天申请的，初步审定并公告使用在先的商标，驳回其他人的申请，不予公告。

2　释　义

商标相同是指两商标在视觉效果上或者声音商标在听觉感知上完全相同或者基本无差别。所谓基本无差别，是指两商标虽有个别次要部分不完全相同，但主要部分完全相同或者在整体上几乎没有差别，以至于在一般注意力下，相关公众或者普通消费者很难在视觉或听觉上将两者区分开来。

商标近似是指文字、图形、字母、数字、三维标志、颜色组合和声音等商标的构成要素在发音、视觉、含义或排列顺序等方面虽有一定区别，但整体差异不大。文字商标的近似应主要考虑"形、音、义"三个方面，图形商标应主要考虑构图、外观及着色；组合商标既要考虑整体表现形式，还要考虑显著部分。

同一种商品是指名称相同的商品，或者名称不同但在功能、用途、主要原料、生产部门、销售渠道、消费对象等方面相同或者基本相同，相关公众一般认为是同一事物的商品。

同一种服务是指名称相同的服务，或者名称不同但在服务的目的、内容、方式、对象、场所等方面相同或者基本相同，相关公众一般认为是同一方式的服务。

类似商品是指在功能、用途、主要原料、生产部门、销售渠道、消费对象等方面基本相同或者有密切联系的商品。

类似服务是指在服务的目的、内容、方式、对象、场所等方面基本相同或者有密切联系的服务。

同一种或者类似商品或者服务的认定，以《商标注册用商品和服务国际分类》《类似商品和服务区分表》作为参考。

对于《类似商品和服务区分表》未涵盖的商品，应当基于相关公众的一般认知力，综合考虑商品的功能、用途、主要原料、生产部门、消费对象、销售渠道等因素认定是否构成同一种或者类似商品。

对于《类似商品和服务区分表》未涵盖的服务，应当基于相关公众的一般认知力，综合考虑服务的目的、内容、方式、对象、场所等因素认定是否构成同一种或者类似服务。

三维标志商标、颜色组合商标、声音商标、集体商标、证明商标相同、近似的审查审理，适用本编其他相应部分的规定。

3 判定原则和方法

判定商标相同或者近似时，首先应认定指定使用的商品或者服务是否属于同一种或者类似商品（服务）；其次应从商标本身的"形、音、义"和整体表现形式等方面，以相关公众的一般注意力和认知力为标准，采用隔离观察、整体比对和要部比对的方法，判断商标标志本身是否相同或者近似。同时考虑商标本身的显著性、在先商标知名度等因素判定是否易使相关公众对商品或者服务的来源产生混淆。

3.1 隔离观察、整体比对和要部比对方法

隔离观察一般指的是进行商标近似判断时，应当在比对对象隔离的状态下分别进行。但在审查商标时，比对只能是直接的、非隔离的，因此，隔离观察在审查中要求的是应当尽可能以消费者选购商品或者服务的真实场景去判断两商标是否会引起混淆。

整体比对是基础，但同时需考虑商标的主要部分或显著识别部分，如果两商标的主要部分或显著识别部分相同或者近似，也容易导致相关公众混淆。

3.2 相关考虑因素

商标标志的近似程度是影响混淆可能性的最根本因素和基础事实。在商标注册审查中，判定相同、近似主要考虑商标标志本身的近似程度。在其他程序中，则在判定商标标志相同、近似的基础上，还应考虑以下因素，综合判断商标使用在同一种或类似商品或者服务上是否易使相关公众对商品或者服务的来源产生混淆。

3.2.1 在先商标的显著性

判断是否易导致来源混淆，应考虑在先商标的显著性。商标显著性的强弱与相关公众是否产生混淆有着密切的联系。商标的显著性越强，其作为商标的识别功能就越强。在先显著性强的商标，即使标志发生变化，仍可能导致相关公众混淆。

3.2.2 在先商标的知名度

判断是否易导致来源混淆，应考虑在先商标的知名度。具有知名度的商标，经使用已与商品或者服务的来源产生了较密切的联系。当在后申请商标完整包含他人在先

具有较高知名度的商标时，有可能导致相关公众认为属于同一来源或存在关联。

3.2.3 相关公众的注意程度

判断是否易导致来源混淆，应考虑相关公众购买商品或者服务的注意程度。商品或者服务的价格、商品的购买渠道或服务的提供方式等，都会影响相关公众的注意力。对于普通日用品，相关公众的注意力较低，对不同商标的差异辨识度较弱。但对于价值比较高的产品，如汽车等，相关公众在选购时注意力更高，对不同商标的差异辨识度更强。

3.2.4 商标申请人的主观意图

判断是否易导致来源混淆，应考虑商标申请人的主观意图。商标申请人有明显的恶意，在其他因素相同时，则更有可能造成相关公众混淆。

3.2.5 其他相关因素

除上述因素外，仍存在其他可能导致来源混淆的情况。比如，商标申请人所处地域、商标的使用方式、商标申请人与引证商标权利人是否属于同行业等。

4 具体适用：商标相同的审查

4.1 文字商标相同的审查

文字商标相同，是指商标使用的语种相同，且文字构成、排列顺序完全相同。因字体、字母大小写或者文字排列方式有横排与竖排之分使两商标存在细微差别，或者仅改变汉字、字母、数字等之间的间距、颜色，仍判定为相同商标。

4.1.1 仅文字的字体存在细微差别

例如：

4.1.2 仅字母大小写存在细微差别
例如：

4.1.3 仅文字排列方式存在细微差别
例如：

4.1.4 仅文字的间距或颜色存在细微差别
例如：

4.2 图形商标相同的审查
图形商标相同，是指商标图形在构图要素、表现形式等视觉上基本无差别，易使

相关公众对商品或者服务的来源产生混淆。

例如：

4.3 组合商标相同的审查

组合商标相同，是指商标的文字构成、图形外观及其排列组合方式基本相同，使商标在呼叫和整体视觉上基本无差别，易使相关公众对商品或者服务的来源产生混淆。

例如：

5 具体适用：商标近似的审查

5.1 文字商标近似的审查

5.1.1 中文商标的汉字构成相同，仅字体或设计、注音、排列顺序不同，易使相关公众对商品或者服务的来源产生混淆的，判定为近似商标

例如：

（"龍"字经书写设计仍能够识别为"龍"字，与简化字体"龙"字商标判定为近似商标）

（商标经艺术设计仍能够识别出汉字"龍山"，与"龙山"汉字商标判定为近似商标）

（两件商标虽然注音不同，但汉字部分完全相同，判定为近似商标）

（两商标的汉字构成相同，汉字作为商标主要识别部分仅存在排列顺序的不同，判定为近似商标）

5.1.2 中文商标的显著识别部分汉字构成相同，仅排列顺序不同，易使相关公众对商品或者服务的来源产生混淆的，判定为近似商标

例如：

慧奥教育　　　　　　　　　奥慧

指定服务：教育，培训　　　指定服务：教育，培训

坤星文具　　　　　　　　　星坤

指定商品：文具　　　　　　指定商品：文具

但商标含义或呼叫区别明显，不易使相关公众对商品或者服务的来源产生混淆的，不判为近似商标。

例如：

5.1.3 商标文字由字、词重叠而成，易使相关公众对商品或者服务的来源产生混淆的，判定为近似商标

（1）商标文字由单一汉字重叠而成。

例如：

星牛牌　　　　　　　　　　星星牛牛

（商标虽然由"牛牌"两个汉字构成，但"牌"字属于商标的非显著识别部分，显著识别部分是"牛"字，"牛牛"由"牛"重叠而成，两商标判定为近似商标）

但单一汉字经过艺术设计或采用不常见的古代字体，使商标难以辨认为文字，商

标整体外观区别明显，不易使相关公众对商品或者服务的来源产生混淆的，不判为近似商标。

例如：

（"典"字经艺术设计，更易被公众作为图形予以识别，与普通字体"典典"整体外观区别明显，不判为近似商标）

 鼎鼎

（字是篆书书法字体，更易被公众作为图形予以识别，与普通字体"鼎鼎"整体外观区别明显，不判为近似商标）

（2）商标文字由词重叠而成。

例如：

哈罗　　　　　　　哈罗哈罗

　　　　　　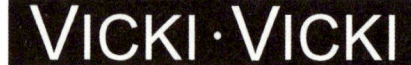

5.1.4 商标文字或显著识别部分文字读音相同或者近似，且字形或者整体外观近似，易使相关公众对商品或者服务的来源产生混淆的，判定为近似商标

（1）商标文字读音相同或者近似，且字形或者整体外观近似，易使相关公众对商品或者服务的来源产生混淆的，判定为近似商标。

例如：

　　　　　　洛淇

（两件商标读音相同且字形近似，判定为近似商标）

椒宴　　椒宴

（两件商标读音相同且字形近似，判定为近似商标）

惠特曼　　蕙特曼

（两件商标读音相同且字形近似，判定为近似商标）

活力汪　　活力旺

（两件商标读音、字形近似，判定为近似商标）

梦娜丽莎　　蒙娜丽莎

（两件商标虽然首字不同，但读音近似且含义无明显差异，判定为近似商标）

CATANA　　KATANA

（两件商标虽然首字母不同，但读音及整体外观近似，判定为近似商标）

　　MACAO POLO

（两件商标读音及整体外观近似，判定为近似商标）

AUTEC　　AUTEK　　AUTECH

（三件商标相互之间读音及整体外观近似，判定为近似商标）

（2）商标显著识别部分文字读音相同或者近似，且字形近似，易使相关公众对商品或者服务的来源产生混淆的，判定为近似商标。

例如：

　　华　滨

指定商品：粥，面条

碧成教育　　　碧城

指定服务：教育，培训

但商标含义、字形或者整体外观区别明显，不易使相关公众对商品或者服务的来源产生混淆的，不判为近似商标。

例如：

好哥　　　好歌

（两件商标虽然读音相同，但含义与整体外观区别明显，不判为近似商标）

幸运树　　　幸运数

（两件商标虽然读音相同，但含义与整体外观区别明显，不判为近似商标）

高太丝　　　高泰斯

（两件商标虽然读音相同且无含义，但整体外观区别明显，不判为近似商标）

　　　容达

（两件商标虽然读音近似且无含义，但整体外观区别明显，不判为近似商标）

福达　　　FUDA

（两件商标呼叫相同或者近似，但整体外观区别明显，不判为近似商标）

喜马辣鸭　　　喜馬拉雅

（两件商标虽然读音近似，但"喜马拉雅"具有为公众所熟知的文字含义，而"喜马辣鸭"可能包含特定的设计寓意，两商标整体外观区别明显，不判为近似商标）

5.1.5　商标文字构成、读音不同，但商标字形近似，易使相关公众对商品或者服务的来源产生混淆的，判定为近似商标

（1）商标文字结构相近，使商标的整体外观近似，判定为近似商标。

例如：

（商标文字："雕"）

（商标文字："周佳"）

酷几

酷儿

蓝妹

蓝妹

（商标文字："蓝妹"）

喜熹

喜喜
DOUBLE HAPPINESS

花中玉

花中王

BOSS

13055

8088

（商标文字："BOSS"）　（商标文字："13055"）　（商标文字："8088"）

（2）商标文字经过书写或者艺术设计，使商标的整体外观近似，判定为近似商标。例如：

荷茬

（商标文字："荷茬"）

（商标文字："荷花"）

（商标文字："青伶酒"）

（商标文字："汾酒"）

（商标文字："福沃"）

（商标文字："福天"）

（商标文字："双订"）

（商标文字："双灯"）

（商标文字："山楂树下"）

（商标文字："川楂树下"）

（商标文字："clunlzill"）

（商标文字："dunhill"）

5.1.6 商标文字构成或者读音不同，但含义相同或者近似，易使相关公众对商品或者服务的来源产生混淆的，判定为近似商标

（1）商标由汉字或者数字构成，含义相同或者近似，易使相关公众对商品或者服务的来源产生混淆的，判定为近似商标。

例如：

玫瑰花	玫 瑰
3506	三五零六
红太阳	太阳
珠穆朗玛峰	珠穆朗玛

("珠穆朗玛"一般指"珠穆朗玛峰")

(2) 外文商标的含义与中文、数字商标的主要含义相同（在含义上有一一对应关系）或基本相同（在含义上有较强的对应关系），易使相关公众对商品或者服务的来源产生混淆的，判定为近似商标。

例如：

| **CROWN** | 皇冠 |

（可译为"皇冠"）

 勝利牌

（可译为"胜利"）

| Onetwothree | 123 一二三 |

（可译为"123"）

| ROSE OF NO MAN'S LAND | 无人区玫瑰 |

（可译为"无人区玫瑰"）

SK-TWO SK-Ⅱ

但外文商标的含义超出相关公众的一般认知能力，相关公众通常容易将其作为无含义的外文商标进行识别，不易产生混淆误认的，不判为近似商标。

例如：

["BRUIN"可译为"（童话故事中的）熊"]

 剪刀

（"CLIPPERS"可译为"大剪刀""快速帆船""快马"等含义，但相关公众一般会将"scissors"与"剪刀"作为常用中英文对应关系。因此"CLIPPERS"虽然有"大剪刀"的中文含义，但已超出相关公众的一般认知范畴，两商标不判为近似商标）

（3）两个外文商标的主要含义相同或基本相同，且字形差别不大，易使相关公众对商品或者服务的来源产生混淆的，判定为近似商标。

例如：

Life Solutions   LIVING SOLUTIONS
（可译为"生活解决方案"）　（可译为"生活解决方案"）

5.1.7 中文商标由三个或者三个以上汉字构成，仅个别汉字不同，整体无含义或者含义无明显区别，易使相关公众对商品或者服务的来源产生混淆的，判定为近似商标

（1）两商标整体无含义。

例如：

帕尔斯　　　帕洛尔斯

蒙尔斯特　　蒙尔斯吉

（2）两商标含义无明显区别。

例如：

心至必达	心之必达
熊猫老爸	熊猫爸爸
奔跑的果子	奔跑吧菓子
勇者地下城	勇士与地下城

但商标首字读音、字形明显不同，或者整体含义不同，使商标整体区别明显，不易使相关公众对商品或者服务的来源产生混淆的，不判为近似商标。

例如：

君运来	福运来
东方雪	東方雪狼
迷尔派斯	舒尔派斯
北美风情	北欧风情

5.1.8 商标由一至两个外文字母或者数字构成，仅字体或设计不同，商标整体外观近似，易使相关公众对商品或者服务的来源产生混淆的，判定为近似商标

例如：

但商标由一个或者两个非普通字体的外文字母构成,字形明显不同,使商标整体区别明显,不易使相关公众对商品或者服务的来源产生混淆的,不判为近似商标。

例如:

5.1.9 外文商标由三个或者三个以上字母构成,仅个别字母不同,整体无含义或者含义无明显区别,易使相关公众对商品或者服务的来源产生混淆的,判定为近似商标

("个别字母不同"包括变字母、增加或减少字母、邻近字母变换顺序等。需结合商标的文字长度、字体、外形设计、有无含义、不同点所处位置等情况综合判断是否近似)

(1)商标由三个字母构成,仅个别字母不同但字形相近,整体无含义或者含义无明显不同,易使相关公众对商品或者服务的来源产生混淆的,判定为近似商标。

例如:

DMG	**DMC**
Pal	PAI
SIVIS	SMS

（2）商标由四个或者四个以上字母构成，仅个别字母的字体或设计不同，整体无含义或者含义无明显不同，易使相关公众对商品或者服务的来源产生混淆的，判定为近似商标。

例如：

e-CIS	
XTEND BARRE	
EDEN	

（3）商标由四个或者四个以上字母构成，仅个别字母不同，整体无含义，易使相关公众对商品或者服务的来源产生混淆的，判定为近似商标。

例如：

SOMI	SOMIS
TREC	TREG
WOOSH	VVOOSH
BILLDAN	BILLDANY
COURSERA	coursera
IZUCU	ISUZU

(4) 商标由四个或四个以上字母构成，仅个别字母不同，其中之一有含义，易使相关公众对商品或者服务的来源产生混淆的，判定为近似商标。

例如：

MIRROR	MIROR
（可译为"镜子"）	（无含义）
Triumph	TRIMPH
（可译为"胜利"）	（无含义）

(5) 商标由四个或四个以上字母构成，仅个别字母不同，含义无明显区别，易使

相关公众对商品或者服务的来源产生混淆的，判定为近似商标。

例如：

Artist
（可译为"艺术家"）

ARTISTE
（可译为"艺术家"）

但下列三种情形，商标首字母发音及字形明显不同，或者整体含义不同，或者字母排列顺序不同，使商标整体区别明显，不易使相关公众对商品或者服务的来源产生混淆的，不判为近似商标。

（1）商标首字母发音及字形明显不同，使商标整体区别明显，不易使相关公众对商品或者服务的来源产生混淆的，不判为近似商标。

例如：

LOVE
（可译为"爱"）

EOVE
（无含义）

Desire
（可译为"愿望"）

Jesiré
（无含义）

RELGAN
（无含义）

SELGAN
（无含义）

（2）商标整体含义不同，使商标整体区别明显，不易使相关公众对商品或者服务的来源产生混淆的，不判为近似商标。

例如：

（可译为"马"）

HOUSE
（可译为"房子"）

think
（可译为"思索"）

THANK
（可译为"谢谢"）

（3）商标由三个或者三个以上外文字母构成，字母排列顺序不同，使商标整体区别明显,不易使相关公众对商品或者服务的来源产生混淆的,不判为近似商标。

例如:

(无含义)

AIGNER
(无含义)

(无含义)

(可译为"出租马车")

(无含义)

HBS 华博士
(无含义)

5.1.10 商标由两个外文单词构成,仅单词顺序不同,含义无明显区别,易使相关公众对商品或者服务的来源产生混淆的,判定为近似商标

例如:

HAWKWOLF   WOLFHAWK

("HAWK"可译为"鹰","WOLF"可译为"狼")

TechBlitz   Blitztech

("Blitz"可译为"闪电战","Tech"可译为"技术")

5.1.11 商标文字仅在形式上发生单复数、动名词、缩写、比较级或最高级、词性、添加冠词、添加连词、添加介词等变化，例如："MORE""THE""LA""LE""AND""BY""FROM"等，但表达含义基本相同，易使相关公众对商品或者服务的来源产生混淆的，判定为近似商标

例如：

（普通形式）

THE EXPLORERS
（复数加冠词形式）

（普通形式）

ST. TROPEZ
（"ST."为"SAINT"缩写形式）

Attractive
（原级）

more attractive
（比较级）

NOUVELLE
（普通形式）

LA NOUVELLE
（加冠词形式）

Holon
（普通形式）

A*HOLON
（加冠词形式）

FANG
（普通形式）

by FANG
（加介词形式）

FRANK
（普通形式）

FROM: FRANK
（加介词形式）

5.1.12 商标仅由他人在先商标的显著识别部分及本商品或者服务的通用名称、型号或者直接表示商品或者服务的质量、主要原料、功能、用途、重量、数量及其他特点的文字组成，易使相关公众对商品或者服务的来源产生混淆的，判定为近似商标

（1）商标仅由他人在先商标的显著识别部分及本商品或者服务的通用名称、型号组成，易使相关公众对商品或者服务的来源产生混淆的，判定为近似商标。

例如：

乐曼啤酒
指定商品：啤酒

华旗文旅　　　　**华旗**
指定服务：安排旅行

嘉人医美　　　　**嘉人**
指定服务：医疗诊所　　指定服务：整形外科

青蜂直播　　　　**青蜂**
指定服务：娱乐　　　指定服务：演出

KALDI COFFEE AND TEA　　**kaldi**

指定服务：安排和举办专题讨论会，包括咖啡和制作精美的食物方面的专题讨论会等

（显著部分为"KALDI"；"COFFEE AND TEA"可译为"咖啡和茶"，指明了服务的内容、领域）

3M　　　　**3M N95**

指定商品：外科和医疗用面罩　　指定商品：医用卫生口罩

（"N95"为口罩的一种防护等级）

(2) 商标仅由他人在先商标显著识别部分及直接表示商品或者服务的质量的文字组成，易使相关公众对商品或者服务的来源产生混淆的，判定为近似商标。

例如：

碧清香
指定商品：酸奶

碧　清
指定商品：酸奶

华盛耐磨
指定商品：耐磨金属

華盛
指定商品：金属板条

BLANCO Professional
指定服务：商业机构的咨询等
(显著部分"BLANCO"；"PROFESSIONAL"
可译为"专业的"，表示质量特点)

BIANCO.

(3) 商标仅由他人在先商标的显著识别部分及直接表示商品的主要原料的文字组成，易使相关公众对商品的来源产生混淆的，判定为近似商标。

例如：

指定商品：矿泉水

老龙潭
指定商品：矿泉水

雅妮本草
YANIBENCAO
指定商品：化妆品

雅妮
YA NI
指定商品：化妆品

(4) 商标仅由他人在先商标的显著识别部分及直接表示商品的功能、用途或者服务内容等特点的文字组成，易使相关公众对商品或者服务的来源产生混淆的，判定为近似商标。

例如：

中信贷
指定服务：抵押贷款

中信
指定服务：抵押贷款

乘风制冷　　　　　　　　　乘风

指定商品：冷冻设备和机器　　指定商品：冷柜

adamSport　　　　　　　　ADAM

指定商品：鞋　　　　　　　　指定商品：运动鞋

ELITE-LIGHTING　　　　　ELITE

指定商品：照明器械及装置　　指定商品：电灯泡
（"LIGHTING"可译为"照明"）

（5）商标仅由他人在先商标的显著识别部分及直接表示商品的重量、数量的文字组成，易使相关公众对商品的来源产生混淆的，判定为近似商标。

例如：

古瓮头

来二两　　　　　　　　　　　

指定商品：烧酒　　　　　　　指定商品：白酒，烧酒

汇源一桶　　　　　　　　　　

指定商品：奶茶　　　　　　　指定商品：无酒精水果混合饮料

（6）商标仅由他人在先商标显著识别部分及直接表示商品或者服务的其他特点的文字组成，易使相关公众对商品或者服务的来源产生混淆的，判定为近似商标。

例如：

富力通　　　　　　　　　　　

指定商品：可视电话　　　　　指定商品：可视电话

首信高科 指定商品：影碟机	首信 指定商品：影碟机
风味黎红 指定商品：调味品	黎红
Cirrus3d 指定商品：计算机外围设备录制、传送、重放声音或影像的装置；3D眼镜等 (显著部分为"Cirrus"；"3d"是指技术特点)	CIRRUS
LILLYDOO for mom 指定商品：家用怀孕测试制剂等 (显著部分为"LILLYDOO"；"for mom"可译为"用于妈妈"，表明了使用对象)	Lilly doo
FIREFLY MINI 指定商品：烟斗等 (显著部分为"FIREFLY"，"MINI"可译为"小型的，迷你的"，表明大小型号特点)	FiRE FLY

5.1.13 商标仅由他人在先商标的显著识别部分及某些表示服务场所或商品生产、销售、使用场所的文字组成，易使相关公众对商品或者服务的来源产生混淆的，判定为近似商标

例如：

金鼎轩
指定商品：家具

金鼎
指定商品：家具

指定商品：蜂蜜

华仁
指定商品：食用蜂蜜

丽人坊
指定服务：美容院

指定服务：美容院

来福楼
指定服务：餐馆

指定服务：餐馆

云趣店
指定商品：充气轮胎

云趣
指定商品：汽车轮胎

和剂局
指定商品：人用药

和剂堂
指定商品：中药成药

DTX STUDIO
指定商品：牙科设备和仪器

DTX
指定商品：医用诊断设备

PRKER'S CELLAR
指定商品：葡萄酒

Parkers
指定商品：含酒精液体

但商标由单一汉字构成或整体含义区别明显,不易使相关公众对商品或者服务的来源产生混淆的,不判为近似商标。

例如:

| 顾 | 顾堂 |
| 大洋 | 大洋房 |

5.1.14 两商标存在起修饰作用的形容词或者副词、名词以及其他在商标中显著性较弱的文字的区别,例如"新""大""好""宝""世家""国际""珍品""DR."等,所表述的含义基本相同或者相近,易使相关公众对商品或者服务的来源产生混淆的,判定为近似商标

例如:

新吉澳	吉澳
好美人娇	美人娇
老庆福	庆福(图形)
万宝王	万宝
小润发	大润发
指定服务:替他人推销	指定服务:替他人推销
百盛世家	百盛
超力一族	超力

活力派	活 力
慧腾国际	慧 腾
美客优购	美 客
e-JBN 指定商品：计算机程序；电开关；等 ("e-"表示"电子的")	JBN
SIKA-DESIGN ("DESIGN"可译为"设计")	SIKA
STRADA SERIES ("SERIES"可译为"系列")	Strada
ZETA GROUP (显著部分为"ZETA"；"GROUP" 可译为"集团"，属于公司性质描述)	ZETA
Dr. Mayson	

但商标含义或者整体区别明显，不易使相关公众对商品或者服务的来源产生混淆的，不判为近似商标。

例如：

球王	球

WHISPERING ANGEL

（可译为"低语的天使"）

ANGEL

STEAM TRAIN

STEAM

（"STEAM TRAIN"可译为"蒸汽火车"或"蒸汽培训"，指定使用在第41类"教育、培训"服务上，与"STEAM"判定为近似商标。但指定使用在第42类"室内装饰设计、计算机软件设计"等服务上，因整体含义区别明显，与"STEAM"不判为近似商标）

5.1.15 两商标或者其中之一由两个或者两个以上相对独立的部分构成，其中显著部分近似，易使相关公众对商品或者服务的来源产生混淆的，判定为近似商标
例如：

精彩生活 愛麗斯

愛麗斯

Bor Jiann's
HUNTER

HUNTER

（两商标虽然汉字部分不同，但拼音部分完全相同，且"benge"属于商标的主要识别部分，两商标整体外观近似，判定为近似商标）

FELICIA
法莱亚

FENICIA

Symphony
by Commend

SYMPHONY SERVICES

Symphony
by Commend

COMMEND

360金融　　　　　360贷款

但商标整体含义区别明显，不易使相关公众对商品或者服务的来源产生混淆的，不判为近似商标。

例如：

星跃　　　　　　　兴越
Xingyue　　　　　Xingyue

QQ眼　　　　　　e眼

3D时代　　　　　　U9时代

22世纪　　　　　　世纪

K宝　　　　　　　M宝

5.1.16　商标完整地包含或者摹仿他人在先具有较高知名度或者显著性较强的文字商标，易使相关公众认为属于系列商标而对商品或者服务的来源产生混淆的，判定为近似商标

例如：

华为海思　　　　　华为

指定商品：智能手机　　　指定商品：手机，智能手机
申请人：某自然人　　　　申请人：某技术有限公司

指定商品：肉　　　　指定商品：猪肉食品

箭一口一牌 指定商品：抽水马桶	箭牌
凯悦长城 KAIYUECHANGCHENG 指定商品：葡萄酒	長 城 指定商品：葡萄酒
Mobi-jd 美经★典孚 指定商品：润滑油	Mobil 美孚 引發非凡動力 指定商品：润滑油
一品蓝之梦 指定商品：白酒	梦之蓝
IROBAMI 指定商品：燃气炉等	ROBAM 老板
CHUANHONG 川虹 指定商品：电视机	CHANGHONG
六　必　居 风　味　酱 居必六	

（"六风""必味""居酱"为同一申请人申请的三件商标，可拼凑组成"六必居风味酱"，应与"六必居"判定为近似商标）

5.1.17 商标包含汉字及其对应拼音，与含单独相同拼音的商标，易使相关公众对商品或者服务的来源产生混淆的，判定为近似商标

例如：

5.2 图形商标近似的审查

5.2.1 商标图形的构图和整体外观近似，易使相关公众对商品或者服务的来源产生混淆的，判定为近似商标

例如：

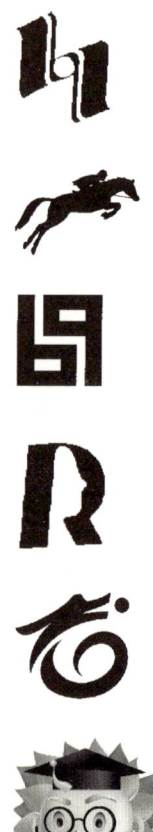

5.2.2 商标包含他人在先具有较高知名度或者显著性较强的图形商标,易使相关公众认为属于系列商标而对商品或者服务的来源产生混淆的,判定为近似商标

例如:

指定商品:服装　　　　　　　　　　　指定商品:服装

5.3 组合商标近似的审查

5.3.1 商标汉字部分相同或者近似,易使相关公众对商品或者服务的来源产生混淆的,判定为近似商标

例如:

但汉字作为商标的非显著识别部分或者非主要识别部分，商标外观区别明显，不易使相关公众对商品或者服务的来源产生混淆的，不判为近似商标。

例如：

指定商品：沐浴用设备　　　　　　　指定商品：浴室装置

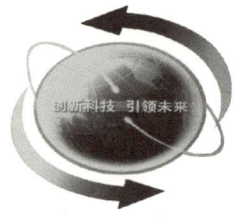 

（商标汉字部分是"创新科技　引领未来"）

5.3.2 商标外文、数字部分相同或者近似，易使相关公众对商品或者服务的来源产生混淆的，判定为近似商标

例如：

BOCCA
指定商品：咖啡、茶等

指定商品：咖啡、咖啡精和咖啡等

BERLVTI
贝尔履提

1895
BERLUTI
PARIS

INFOGATE

但商标整体呼叫、含义和外观区别明显，不易使相关公众对商品或者服务的来源产生混淆的，不判为近似商标。

例如：

5.3.3 商标的中文与外文文字的主要含义相同或基本相同，易使相关公众对商品或者服务的来源产生混淆的，判定为近似商标

例如：

BOSS

（可译为"老板"）

企鹅绅士　

（可译为"绅士企鹅"）

鹦鸟鹉　

（"Parrot"可译为"鹦鹉"，属于商标的主要识别部分，与汉字"鹦鹉"判定为近似商标）

　HappySnail

指定服务：安排和组织培训班等　　指定服务：教育或者娱乐竞赛的组织等

（"HappySnail"可译为"快乐蜗牛"）

但商标整体构成、呼叫或者外观区别明显，不易使相关公众对商品或者服务的来源产生混淆的，不判为近似商标。

例如：

HAPPYTREE 开心树　　

（"UNIQUE"可译为"唯一的、独特的"，与"不二"有一定的对应关系）

5.3.4 商标图形部分相同或者近似,易使相关公众对商品或者服务的来源产生混淆的,判定为近似商标

例如:

奥斯腾　　　　　　　　　　　　雄　风

但因商标中所含图形为本商品常用图案，或者主要起装饰、背景作用而在商标中显著性较弱，商标整体含义、呼叫或者外观区别明显，不易使相关公众对商品或者服务的来源产生混淆的，不判为近似商标。

例如：

5.3.5 商标文字、图形不同，但排列组合方式或者整体描述的事物基本相同，使商标整体外观或者含义近似，易使相关公众对商品或者服务的来源产生混淆的，判定为近似商标

例如：

6 具体适用：普通商标与集体商标、证明商标相同、近似的审查

普通商标与集体商标、证明商标相同、近似的审查适用本章的基本规定。

例如：

环都	环都菜园
商标类型：普通商标	商标类型：集体商标
指定商品：甜菜	指定商品：新鲜蔬菜
申请人：刘某某	申请人：河北省蔬菜行业发展联合总社

绿色食品	绿色食品
商标类型：普通商标	商标类型：证明商标
指定商品：五香萝卜等	指定商品：腌制蔬菜等
申请人：杨某某	申请人：中国绿色食品发展中心

（在审查该普通商标时除引证在先文字完全相同的证明商标外，还需以易使消费者对指定商品的品质等特点产生误认为由予以驳回）

需要指出的是，同一申请人不能在相同或者类似商品或者服务上注册两种不同类型的相同或者近似商标。因为集体商标、证明商标与普通商标在功能作用、使用方式、使用条件、注册人和使用人的权利、义务等方面均有所不同，在相同或者类似商品或者服务上同时注册两种不同类型的商标，仍易引起公众对商品或者服务的来源及其品质等方面的误认，应予以驳回。

例如：

嶂山　　　　　　　　　嶂山
　　　　　　　　　　　ZHANGSHAN

商标类型：普通商标　　　商标类型：集体商标
指定商品：鲜水果等　　　指定商品：水蜜桃、桃等
申请人：镇江市润州区蒋乔　申请人：镇江市润州区蒋乔
嶂山果品协会　　　　　　嶂山果品协会

（为避免公众对商品的来源及其品质等方面产生误认，同一申请人在后申请的"嶂山"集体商标引证其在先已注册的"嶂山"普通商标予以驳回）

第六章　三维标志商标的审查审理

1　法律依据

《商标法》

第八条　任何能够将自然人、法人或者其他组织的商品与他人的商品区别开的标志，包括文字、图形、字母、数字、三维标志、颜色组合和声音等，以及上述要素的组合，均可以作为商标申请注册。

第十二条　以三维标志申请注册商标的，仅由商品自身的性质产生的形状、为获得技术效果而需有的商品形状或者使商品具有实质性价值的形状，不得注册。

《商标法实施条例》

第十三条第三款　以三维标志申请商标注册的，应当在申请书中予以声明，说明商标的使用方式，并提交能够确定三维形状的图样，提交的商标图样应当至少包含三面视图。

第四十三条　指定中国的领土延伸申请人，要求将三维标志、颜色组合、声音标志作为商标保护或者要求保护集体商标、证明商标的，自该商标在国际局国际注册簿登记之日起3个月内，应当通过依法设立的商标代理机构，向商标局提交本条例第十三条规定的相关材料。未在上述期限内提交相关材料的，商标局驳回该领土延伸申请。

2　释　义*

三维标志商标是指仅由三维标志或者由含有其他要素的三维标志构成的商标。三维标志商标可以表现为商品自身的三维形状、商品包装或容器的三维形状或者其他三维标志。

本章规定三维标志商标注册申请的实质审查。三维标志商标实质审查包括禁用条款的审查、显著特征的审查、功能性审查和相同、近似的审查。

三维标志商标的实质审查除了与平面商标一样需考虑商标本身构成、指定商品或者服务的类别、相关公众的认知习惯等一般因素之外，还必须结合三维标志商标的使用方式，综合判断该三维标志商标是否起到了区分商品或者服务来源的作用。需要说明的是，由缺乏显著特征的三维形状和具有显著特征的平面要素组合而成的三维标志商标即使获得注册，也不表示该缺乏显著特征的三维形状本身获得了商标专用权保护。

＊为便于呈现和说明，本章部分图例仅选取了申请人提交的三维标志多面视图中的主视图。

3 三维标志商标实质审查

3.1 三维标志商标禁用条款审查

申请注册三维标志商标不得违反商标法禁用条款的相关规定。

例如：

 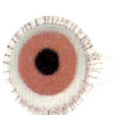

指定商品：香水
(骷髅头形状，
具有不良影响)

指定商品：含有充气糖和/
或果味橡皮糖的糖果
(眼球形状，具有不良影响)

3.2 三维标志商标显著特征审查

三维标志商标显著特征审查与平面商标一样，需综合考虑商标本身构成形式、指定的商品或者服务、相关公众的认知习惯、所属行业的实际使用情况等因素。此外，还应考虑三维标志商标的构成元素、视觉效果、使用方式等特殊因素。

3.2.1 商品自身的三维形状

仅以商品自身的三维形状申请注册三维标志商标的，通常情况下相关公众不易将其识别为指示商品来源的标志，难以起到区分商品来源作用，一般不具有作为商标的显著特征。

例如：

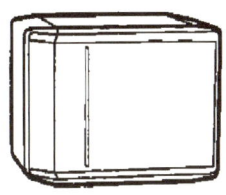 

指定商品：扩音器　　　　　　　　指定商品：巧克力

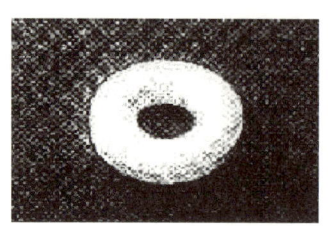 

指定商品：糖果　　　　　　　　　指定商品：钟表

指定商品：巧克力

商品自身的三维形状即使经过设计，具有独特的视觉效果，也不能依据其独创性当然认为其具有作为商标的显著特征。但是，有证据证明此类三维标志商标经过长期或广泛使用起到了区分商品来源作用的，可以取得显著特征。

3.2.2　商品包装或容器的三维形状

商品包装或容器的主要功能是保护、盛载商品，以便于储运和销售。仅以商品包装或容器的三维形状申请注册三维标志商标的，通常情况下相关公众不易将其识别为指示商品来源的标志，难以起到区分商品来源作用，一般不具有作为商标的显著特征。

例如：

指定商品：儿童用毯子　　　　　　指定商品：药品

指定商品：酒精饮料　　指定商品：果酱　　指定商品：蛋糕

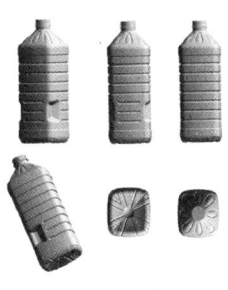
指定商品：食用油

指定商品：汽水

商品包装或容器的三维形状即使经过设计，具有独特的视觉效果，也不能依据其独创性当然认为其具有作为商标的显著特征。但是，有证据证明此类三维标志商标经过长期或广泛使用起到了区分商品来源作用的，可以取得显著特征。

3.2.3 其他三维标志

（1）简单的、普通的三维形状或是起装饰性作用的三维形状，不能起到区分商品来源作用的，缺乏显著特征。

例如：

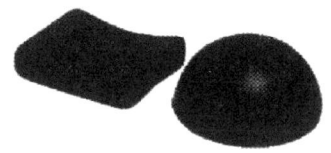

指定商品：服装

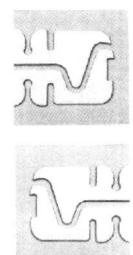

指定商品：太阳镜
（该三维标志是附着在眼镜腿上的花纹）

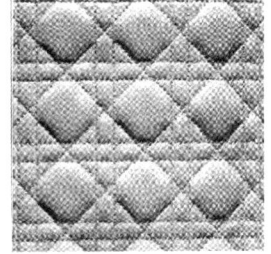

指定商品：服装
（该三维标志是三维花纹布料）

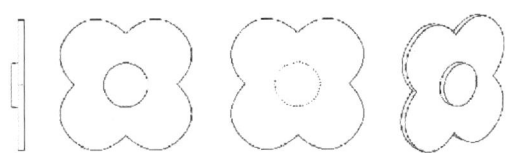

指定商品：服装
（该三维标志作为装饰物直接贴附在商品上）

（2）服务行业为了提供服务使用的通用或常用物品的三维形状，不能起到区分服务来源作用的，缺乏显著特征。

例如：

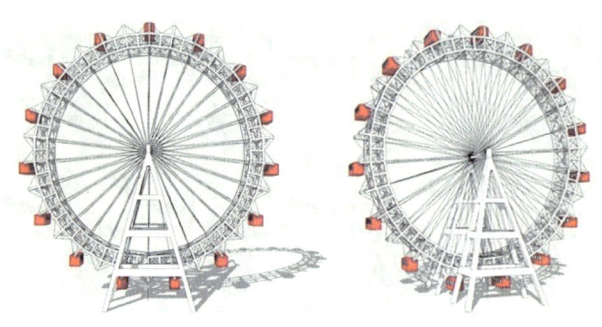

指定服务：游乐园服务

（该三维标志是摩天轮效果图，游乐园服务常需使用该设备，无法通过该三维标志区分服务来源，缺乏显著特征）

（3）具有独特设计、与指定商品或者服务无直接关联的三维标志，具有显著特征。

例如：

指定服务：餐馆

指定服务：备办宴席

指定服务：提供互联网搜索引擎

指定商品：手动的手工具

3.2.4 三维形状和平面要素的组合

3.2.4.1 由具有显著特征的三维形状和具有显著特征的平面要素组合而成的

三维标志商标由具有显著特征的三维形状和具有显著特征的平面要素组合而成，

该三维标志商标在整体上具有显著特征。

例如：

指定商品：酒

（申请书描述三维形状部分是由葡萄木枝连接的带状标签，上有文字"ITALO CESCON"）

3.2.4.2 由具有显著特征的三维形状和缺乏显著特征的平面要素组合而成的

三维标志商标由具有显著特征的三维形状和缺乏显著特征的平面要素组合而成，该三维标志商标在整体上具有显著特征。

例如：

指定服务：餐厅

（商标由卡通三维形状及字母"A"组成）

3.2.4.3 由缺乏显著特征的三维形状和具有显著特征的其他平面要素组合而成的

三维标志商标由缺乏显著特征的三维形状和具有显著特征的平面要素组合而成，一般认为该三维标志商标整体上具有显著特征。该三维标志商标获准注册后，从整体上对其进行保护，即该商标权利人不能仅就不具有显著特征的三维形状单独主张权利。若申请人未主动声明放弃不具有显著特征的三维形状部分的商标专用权，审查时应发出审查意见书，要求申请人声明放弃。放弃专用权说明需在商标公告和商标注册证上予以加注。

例如：

指定商品：啤酒　　　指定商品：巧克力　　　指定商品：烟草制品

指定商品：蒸馏水　　　指定商品：化妆品　　　指定商品：干酪

但是，以下情形例外：

（1）具有显著特征的平面要素在该平面要素和缺乏显著特征的三维形状组合而成的三维标志商标中所占比例过小或者处于三维标志商标中不易被识别的位置，以相关公众的一般注意力，难以将其整体作为区分商品或者服务来源的标志识别的，该三维标志商标在整体上不具有显著特征。

例如：

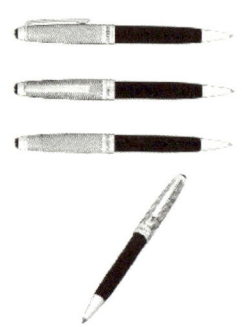

指定商品：自来水钢笔、水性圆珠笔

（图示三维标志商标由三维形状和平面要素组合而成，三维形状属于笔的通用形状，不具有显著特征；平面要素包含"星形图""圆环图案""M"字样花纹图形和"MONTBLANC""MEISTERSTUCK"文字，平面要素本身具有显著特征。但平面要素部分在笔身上所占比例过小，整体作为三维标志商标使用在"自来水钢笔、水性圆珠

笔"等商品上,根据相关公众的识别能力,仅将其作为笔的通用形状进行识别,该三维标志商标在整体上不具有显著特征)

(2) 由不具有显著特征的三维形状和具有显著特征的平面要素组合而成的三维标志商标,如果整体上易被识别为包装装潢或者商品的装饰,则该三维标志商标不具有显著特征。

例如:

指定商品:酒精饮料

(图示三维标志商标由三维形状和平面要素组合而成,三维形状属于酒瓶的通用形状,不具有显著特征;平面要素部分为花朵图案,本身具有显著特征。但该三维标志商标整体使用在"酒精饮料"等商品上,根据相关公众的识别能力,整体上易被识别为包装装潢或者酒瓶装饰,该三维标志商标在整体上不具有显著特征)

3.2.5 不具备固有显著特征的三维标志商标经过长期或广泛使用可以取得显著特征

不具备固有显著特征的三维标志商标,有充足证据证明该三维标志商标经过长期或广泛使用起到了区分商品来源作用的,可以取得显著特征。

商标注册申请实质审查阶段,审查员可以发出审查意见书,要求申请人提交使用证据,并就该三维标志通过长期或广泛使用取得显著特征的相关情况进行说明。审查员依据申请人提交的使用证据和情况说明等作进一步审查审理。

例如:

指定商品:香水
申请人:克里斯蒂昂迪
奥尔香料公司

指定商品:巧克力
申请人:费列罗有限公司

3.3 三维标志商标功能性审查

《商标法》第十二条规定禁止注册具有功能性的商品外观，其目的在于确保具有实用价值或美学价值的商品特征不能通过获取可无限续展的注册商标专用权的方式被永久保护，以鼓励合法的市场竞争。因此，如果三维标志被认定具有功能性，即使经过长期使用也不能获得注册。

3.3.1 三维标志仅由商品自身性质产生的三维形状组成，即该三维形状是为实现商品固有的目的和用途所必须采用的或通常采用的三维形状，则该三维标志具有功能性

例如：

指定商品：轮胎

（轮胎是在各种车辆或机械上装配的接地滚动的圆环形弹性橡胶制品，能够支撑车身，缓冲外界冲击，实现与路面接触并保证车辆的行驶性能。这就使轮胎为了实现其用于车辆行驶的目的而必须具备图示三维形状，因此该三维标志仅由商品自身性质产生的三维形状组成，使用在"轮胎"商品上具有功能性，不得注册）

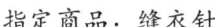

指定商品：缝衣针

（缝衣针为了实现引线并穿透衣物以进行缝制的目的，必须具备针尖和针眼，通常采用图示三维形状，因此该三维标志仅由商品自身性质产生的三维形状组成，使用在"缝衣针"商品上具有功能性，不得注册）

3.3.2 三维标志仅由为获得技术效果而需有的商品三维形状组成，即该三维形状是为使商品具备特定的功能，或者使商品固有的功能更容易地实现所必须使用的三维形状，该三维标志具有功能性

例如：

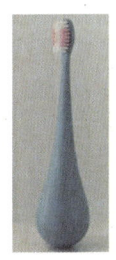

指定商品：牙刷

（图示为申请使用在"牙刷"商品上作为商标的一个三维形状。采用该三维形状的牙刷通过在刷杆的下部设置配重块，从而使重心在刷杆的下部，牙刷像不倒翁一样不会倒下，可以随处放置，避免放在洗漱杯中可能产生污染隐患。因此，该三维标志仅由使商品具备特定功能的三维形状组成，使用在"牙刷"商品上具有功能性，不得注册）

指定商品：剃须刀头

（图示是一个三刀头剃须刀头的三维形状。采用该三维形状的剃须刀在工作时能够根据使用者的面部轮廓变化贴面角度，增大剃须面积，使剃须效果明显提升。因此，该三维标志仅由使商品固有的功能更容易地实现所需有的三维形状组成，使用在"剃须刀头"商品上具有功能性，不得注册）

3.3.3 三维标志仅由使商品具有实质性价值的三维形状组成，即该三维形状是为使商品的外观或造型具有美学价值，进而实质性地影响消费者的购买意愿所使用的三维形状，该三维标志具有功能性

例如：

指定商品：首饰

（图示为申请使用在"首饰"商品上作为商标的一个三维形状，造型优美，带有花纹图案，有一定的美学价值。该三维形状使首饰的外观和造型更具美感，从而促使消费者购买该商品。因此，该三维标志具有功能性，不得注册）

指定商品：瓷瓶

（图示为申请使用在"瓷瓶"商品上作为商标的一个三维形状，器形古朴，图案设计精美，有一定的美学价值。该三维形状使瓷瓶的外观和造型更具美感，从而促使消费者购买该商品。因此，该三维标志具有功能性，不得注册）

3.4　三维标志商标相同、近似的审查

三维标志商标相同、近似的审查包括三维标志商标之间相同、近似的审查和三维标志商标与平面商标之间相同、近似的审查。审查时应考虑商标中三维形状的任一可观察角度，并就观察到的表现内容及视觉效果与他人在先商标进行对比。

3.4.1　三维标志商标之间相同、近似的审查

3.4.1.1　三维标志商标仅由三维形状构成

仅由三维形状构成的三维标志商标，其整体视觉效果与他人在先的三维标志商标相同或者近似，易使相关公众对商品或者服务的来源产生混淆的，判定为相同或者近似商标。

例如：

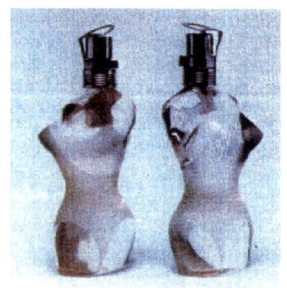

指定商品：香水

指定商品：香水

3.4.1.2　三维标志商标由具有显著特征的三维形状和其他平面要素组合而成

由具有显著特征的三维形状和其他平面要素组合而成的三维标志商标，若其具有显著特征的三维形状部分或者具有显著特征的平面要素部分与他人在先的三维标志商标对应部分相同或者近似，易使相关公众对商品或者服务的来源产生混淆的，判定为相同或者近似商标。

例如：

指定商品：香水

指定商品：香水

（图示两件商标三维形状近似，平面图形近似，致使整体视觉效果近似，易使相关公众对商品或者服务的来源产生混淆，判定为近似商标）

3.4.1.3　三维标志商标由不具有显著特征的三维形状和具有显著特征的平面要素组合而成

（1）由不具有显著特征的三维形状和具有显著特征的平面要素组合而成的三维标志商标，若两件商标具有显著特征的平面要素相同或者近似，易使相关公众对商品或者服务的来源产生混淆误认的，判定为相同或者近似商标。

例如：

指定商品：巧克力

指定商品：巧克力

（图示两件商标的三维形状部分均不具有显著特征，其具有显著特征的平面要素部分近似，易使相关公众对商品或者服务的来源产生混淆，判定为近似商标）

（2）由不具有显著特征的三维形状和具有显著特征的平面要素组合而成的三维标志商标，若两件商标具有显著特征的平面要素部分区别较大，相关公众能够据以区分商品或者服务的来源的，不判定为相同或者近似商标。

例如：

指定商品：酒

指定商品：酒

（左侧标志平面文字为"KURG"，右侧标志平面文字为"LA GRANDE DAME"，图示两件商标的三维形状部分均不具有显著特征，其具有显著特征的平面要素部分不近似，相关公众能够区分二者商品的来源，不判定为近似商标）

3.4.2　三维标志商标与平面商标相同、近似的审查

3.4.2.1　三维标志商标仅由三维形状构成

仅由三维形状构成的三维标志商标，与他人在先的平面商标在整体视觉效果上相同或者近似，易使相关公众对商品或者服务的来源产生混淆的，判定为相同或者近似商标。

例如：

指定商品：服装

指定商品：服装

（图示两件商标中，左侧三维标志商标的企鹅三维形状与右侧平面商标的企鹅平面图形的整体视觉效果近似，易使相关公众对商品的来源产生混淆，判定为近似商标）

指定商品：清洁制剂

指定商品：清洁制剂

(图示两件商标中，左侧三维标志商标的三维形状整体为"G"字形，与右侧平面商标的平面文字"G"整体视觉效果近似，易使相关公众对商品的来源产生混淆，判定为近似商标)

指定商品：酒精饮料

指定商品：酒精饮料

(图示两件商标中，左侧三维标志商标的立马三维形状与右侧平面商标的立马平面图形的整体视觉效果近似，易使相关公众对商品的来源产生混淆，判定为近似商标)

指定商品：饮料

指定商品：饮料

(图示两件商标中，左侧三维标志商标的足球瓶形三维形状与右侧平面商标的平面足球图形的整体视觉效果近似，易使相关公众对商品的来源产生混淆，判定为近似商标)

3.4.2.2 三维标志商标由三维形状和其他平面要素组合而成

由三维形状和其他平面要素组合而成的三维标志商标，若其具有显著特征的三维形状部分与他人在先的平面商标在整体视觉效果上相同或者近似，或者其具有显著特征的平面要素部分与他人在先的平面商标相同或者近似，易使相关公众对商品或者服务的来源产生混淆的，均判定为相同或者近似商标。

例如：

指定商品：香水　　　　　指定商品：香水　　　　　指定商品：香水

（图示三件商标中，左侧三维标志商标的足球三维形状与右侧平面商标的平面足球图形的整体视觉效果近似，易使相关公众对商品的来源产生混淆，判定为近似商标；左侧三维标志商标的平面文字"OFFENSIF"与中间平面商标的平面文字"OFFENSIVE"近似，易使相关公众对商品的来源产生混淆，判定为近似商标）

　　指定商品：化妆品　　　　　　　　指定商品：化妆品

（图示两件商标中，左侧三维标志商标的字头"R"与右侧平面商标的字头"R"高度近似，易使相关公众对商品的来源产生混淆，判定为近似商标）

　　指定商品：酒精饮料　　　　　　　指定商品：酒精饮料

（图示两件商标中，左侧三维标志商标的平面文字"GARDET"与右侧平面商标的文字"GUADET"近似，易使相关公众对商品的来源产生混淆，判定为近似商标）

4　三维标志商标实质审查时的其他注意事项

三维标志商标实质审查程序中，申请人提交的商标图样经申请人说明后，仍难以识别、确定唯一三维形状的，依据《商标法》第三十条、《商标法实施条例》第十三条的相关规定不予注册。

例如：

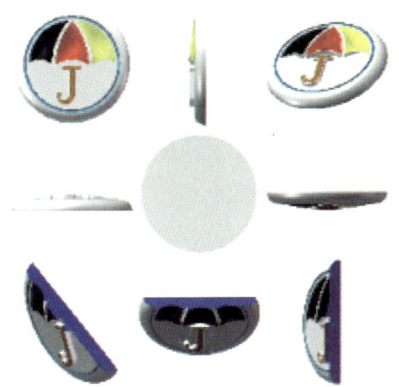

指定商品：汽车

设计说明：商标以浮雕形式借鉴六瓣开伞的顶面为造型，六块伞面按黑、红、黄顺序循环的颜色象征德国国旗，寓意德系车。中间大写字母J代表汽车品牌名称以J字母开头。外围蓝色凹环代表地球。此商标用于汽车车标。

（图示三维标志商标提供的图样中，切面视图所显示三维形状并非唯一，可能和其他视图构成的三维形状存在差异，不符合三维标志商标的申请要求）

第七章　颜色组合商标的审查审理

1　法律依据

《商标法》

第八条　任何能够将自然人、法人或者其他组织的商品与他人的商品区别开的标志，包括文字、图形、字母、数字、三维标志、颜色组合和声音等，以及上述要素的组合，均可以作为商标申请注册。

《商标法实施条例》

第十三条第四款　以颜色组合申请商标注册的，应当在申请书中予以声明，说明商标的使用方式。

第四十三条　指定中国的领土延伸申请人，要求将三维标志、颜色组合、声音标志作为商标保护或者要求保护集体商标、证明商标的，自该商标在国际局国际注册簿登记之日起3个月内，应当通过依法设立的商标代理机构，向商标局提交本条例第十三条规定的相关材料。未在上述期限内提交相关材料的，商标局驳回该领土延伸申请。

2　释　义

颜色组合商标是指由两种或两种以上颜色按照特定方式进行组合构成的商标。

由于自然界中单一颜色种类极其有限，接受单一颜色作为商标申请可能会对某一颜色的使用造成垄断，妨碍其他生产经营主体的正常使用。因此，我国目前只接受颜色组合作为商标申请注册，而不接受单一颜色作为商标申请注册。

颜色组合商标仅由颜色构成，不限定具体形状，保护对象是以特定方式使用的颜色组合本身。商标图样中呈现的形状并不是颜色组合商标保护的对象。包含文字、图形等要素的指定颜色商标不属于颜色组合商标。

颜色组合商标在商品上使用时，可以用于商品的全部或部分，也可以用于商品包装的全部或部分；颜色组合商标在服务上使用时，可以用于服务所需载体，比如快递服务过程中的包装箱、运输工具或快递员的服装，或是服务场所的外部装饰和内部装潢等。

一般情况下，颜色组合商标缺乏固有显著性，需要通过长期或广泛的使用，与申请主体产生稳定联系，具备区分商品或者服务来源的功能，才能取得显著特征。

本章规定颜色组合商标注册申请的实质审查，包括禁用条款的审查、显著特征的审查和相同、近似的审查。

3 颜色组合商标实质审查

颜色组合商标实质审查时应结合其使用方式，从整体上审查其可注册性。

3.1 颜色组合商标禁用条款审查

颜色组合商标禁用条款审查参见本编第三章"不得作为商标标志的审查审理"。颜色组合商标是否违反禁用条款应结合其具体使用方式进行判定。

例如：

颜色组合商标以申请人说明的使用方式使用，呈现出的整体视觉效果与我国或外国国旗、国徽、军旗的颜色组合相同或者近似的，不得作为商标使用。

商标说明：本商标由绿、白、红三种颜色组成，以1∶1∶1的比例呈竖向长条状平铺使用在商品的外观上。

（以申请人说明的使用方式使用呈现出的整体视觉效果与意大利国旗近似，不得作为商标使用）

但颜色组合商标在商业活动中，以申请人说明的使用方式使用呈现出的整体视觉效果，不会使公众将其与我国或外国国旗、国徽、军旗相联系的，可以作为商标注册和使用。

商标说明：本商标由黑、红、黄三种颜色组成，以1∶10∶1的比例呈竖向长条状平铺使用在指定"空气干燥器"商品的表面，黑色色号RAL国际标准色卡9011号；红色色号RAL国际标准色卡3020号；黄色色号RAL国际标准色卡1018号。

（以申请人说明的使用方式使用在指定商品上的实际使用形态、表现形式、呈现出的整体视觉效果与德国国旗区别明显，不会使公众将其与德国国旗相联系）

3.2 颜色组合商标显著特征的审查

颜色组合商标遵循传统商标显著性的判断原理、标准和规则。颜色组合使用在指定的商品或者服务项目上，通常会使消费者认为是产品本身、产品包装或者经营场所的装潢设计等,不易作为商标识别,不具有商标的固有显著性,难以起到区分商品或者服务来源的功能与作用。一般情况下,需要充分证据证明颜色组合商标通过长期或广泛的使用取得显著特征,能够识别和区分商品或者服务的来源。

颜色组合商标显著特征审查除了与其他类型商标显著特征审查一样需综合考虑商标本身构成、指定的商品或者服务、相关公众的认知习惯等因素之外,还应考虑颜色组合商标的自身属性、构成元素、使用方式、持续使用时间、使用强度、同业经营者对同类颜色的使用情况、相关行业商标使用惯例、对颜色组合商标的广告宣传及其效果、相关公众的知晓程度等因素进行综合判定。

审查时可以发出审查意见书,要求申请人提交使用证据,并就颜色组合商标通过使用取得显著特征的情况进行说明。使用证据需要证明,颜色组合通过使用已经具备指示商品或者服务来源的功能,即相关公众看到颜色组合首先联想到该颜色组合是指向一个特定来源的商品或者服务,而不是颜色组合本身。

3.2.1 仅有指定商品的天然颜色、商品本身或者包装物以及服务场所通用或者常用颜色,不足以起到区别商品或者服务来源作用的,判定为缺乏显著特征

例如:

指定商品:牙膏

(图中颜色组合为指定商品的常用颜色组合,不足以起到区别商品来源的作用)

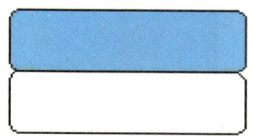

指定商品:洗衣粉、洗衣片

(图中蓝白颜色组合为指定商品本身或包装物的常用颜色组合,不足以起到区别商品来源的作用)

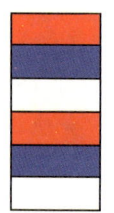

指定服务:美发

(图中颜色组合为美发行业服务场所外通用标识,不足以起到区别服务来源的作用)

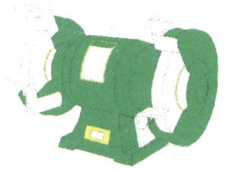

指定商品：电砂轮机

（图中颜色组合为指定商品的常用颜色组合，不足以起到区别商品来源的作用）

3.2.2 有充分证据证明以特定方式使用的颜色组合通过使用取得显著特征的，可以注册为颜色组合商标

颜色组合商标经过使用取得显著特征的认定适用本编第四章2.4"经过使用取得显著特征的"的一般规则。

判定某个颜色组合商标是否经过使用取得显著特征时还需要注意：考虑颜色组合商标实际使用方式对相关公众注意力和认知情况的影响；颜色组合商标为申请人所独创或最早使用并不能当然认为其具有作为商标的显著特征。

例如：

指定商品：电池
商标说明：商标为长条状色块，两种颜色为黄铜色和黑色，分别占整体的1/3、2/3。

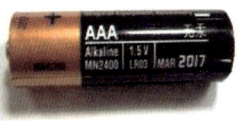

（实际使用方式图）

指定服务：车辆加油站
商标说明：该商标由白、黄和红三种颜色构成。其中白色（Pantone white C）占30%，黄色（Pantone 116C）占50%，红色（Pantone 485C）占20%，按图示排列，使用于车辆服务站、车辆加油站的外观。

（实际使用方式图）

3.3 颜色组合商标相同、近似的审查

颜色组合商标相同、近似的审查包括颜色组合商标之间和颜色组合商标与其他类型商标之间相同、近似的审查。

颜色组合商标相同、近似的审查，应以其申请注册的颜色组合要素，及其《商标注册申请书》中说明的具体使用方式为依据。审查时需要对颜色组合要素进行检索，在判断是否相同、近似时，应当结合颜色组合商标的使用方式，主要从整体视觉效果上进行审查判断。

3.3.1 颜色组合商标之间相同、近似的审查

（1）构成颜色组合商标的颜色及其排列组合的方式相同或者近似，且在商业活动中的具体使用方式无明显差别，整体视觉效果区别不明显，易使相关公众对商品或者服务的来源产生误认的，判定为相同或者近似商标。

例如：

指定商品：电锯
商标说明：该颜色组合商标由桔红色、灰色两种颜色组合构成。其中桔红色为Pantone PQ－17－1464TCX，灰色为Pantone P 179－15 C。灰色用于割草机机身，桔红色用于空滤器盖和把手，虚线部分用以表示颜色在该商品上的位置，锯齿轮廓和外形不是商标构成要素。

指定商品：林业和园艺用链锯
商标说明：本商标为颜色组合商标，商标的图形轮廓仅用来显示颜色所在的位置，该图形轮廓本身并不是要申请的商标。本商标包含的颜色为橙色（RAL颜色对照表编号2010）和灰色（RAL颜色对照表编号7035），与本商标指定使用商品的颜色一致。其中，橙色位于指定商品外罩的上部，灰色位于指定商品外罩的下部。

（2）构成颜色组合商标的颜色相同或者近似，但排列组合方式不同，或在商业活动中的具体使用方式不同，整体视觉效果差别较大，不易使相关公众对商品或者服务的来源产生误认的，不判定为相同或者近似商标。

例如：

指定商品：电动工具用充电站
商标说明：该颜色组合商标由金色和黑色两种颜色组合构成，产品整体呈金色，上有黑色竖状条纹。

指定商品：电池
商标说明：商标为长条状色块，两种颜色为黄铜色和黑色，分别占整体的1/3、2/3。

3.3.2 颜色组合商标与其他类型商标之间相同、近似的审查

（1）一般情况下，根据申请人提供的商标说明，颜色组合商标的颜色排列组合方式及其在商业活动中的具体使用方式使其整体视觉效果与其他类型商标的整体视觉效果差别较大，不易使相关公众对商品或者服务的来源产生误认的，不判定为相同或者近似商标。

例如：

（颜色组合商标）
指定商品：金属制管套筒
商标说明：本商标为颜色组合商标，由蓝色（国际标准色卡色号：2925）和黑色（国际标准色卡色号：黑色）组合而成。在实际使用中有一定的图形限制，蓝色和黑色以同心圆的形式使用在指定商品上，黑色圆圈位于中心位置，四周环绕蓝框。

（平面商标）
指定商品：金属管道弯头等

（2）特定情况下，颜色组合商标与其他类型商标相同或者近似，是指构成颜色组合商标的颜色与其他类型商标所指定的颜色相同或者近似，且以申请人说明的使用方式使用所呈现的整体视觉效果与其他类型商标的整体视觉效果基本无差别或差别不大，易使相关公众对商品或者服务的来源产生误认的，判定为相同或者近似商标。

第八章 声音商标的审查审理

1 法律依据

《商标法》

第八条 任何能够将自然人、法人或者其他组织的商品与他人的商品区别开的标志，包括文字、图形、字母、数字、三维标志、颜色组合和声音等，以及上述要素的组合，均可以作为商标申请注册。

《商标法实施条例》

第十三条第五款 以声音标志申请商标注册的，应当在申请书中予以声明，提交符合要求的声音样本，对申请注册的声音商标进行描述，说明商标的使用方式。对声音商标进行描述，应当以五线谱或者简谱对申请用作商标的声音加以描述并附加文字说明；无法以五线谱或者简谱描述的，应当以文字加以描述；商标描述与声音样本应当一致。

第四十三条 指定中国的领土延伸申请人，要求将三维标志、颜色组合、声音标志作为商标保护或者要求保护集体商标、证明商标的，自该商标在国际局国际注册簿登记之日起3个月内，应当通过依法设立的商标代理机构，向商标局提交本条例第十三条规定的相关材料。未在上述期限内提交相关材料的，商标局驳回该领土延伸申请。

2 释 义

声音商标是指由用以区别商品或者服务来源的声音本身构成的商标。声音商标可以由音乐性质的声音构成，如一段乐曲；可以由非音乐性质的声音构成，如自然界的声音、人或动物的声音；也可以由音乐性质与非音乐性质兼有的声音构成。

一般情况下，声音商标缺乏固有显著性，需要通过长期或广泛的使用，与申请主体产生稳定联系，具备区分商品或者服务来源的功能，才能取得显著特征。

本章规定声音商标注册申请的实质审查，包括禁用条款的审查、显著特征的审查和相同、近似的审查。

3 声音商标实质审查

声音商标实质审查时应结合其使用方式，从整体上审查其可注册性。

3.1 声音商标禁用条款审查

声音商标禁用条款审查参见本编第三章"不得作为商标标志的审查审理"。

例如：

（1）与我国国歌、军歌或者《国际歌》相同或者近似的声音。

（2）与《歌唱祖国》等公众熟知的爱国歌曲相同或者近似的声音。

（3）宗教音乐或恐怖、暴力、色情等具有不良影响的声音。

3.2 声音商标显著特征审查

声音商标遵循传统商标显著性的判断原理、标准和规则。通常情况下，商标大多是以文字、数字、图形、颜色等要素或要素组合以可视性形态直观地表现出来，使用时与商品或者服务的结合较为紧密，相关公众对商标已形成较为固化的视觉认知习惯。与此相对的是，声音商标的认知通过听觉实现，且声音对播放载体的依附性导致其与许多商品和服务项目难以直观、紧密地结合，使用时可能仅被认知为背景音乐或广告宣传，即使是独特的声音，也并不天然具有商标的固有显著性，难以发挥区分商品或者服务来源的功能与作用。一般情况下，需要充分证据证明声音商标通过长期或广泛的使用取得显著特征，能够识别和区分商品或者服务的来源。

声音商标显著特征审查除了与传统可视性商标显著特征审查一样需综合考虑商标本身构成、指定的商品或者服务、相关公众的认知习惯等因素之外，还应考虑声音商标的听觉感知、声音效果、使用方式、持续使用时间、使用强度、同业经营者对同类声音的使用情况、相关行业商标使用惯例、对声音商标的广告宣传及其效果、相关公众的知晓程度等因素进行综合判定。

审查时可以发出审查意见书，要求申请人提交使用证据，并就声音商标通过使用取得显著特征的情况进行说明。使用证据需要证明，声音通过使用已经具备指示商品或者服务来源的功能，即相关公众听到声音首先联想到该声音是指向一个特定来源的商品或者服务，而不是声音本身。

3.2.1 仅直接表示指定商品或者服务内容、消费对象、质量、功能、用途及其他特点的声音，缺乏显著特征

例如：

钢琴弹奏声指定在"乐器"上；

儿童嬉笑声指定在"婴儿奶粉"上；

狗吠或猫叫声指定在"宠物饲养"上；

古典音乐指定在"安排和组织音乐会"上；

"水开啦，水开啦"的叫声指定在"电热水壶"上。

3.2.2 其他缺乏显著特征的声音

包括但不限于以下类型：

（1）使用商品时或提供服务时难以避免或通常出现的声音。

例如：

开启酒瓶的清脆"嗒"声指定在"啤酒"上；

验钞机"哗哗"的数钱声指定在"银行"服务上。

（2）行业内通用或常用的声音或音乐。

例如：

《婚礼进行曲》的主题旋律指定在"计划和安排婚礼服务"上。

（3）过于简单或过于复杂的声音。

例如：

简单、普通的音调或旋律；

一首完整或冗长的歌曲或乐曲。

（4）以平常语调或简单旋律直接唱呼的文字短语。

例如：

以简单旋律唱出"恭喜你发财"；

以平常语调唱呼"来了，您呐"；

以平常语调呼叫"人行千里，声动我心"；

以平常语调呼叫"人头马一开，好运自然来"。

3.2.3 声音商标经长期或广泛使用取得显著特征的认定

声音商标经过使用取得显著特征的认定适用本编第四章2.4"经过使用取得显著特征的"的一般规则。

判定某个声音商标是否经过使用取得显著特征时还需要注意：对于文字呼叫类声音商标，注意分辨在使用过程中真正起识别作用的是呼叫的文字，还是声音本身。如果声音商标是以平常语调或极其简单的旋律呼叫文字的构成形式，在使用过程中，很可能令人印象深刻起到识别作用的仍为文字，声音仅被视为文字辅助背景。虽然此类声音商标可能被证明经长期或广泛使用已被相关公众熟知，但声音本身是否被作为用来识别和区分商品或者服务来源的商标，需要根据实际情况分析判断。声音为申请人所独创或最早使用并不能当然认为其具有作为声音商标的显著特征。

通过使用获得显著特征的声音商标：

例如：

> 该声音商标是由六声短促且频率一致的"嘀嘀嘀嘀嘀嘀"（di-di-di-di-di-di）的声音构成。

[本件声音商标指定使用在提供在线论坛等服务上；商标申请人为腾讯科技（深圳）有限公司；该商标使用在申请人指定服务上的具体表现为申请人所提供应用程序中信息提示时的短促"嘀嘀嘀嘀嘀嘀"的声音]

声音由引子、主题和尾声三段构成。引子由铜管演奏，分解的大三和弦旋律庄严而神圣；中段为弦乐演奏的主题；结尾由三个音构成。

（本件声音商标指定使用在"新闻社服务"等服务上；商标申请人为中央电视台；声音由引子、主题和尾声三段构成，引子由铜管演奏，分解的大三和旋律庄严而神圣，中段为弦乐演奏的主题，结尾由三个音构成；该声音作为《新闻联播》节目开始曲使用）

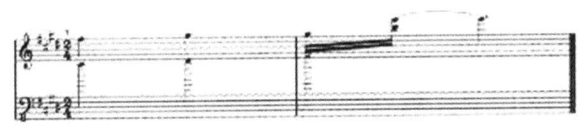

本声音商标是爱奇艺出品视频的片头曲，全长5秒，共2小节，四分之二拍慢板节奏，E大调。整段声音商标前奏部分为下滑音、顺波音和上滑音三个合成的物体弹性声音；2个小节为整段声音商标主题部分，曲调为E大调，旋律为F到G各一拍，最后一个小节由十六分音符G回到一级音程BE上，该声音商标结束。

（本件声音商标指定使用在视频点播传输服务上；商标申请人为北京奇艺世纪科技有限公司；商标使用在视频片头或片尾或使用在网站上；该声音在视频片头或片尾使用）

又如：

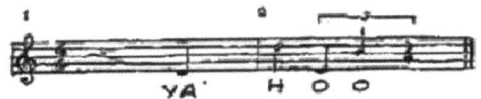

人声用真假嗓音急变互换的方式歌唱出"YAHOO"。

[本件声音商标指定使用在"提供互联网搜索引擎"等商品上以及"用于电子信息传送的计算机软件等"服务上；商标申请人为奥誓公司（原申请人：雅虎公司），其中人声用真假嗓音急变互换的方式歌唱出"YAHOO"；该声音用于计算机软件、宣传视频、商业广告、展览及活动中，用以区别商品或者服务来源]

3.3 声音商标相同、近似审查

声音商标相同、近似审查包括声音商标之间和声音商标与其他类型商标之间的相同、近似审查。

3.3.1 声音商标之间相同、近似审查

两件声音商标的听觉感知或整体音乐形象相同或者近似,易使相关公众对商品或者服务来源产生混淆误认,或者认为二者之间存在特定联系的,判定为相同或者近似商标。

3.3.2 声音商标与其他类型商标相同、近似审查

声音商标中语音对应的文字或其他要素,与可视性商标中含有的文字或其他要素读音相同或者近似,易使相关公众对商品或者服务来源产生混淆误认,或者认为二者之间存在特定联系的,判定为相同或者近似商标。

例如:

人声用真假嗓音急变互换的方式歌唱出"YAHOO"。

(声音商标)　　　　　　　　(外文商标)

第九章　集体商标、证明商标的审查审理

1　法律依据

《商标法》

第三条　经商标局核准注册的商标为注册商标，包括商品商标、服务商标和集体商标、证明商标；商标注册人享有商标专用权，受法律保护。

本法所称集体商标，是指以团体、协会或者其他组织名义注册，供该组织成员在商事活动中使用，以表明使用者在该组织中的成员资格的标志。

本法所称证明商标，是指由对某种商品或者服务具有监督能力的组织所控制，而由该组织以外的单位或者个人使用于其商品或者服务，用以证明该商品或者服务的原产地、原料、制造方法、质量或者其他特定品质的标志。

集体商标、证明商标注册和管理的特殊事项，由国家商标行政管理部门规定。

第八条　任何能够将自然人、法人或者其他组织的商品与他人的商品区别开的标志，包括文字、图形、字母、数字、三维标志、颜色组合和声音等，以及上述要素的组合，均可以作为商标申请注册。

第十条第二款　县级以上行政区划的地名或者公众知晓的外国地名，不得作为商标。但是，地名具有其他含义或者作为集体商标、证明商标组成部分的除外；已经注册的使用地名的商标继续有效。

第十一条　下列标志不得作为商标注册：（一）仅有本商品的通用名称、图形、型号的；（二）仅直接表示商品的质量、主要原料、功能、用途、重量、数量及其他特点的；（三）其他缺乏显著特征的。

前款所列标志经过使用取得显著特征，并便于识别的，可以作为商标注册。

第十六条　商标中有商品的地理标志，而该商品并非来源于该标志所标示的地区，误导公众的，不予注册并禁止使用；但是，已经善意取得注册的继续有效。

前款所称地理标志，是指标示某商品来源于某地区，该商品的特定质量、信誉或者其他特征，主要由该地区的自然因素或者人文因素所决定的标志。

《商标法实施条例》

第四条第一款　商标法第十六条规定的地理标志，可以依照商标法和本条例的规定，作为证明商标或者集体商标申请注册。

《集体商标、证明商标注册和管理办法》（国家工商行政管理总局令第6号，自2003年6月1日起施行）

2 释 义

集体商标、证明商标可以由《商标法》第八条规定的标志构成。本章3、4节规定集体商标、证明商标标志的审查和其申请人主体资格、使用管理规则等特有事项的审查。

作为集体商标申请注册的地理标志（以下称地理标志集体商标）和作为证明商标申请注册的地理标志（以下称地理标志证明商标）可以由《集体商标、证明商标注册和管理办法》第八条规定的标志构成。地理标志集体商标、地理标志证明商标的申请人主体资格、使用管理规则等还应符合《商标法实施条例》《集体商标、证明商标注册和管理办法》规定的特殊条件。本章5、6节规定对地理标志集体商标、地理标志证明商标标志的审查和其申请人主体资格、使用管理规则等特有事项的审查。

集体商标、证明商标不得违反《商标法》第十条第一款、第十一条、第三十条和第三十一条的规定，其审查审理同时适用本编其他章节的基本规定。

3 集体商标和证明商标标志的审查

集体商标、证明商标作为商标的一种类型，应当依据《商标法》的有关基本规定进行审查，即该商标是否属于《商标法》规定的禁用之列，是否具有显著特征、便于识别，是否与在先权利冲突。

但集体商标、证明商标与普通商标在功能作用、使用条件、注册人和使用人权利、义务等方面均有不同，因此，在审查时应当坚持标准执行的一致性与个案审查原则。如《商标法》第十条第二款规定"县级以上行政区划的地名或者公众知晓的外国地名，不得作为商标。但是……作为集体商标、证明商标组成部分的除外"。本章3.4小节明确了含无其他含义的县级以上行政区划地名的集体商标和证明商标的审查标准。

3.1 集体商标和证明商标禁用条款的审查

集体商标、证明商标的注册不得违反《商标法》第十条第一款的规定，具体审查标准参见本编第三章"不得作为商标标志的审查审理"。

例如：

商标类型：集体商标
指定商品：第30类谷类制品、米、面粉等
申请人：敖汉旗四道湾子水稻协会
[该商标易使消费者对产品的品质产生误认，违反《商标法》第十条第一款第（七）项的规定]

商标类型:集体商标

指定商品:第25类衬衫;服装等

申请人:陕西省爱国主义志愿者协会

[该商标图形中的镰刀锤头与中国共产党党旗近似,用作商标易产生不良影响,违反《商标法》第十条第一款第(八)项的规定]

商标类型:证明商标

指定商品:第31类新鲜水果、新鲜蔬菜等

申请人:山东省绿色食品发展中心

[该商标中含有"放心农产品""RELIABLE",用在指定商品上,易使消费者对产品的品质产生误认,违反《商标法》第十条第一款第(七)项的规定]

3.2 集体商标和证明商标显著特征的审查

显著性是商标发挥识别不同商品或者服务功能的基础,也是商标获得注册的重要要件。集体商标、证明商标作为商标的一种类型,应当具有显著特征,便于识别,其注册不得违反《商标法》第十一条的规定。对集体商标和证明商标显著特征的审查,适用本编第四章的基本规定。

判断集体商标、证明商标是否具有显著特征,不仅要考虑商标标志本身的含义、呼叫和外观构成,还要结合商标指定的商品或者服务类别、相关公众的认知习惯、所属行业的实际使用情况等,进行个案判断。

例如:

商标类型:集体商标

指定商品：第21类钢化玻璃盖、钢化玻璃罩等
申请人：社团法人日本硝子制品工业会
[该商标中的日文含义为"强化玻璃盖认证"，用在指定商品上，仅直接表示了商品的质量特点，违反《商标法》第十一条第一款第（二）项的规定]

烹饪名师

商标类型：证明商标
指定服务：第43类饭店、餐厅等
申请人：中国烹饪协会
[该商标在第43类"饭店"等服务上直接表示了指定服务的内容特点，违反《商标法》第十一条第一款第（二）项的规定]

3.3 集体商标和证明商标相同、近似的审查

集体商标和证明商标注册不得违反《商标法》第三十条和第三十一条的规定，对其相同、近似的审查适用本编第五章的基本规定。

例如：

环都菜园

商标类型：集体商标
指定商品：第31类新鲜蔬菜
申请人：河北省蔬菜行业发展联合总社

环都

商标类型：普通商标
指定商品：第31类甜菜
申请人：刘某林

小沙窝萝卜

商标类型：集体商标
指定商品：第31类新鲜萝卜等
申请人：天津市曙光沙窝萝卜专业合作社

商标类型：地理标志证明商标
指定商品：第31类新鲜萝卜
申请人：天津市西青区辛口镇沙窝萝卜产销协会

值得注意的是，即使是同一申请人，也不能在相同或类似商品或者服务上注册两种不同类型的相同或者近似商标。因为集体商标、证明商标与普通商标、地理标志集体商标、地理标志证明商标虽然同属商标的类型，但在功能作用、使用方式、商品或者服务使用条件、注册人和使用人的权利、义务等方面均有所不同，在相同、类似商品或者服务上同时注册两种不同类型的商标，仍会引起公众对商品或者服务的来源及其品质等方面产生误认，应予以驳回。

例如：

嶂山 ZHANGSHAN

商标类型：集体商标
指定商品：第31类水蜜桃、桃
申请人：镇江市润州区蒋乔嶂山果品协会

嶂 山

商标类型：普通商标
指定商品：第31类鲜水果等
申请人：镇江市润州区蒋乔嶂山果品协会

（为避免公众对商品的来源及其品质等方面产生误认，引证申请人在先注册的"嶂山"普通商标，驳回其后在相同类别、类似商品上申请的"嶂山"集体商标）

3.4 含无其他含义的县级以上行政区划地名的集体商标和证明商标的审查

《商标法》第十条第二款规定，县级以上行政区划的地名原则上不得作为商标使用，但鉴于集体商标和证明商标自身的性质，该款同时规定，地名作为集体商标、证明商标组成部分的除外。由于地名一般只能说明商品的来源地，而不能识别商品的生产经营者或服务的提供者，缺乏商标应有的区分来源的功能，故应当综合考量标志整体显著特征、知名度等因素，对含无其他含义的县级以上行政区划地名的集体商标和证明商标是否可以注册进行判定。

为避免公众对商品或者服务的来源地产生误认，住所、经营地不在相应地域的生产者、经营者，不得申请含相应地域名称的集体商标、证明商标。

本节标准不适用于含无其他含义的县级以上行政区划地名的集体商标或证明商标为地理标志商标的。

3.4.1 申请商标由无其他含义的县级以上行政区划地名和其他显著性文字要素组成，整体地名含义仍较强，但同时满足以下条件的，则符合《商标法》第十条第二款的规定

(1) 申请人经商标所含地名人民政府或其上一级人民政府授权；
(2) 申请商标经过长期使用已取得显著性；
(3) 申请商标在相关行业中具有较高知名度或在相关消费群体中广为知晓；
(4) 申请指定商品或者服务属国家政策明确支持的产业。

例如：

丽水山耕

商标类型：集体商标
指定商品：第29、30、31等共16个类别肉制食品、水果蜜饯、活动物、新鲜水

果、新鲜蔬菜等商品上

申请人：丽水市生态农业协会

（截至2019年年底，"丽水山耕"注册申请人旗下涵盖1122个合作基地，会员企业866家，培育品牌背书农产品1000余个，形成了菌、茶、果、蔬、药、畜牧、油茶、笋竹和渔业九大主导产业，产品累计销售额达123.22亿元，"丽水山耕"区域品牌价值26亿元）

3.4.2 申请商标由无其他含义的县级以上行政区划地名和商品或者服务通用名称组成，除满足上述3.4.1中所列条件外，还同时满足以下条件的，则符合《商标法》第十条第二款的规定

指定商品或者服务与商标所含商品或者服务通用名称一致或密切相关。

指定商品或者服务的特定品质并非由当地的自然因素和人文因素所决定，但其声誉与商标所含地名有密切关联，不会误认为地理标志的。

例如：

商标类型：集体商标

指定商品：第20类家具

申请人：赣州市南康区家具协会

（南康家具产业起步于20世纪90年代初，历经多年的发展，形成了集加工制造、销售流通、专业配套、家具基地等为一体的产业集群，是南康的首位产业、扶贫产业和富民产业。南康现有家具生产企业7500多家，从业人员40多万人，规模以上家具企业300多家。家具专业市场面积220万平方米，建成营业面积和年交易额位居全国前列。2020年，"南康家具"集群产值已达到1600亿元，是全国最大的家具生产制造基地）

商标类型：集体商标

指定商品：第43类饭店、餐厅等

申请人：沙县小吃同业公会

（沙县小吃历史源远流长，其制作工艺渊源传自古中原一带民俗，距今有1000多

年历史。"沙县小吃"也是沙县的主要产业之一,沙县县委、县政府为了促进沙县小吃业的发展,早在1998年3月就成立了沙县小吃业发展领导小组,下设办公室,同年成立了沙县小吃同业公会。沙县政府为了宣传、推广、保护沙县小吃,投入大量人力、物力、财力,经过多年的使用已取得显著性,并在全国享有较高的知名度)

3.4.3 上述3.4.1、3.4.2中地名为省级行政区划的,除分别满足上述条件外,还同时满足以下条件的,则符合《商标法》第十条第二款的规定

申请商标已在全国范围内具有高知名度;

申请指定商品或者服务属国家政策明确支持且重点扶持的产业;

申请指定商品或者服务为当地支柱产业,对当地经济发展贡献巨大且在全国行业中占有较高的比重。

关于判定某一商标是否经过长期使用取得显著特征的标准,参见本编第四章2.4"经过使用取得显著特征的"和4"具体适用:经过使用取得显著特征的"。申请人提供的材料如不能证明所报商标达到3.4.1、3.4.2、3.4.3中的条件要求,则予以驳回。

例如:

商标类型:集体商标

指定商品:第25类工作服、衬衣、外套等

申请人:株洲市芦淞区服饰行业协会

(该标志所含"芦淞"为无其他含义的县级以上行政区划地名,根据申请人提供的材料,该标志尚未经长期使用取得商标的显著性)

锦州烧烤

商标类型:集体商标

指定服务:第43类饭店、餐厅等

申请人:锦州市烹饪协会

(该标志所含"锦州"为无其他含义的县级以上行政区划地名,但申请人未提供材料证明该商标在相关行业中已具有较高知名度或为相关公众所知晓,该标志作为商标缺乏其所应具有的显著性)

商标类型：集体商标
指定服务：第41类培训；安排和组织会议等
申请人：商河县农业科技教育站
(该标志所含"商河"为无其他含义的县级以上行政区划地名，只能表示服务的产地，用作商标缺乏应具有的显著性，且申请人提供的材料不能证明该商标在相关行业中已具有较高知名度或为相关公众所知晓)

商标类型：集体商标
指定商品：第16类纸、卫生纸等
申请人：四川省造纸行业协会
(该标志所含"四川"为无其他含义的省级行政区划地名，申请人未提供充足的相关证据材料证明该商标经过长期使用在全国行业中占有较高的比重，为公众所知晓，用作商标缺乏应具有的显著性)

商标类型：集体商标
指定服务：第41类培训、安排和组织会议等
申请人：广西兽医协会
(该标志所含"广西"为无其他含义的省级行政区划地名，申请人提交的材料不能证明该商标已经过广泛使用和宣传为国内公众所知晓，用作商标缺乏应具有的显著性)

4 集体商标和证明商标特有事项的审查

根据《商标法实施条例》《集体商标、证明商标注册和管理办法》规定，申请人申请集体商标注册的，应当提交主体资格证明文件、集体商标使用管理规则、集体成员名称和地址；申请人申请证明商标注册的，应当提交主体资格证明文件、证明商标

使用管理规则、申请人监督检测能力证明材料。

集体商标和证明商标作为商标的一种特殊类型，除对其标志进行审查外，还应当对其申请人主体资格、使用管理规则、指定商品或者服务的品质标准、检验检测能力等特有事项进行审查。

4.1 集体商标特有事项的审查

4.1.1 申请人主体资格的审查

集体商标的基本功能在于赋予作为其成员的生产经营者的商品或者服务以某种共性，表明生产经营者是某个集体组织的成员，从而与那些不属于该集体组织成员的生产经营者区别开来。因此，集体商标彰显的是共性特征，其申请注册主体应当是集体组织。如中国新华书店协会、佛山市湖南省岳阳市商会、北京市大兴区庞各庄西瓜产销联合会等。

根据《农民专业合作社法》，农民专业合作社是在农村家庭承包经营基础上，农产品的生产运营者或者农业生产经营服务的提供者、利用者，自愿联合、民主管理的互助性经济组织，属于《商标法》第三条第二款所指的"其他组织"，可以作为集体商标申请注册主体，但不能作为地理标志集体商标的申请注册主体。

单一的企业、个体经营者或者集团公司，例如：阳高县农业技术推广站、海宁市袁华镇经济建设服务中心、阿鲁科尔沁旗粮食总公司、兰州安宁区安宁堡乡人民政府等都不是集体性的组织，不能作为集体商标申请人。

集体商标注册申请人应当提交其依法成立身份证明文件表明其具备申请的主体资格，包括事业单位法人证书、社会团体法人登记证书和农民专业合作社营业执照等。

4.1.2 集体商标使用管理规则的审查

《集体商标、证明商标注册和管理办法》第十条规定，集体商标使用管理规则应当包括以下主要内容：使用该集体商标的宗旨；集体商标指定使用的商品或者服务的品质；使用该集体商标的手续；使用该集体商标的权利、义务；成员违反使用管理规则应当承担的责任；注册人对使用该集体商标商品的检验监督制度。

上述内容应当明确、具体，既便于申请使用该集体商标的集体成员进行商品生产经营或服务提供时有据可依，也便于集体组织的管理和其他集体成员的监督。例如，集体商标注册申请人应当根据自己管理的需要，明确集体成员所享有的权利和应履行的义务，而不能在使用管理规则中泛泛表述为"其他权利""其他义务"。

4.1.3 集体商标指定商品或者服务的品质的审查

《集体商标、证明商标注册和管理办法》第十条规定，集体商标的使用管理规则应当包括使用该集体商标所指定商品的品质（或服务的规范）。集体商标所指定商品或者服务的品质应当有现行有效、具体明确、且与所指定的商品或者服务相关的标准。该标准可以是国家标准、行业标准、地方标准或团体标准，也可以是申请人自行设定的标准或规范（该标准不能低于国家标准）。

若申请人提交的标准不符合要求，应予以驳回。例如：申请人2019年年底申请注册某集体商标，指定商品为"大米"，可以采用申请时有效的GB/T 1354—2018【大米】国家标准，不得采用已经废止的GB/T 1354—2009【大米】国家标准。申请人若申请注册某集体商标，指定商品为"玉米"，可以采用GB 1353—2018【玉米】的标准，而不能采用GB/T 35835—2018【玉米秸秆颗粒】的标准。

4.2 证明商标特有事项的审查

4.2.1 申请人主体资格的审查

证明商标的基本功能在于证明商品或者服务的原产地、原料、制造方法、质量或者其他特定品质。因此，证明商标的注册申请主体应当是依法成立，且对所申请的商品或者服务的特定品质具有监督能力的组织。如中国酒业协会、中国绿色食品发展中心、美国UL有限责任公司等。

证明商标注册申请人应当提交其依法成立的身份证明文件证明其具备申请的主体资格，包括营业执照、事业单位法人证书、社会团体法人登记证书等。

4.2.2 证明商标使用管理规则的审查

《集体商标、证明商标注册和管理办法》第十一条规定，证明商标使用管理规则应当包括以下主要内容：使用该证明商标的宗旨；该证明商标证明的商品或者服务的特定品质；使用该证明商标的条件；使用该证明商标的手续；使用该证明商标的权利、义务；使用人违反使用管理规则应当承担的责任；注册人对使用该证明商标商品的检验监督制度。

上述内容应当明确、具体，既便于证明商标注册人进行管理，也便于申请使用该证明商标的申请人进行商品生产经营或服务提供时有据可依，如在使用管理规则中应当对该证明商标所证明的内容（包括原料、制造方法、质量或者其他特定品质等）予以详细说明；不能在使用管理规则中出现"其他权利""其他义务"等不明确表述。

4.2.3 证明商标指定商品或者服务的品质标准的审查

《集体商标、证明商标注册和管理办法》第十一条规定，证明商标使用管理规则应当包括该证明商标证明的商品或者服务的特定品质。

证明商标是用于证明该商品或者服务的原产地、原料、制造方法、质量或者其他特定品质的标志。其目的是通过引入第三方市场评价机制来规范企业经营行为，提高整个行业产品质量水平。因此，申请人在使用管理规则中应当详细描述该证明商标证明的商品或者服务的原料、制造方法、质量或者其他特定品质的具体标准，既便于注册后对使用该证明商标商品或者服务的品质进行监督管理，便于该证明商标使用人进行商品生产经营或服务提供时有据可依，也有利于消费者通过管理规则知晓使用该证明商标的商品或者服务不同于同类商品或者服务的特殊优异之处，便于选购。

使用证明商标的商品或者服务的品质应当高于国家标准。
例如：

商标类型：证明商标

指定商品：第16类铅笔

申请人：中国制笔协会

[根据该证明商标使用管理规则，核准使用商品"铅笔"的品质标准为：铅笔（考试用和涂卡用铅笔要符合并高于GB/T 26698—2011【考试用铅笔和涂卡专用笔】国家标准）：（1）考试用铅笔"2B"字样清晰可见；断面平整、铅芯居中；杆径均匀、长短统一；漆面光亮、色彩均匀；卷削时铅芯不易断，铅芯性能达到或超过铅笔标准，即芯尖受力/N≥9.31；滑度（摩擦系数）≤0.175。（2）揿动式涂卡笔按QB/T 1023—2007【活动铅笔】轻工行业标准中第4章铅芯公称直径为1.0mm的揿动式活动铅笔要求]

商标类型：证明商标

指定商品：第42类住所（饭店，供膳寄宿处）

申请人：国家旅游局旅游质量监督管理所

（根据该证明商标使用管理规则，使用该"图形"证明商标必须符合如下要求："设施上，有与饭店规模相适应的总服务台，位置合理，提供饭店服务项目资料、客房价目等信息；应有就餐区域，提供桌、椅等配套设施，照明充足，通风良好；客房装修良好、美观，应有软垫床、梳妆台或写字台、衣橱及衣架、座椅或简易沙发、床头柜及行李架等配套家具；……服务上，应有管理及安保人员24小时在岗值班；24小时提供接待、问询、结账和留言服务；提供总账单结账服务、信用卡结算服务；客房内应24小时提供热饮用水，免费提供茶叶或咖啡；提供早、中、晚餐服务。……"）

4.2.4 证明商标注册申请人检测能力的审查

证明商标注册人的主要职责是对证明商标进行管理，这种管理分两个方面：一是对商品或者服务的质量进行管理；二是对使用人使用证明商标的行为进行监督。因此，证明商标的注册人必须是对其所申请的商品或者服务具有监督能力的组织。

申请人在申请注册证明商标时，应当详细说明其所具有的或者其委托的机构具有的专业技术人员、专业检测设备等情况，以表明其具有监督该证明商标所证明的特定商品品质的能力。

证明商标申请人自身具备检测能力的，提交其自有检测资质证书、检测人员名单和检测设备清单，即认定其具有监督该证明商标所证明的特定商品品质的能力。

证明商标申请人自身不具备检测能力而委托他人检测的，提交委托检测协议、受托单位检测资质证书、检测人员名单和检测设备清单，从而间接认定申请人具有监督该证明商标所证明的特定商品品质的能力。

5 地理标志集体商标和地理标志证明商标标志的审查

根据《商标法》和《商标法实施条例》的规定，地理标志是指标示某商品来源于某地区，该商品的特定质量、信誉或者其他特征，主要由该地区的自然因素或人文因素所决定的标志。地理标志可以作为证明商标或者集体商标申请注册。

地理标志集体商标和地理标志证明商标应当依据《商标法》的有关基本规定进行审查。即该商标是否属于《商标法》规定的禁用之列，是否具有显著特征、便于识别，是否与在先权利冲突。因此，地理标志集体商标和地理标志证明商标的审查原则上不得违反《商标法》第十条、第十一条、第三十条和第三十一条等的规定，适用于本编第三章、第四章和第五章的规定。

但地理标志所标示的商品的特定质量、信誉或者其他特征是在漫长的历史中逐渐形成的，是大自然的馈赠和广大劳动人民勤劳智慧的结晶，与普通商标在表现形式、功能、作用等方面有明显区别，因此，地理标志集体商标和地理标志证明商标标志的审查亦应有其特殊性。

5.1 地理标志集体商标和地理标志证明商标禁用条款的审查

5.1.1 地理标志集体商标和地理标志证明商标的注册不得违反《商标法》第十条第一款的规定，适用本编第三章的基本规定

例如：

汝城硒香茶

商标类型：地理标志证明商标
指定商品：第30类绿茶
申请人：汝城县农业产业化促进会

［该商标中含"硒"，申请人未提交指定商品的生产地域范围是在国家确定的自然土壤含硒或富硒地区内的证明材料，不能证明该产品品质特征与产地自然因素有必然的联系，易使消费者对商品品质特点产生误认，违反《商标法》第十条第一款第（七）项的规定］

在判断地理标志集体商标和地理标志证明商标是否违反禁用条款时,应结合地理标志名称的由来、地理标志产品的特定品质及其与生产地域自然环境之间的联系、公众对该地理标志的认知等,进行个案判断,不能机械地照搬条款。对于确实是在漫长历史中客观形成的,其标示产品的特定品质与生产地域的自然环境之间已具有密切联系,不会引起公众误认或不良影响的,则作为例外情形,不判定为违反禁用条款的规定。

例如:

(1)地理标志集体商标和地理标志证明商标中含有宗教词汇,但该词汇与宗教关联的含义已经泛化,或者在特定语境下指向明确、具有其他含义,不会使公众将其与特定宗教相联系的。

商标类型:地理标志证明商标

指定商品:第30类茶叶

("观音"一般指观世音,是佛教中慈悲和智慧的象征,是宗教词汇,而"铁观音"是一种茶叶的通用名称,因其茶叶形似观音脸重如铁,被乾隆皇帝赐名为"铁观音",使用在指定商品上不会使公众将其与特定宗教相联系)

普陀佛茶

商标类型:地理标志证明商标

指定商品:第30类茶

[普陀佛茶生产历史悠久,普陀山种茶大约始于一千多年前的唐代或五代十国时期,据明朝李日华《紫桃轩杂缀》记述:"普陀老僧,贻余小白岩茶一裹,叶有白茸,瀹之无色,徐饮,觉凉透心腑。"僧云:"本岩岁止五六斤,专供大士,僧得啜者寡矣。"《浙江通志》引《定海县志》记载:"定海之茶,多山谷野产。……普陀佛茶可愈肺痈血痢,然亦不甚多得。"清朝光绪年间(1875—1908年),普陀佛茶被列为贡品。2010年,普陀被中国国际茶文化研究会授予"佛茶之乡"荣誉称号]

佛头寺黑陶

商标类型:地理标志证明商标

指定商品:第21类陶器

(黄河口黑陶是黄河流域生活文化的精华,因为黑陶起源地是垦利县胜坨镇佛头寺村,所以也叫"佛头寺黑陶"。佛头寺村拥有黄河最下游独特的天然红淤泥,是烧制陶器的上乘原料。佛头黑陶已有200多年历史,采用的原料是地下十多米深层黄河自然落下的红淤泥,由当地艺人结合传统泥陶工艺开发生产,是"火"与"土"的结晶,具有"色如墨,声如钟,薄如纸,亮如镜,硬如瓷"的特征,掂之飘忽若无,敲击铮铮有声,有"齐鲁黑陶之花"的美誉)

(2)地理标志集体商标和地理标志证明商标中含"硒"或"富硒",但该商标指定商品的生产地域范围在国家确定的自然土壤含硒或富硒地区;国家标准或行业标准对指定商品的硒或富硒含量已有明确的规定;且申请人提供的使用管理规则中指定商品品质特征表述有明确的符合国家标准或行业标准的硒或富硒含量的指标,并明确表述该指定商品含"硒"或"富硒"是在生长过程中从自然土壤中吸收的。

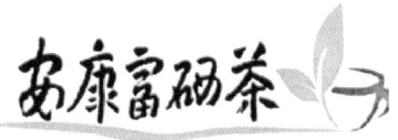

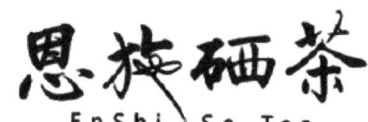

商标类型:地理标志证明商标　　　商标类型:地理标志证明商标
指定商品:第30类茶　　　　　　　指定商品:第30类茶
申请人:安康市茶业协会　　　　　　申请人:恩施市茶业协会

(行业标准为NY/T 600—2002富硒茶,2002年12月20日起实施)

5.1.2 含有地理标志易误导公众的商标的审查

商标中有商品的地理标志,而该商品并非来源于该标志所标示的地区,误导公众的,适用《商标法》第十六条第一款不予注册并禁止使用。

例如:

指定商品:茶等　　　　　　　　　　指定商品:茶
申请人地址:湖南省长沙市　　　　　地理标志权利人:沅陵县
　　　　　　　　　　　　　　　　　茶叶协会

("碣滩茶"是我国茶商品上的地理标志,代表了来源于湖南省怀化市沅陵县特定产区茶产品的特有品质。被异议商标"杜泉碣滩"含有"碣滩"二字,而申请人并非来自地理标志所标示的产区,故其将被异议商标申请注册在茶商品上,易误导公众。因此,被异议商标申请注册已构成《商标法》第十六条第一款所指之情形)

香槟小乔

指定商品：葡萄酒等
申请人地址：河南省民权县

香槟

指定商品：葡萄酒
地理标志权利人：法国香槟酒行业委员会

（"香槟 CHAMPAGNE"是位于法国北部的一个城镇，以盛产香槟酒闻名于世。本案中，异议人提交的证据可以证明，"香槟"为"葡萄酒"商品上的地理标志，被异议商标指定使用商品并非来源于该地理标志标示地区，易误导公众。因此，被异议商标申请注册已构成《商标法》第十六条第一款所指之情形）

5.2 地理标志集体商标和地理标志证明商标显著特征的审查

5.2.1 地理标志集体商标和地理标志证明商标作为商标的一种类型，亦不得违反《商标法》第十一条的基本规定

例如：

商标类型：地理标志集体商标
指定商品：第 30 类炒饭等
申请人：扬州市烹饪协会

["扬州炒饭"是中餐菜肴的通用名称，违反《商标法》第十一条第一款第（一）项的规定]

但是，地理标志强调的是商品的特定品质与生产地域之间的密切联系，是作为一种标示某商品来源于某地区，该商品的特定质量、信誉或者其他特征，主要由该地区的自然因素或者人文因素所决定的标志，其名称是在历史发展中约定俗成的，表现形式一般由"地名+商品通用名称"构成，整体上属于经过长期使用具有商标显著性的情形，不判定为缺乏显著特征。

例如：

商标类型：地理标志证明商标
指定商品：第 31 类鲜梨
申请人：砀山酥梨营销管理协会

五常大米

商标类型：地理标志证明商标
指定商品：第 30 类大米
申请人：五常市大米协会

5.2.2 与普通商标不同，在对地理标志集体商标和地理标志证明商标显著特征进行审查时，应同时结合《商标法》第十六条第二款等相关规定进行综合判断。对于符合《商标法》第十一条关于商标显著性的基本规定，但不符合第十六条第二款关于地理标志定义要求的，应予以驳回

例如：
（1）仅由人文因素或仅由自然因素决定商品品质的。

盱眙野生蜈蚣

商标类型：地理标志证明商标
指定商品：第 31 类蜈蚣（活的）
申请人：盱眙县中药材产业联合会
（野生蜈蚣特定品质的形成与产地人文因素无必然联系，不符合地理标志概念，违反《商标法》第十六条的规定）

（2）包含商品种类名称的。

肥乡食用菌

商标类型：地理标志证明商标
指定商品：第 31 类鲜食用菌
申请人：肥乡县特色农产品行业协会
（"食用菌"是指可供人类食用或药用的一类大型真菌，中国已知的约 657 种，如平菇、香菇等，产品品质难以统一，不符合地理标志注册条件，违反《商标法》第十六条的规定）

（3）包含非地理标志构成要素的。

三亚芒果，爱上三亚的另一个理由！

商标类型：地理标志集体商标
指定商品：第 31 类芒果
申请人：三亚市芒果协会

（该商标中"爱上三亚的另一个理由"不符合地理标志定义要求，违反《商标法》第十六条的规定）

5.3 地理标志集体商标和地理标志证明商标相同、近似的审查

地理标志集体商标和地理标志证明商标作为商标的一种类型，同样应进行商标近似性比对审查，遵循《商标法》第三十条、第三十一条的规定。对其相同、近似的审查适用本编第五章的基本规定。

例如：

金秀红茶	
商标类型：地理标志证明商标 指定商品：第30类红茶 申请人：金秀瑶族自治县大瑶山茶叶产业协会	商标类型：普通商标 指定商品：第30类茶；冰茶；茶饮料 申请人：金秀瑶区农林土特产有限公司

商标类型：地理标志证明商标
指定商品：第29类羊肉；羊（非活）
申请人：宜昌畜牧绿色产业研究所

商标类型：普通商标
指定商品：第29类肉；家禽（非活）等
申请人：红河县宏旭农业开发有限公司

赵县黄冠梨

商标类型：地理标志证明商标
指定商品：第31类新鲜梨
申请人：赵县大安绿色梨果协会

赵县雪花梨 ZHAOXIANXUEHUALI

商标类型：地理标志证明商标
指定商品：第31类鲜雪花梨
申请人：赵县梨果产业协会

但鉴于地理标志是其产地从事相关生产经营活动的市场主体共有的权利，其与普通商标在功能、用途、产品特定品质、历史渊源等方面区别明显，在地理标志集体商标和地理标志证明商标相同、近似比对审查中，应当进行个案判断，不能机械地照搬条款。

如果地理标志集体商标、地理标志证明商标申请在后，普通商标申请在前，应当结合地理标志集体商标、地理标志证明商标的知名度、显著性、相关公众的认知等因素，不易构成相关公众混淆误认的，不判定为近似商标。

如果地理标志集体商标、地理标志证明商标申请在前，普通商标申请在后，容易导致相关公众对商品或者服务来源产生混淆误认，不当攀附地理标志集体商标或者地理标志证明商标知名度的，认定二者构成近似商标。

5.3.1 汉字逆序形式

地理标志集体商标、地理标志证明商标中非通用名称的文字与在先商标的文字构成相同，但排列顺序不同，应当结合地理标志集体商标、地理标志证明商标的知名度和显著性、相关公众的认知等因素综合判断，不易构成相关公众混淆误认的，不判定为近似商标。

例如：

商标类型：地理标志证明商标
指定商品：第30类茶
申请人：日照市岚山区农业技术服务协会

商标类型：普通商标
指定商品：第30类茶；茶叶代用品
申请人：嵊州市谷来农业总公司

5.3.2 大小地名套用

地理标志集体商标、地理标志证明商标名称由具有包含关系的两级地名即"大地名+小地名+商品通用名称"构成，如果小地名隶属于大地名，且在先小地名商标权利人来自大地名所标示地区，易造成误认，在类似商品上两者应判定近似。

例如：

商标类型：地理标志证明商标
指定商品：第31类西瓜
申请人：巨鹿县哈口西瓜种植协会

商标类型：普通商标
指定商品：第31类鲜水果；西瓜等
申请人：巨鹿县哈口果蔬专业合作社

（哈口是河北省邢台市巨鹿县下辖的村名，该村某果蔬专业合作社在先注册了"哈口"普通商标，为避免公众产生误认，在后申请的"巨鹿哈口西瓜"地理标志证明商标应引证在先"哈口"予以驳回）

在将地理标志集体商标、地理标志证明商标与其他商标进行近似性比对时，商品类似关系的判定详见本章6.1.2"指定商品类似关系的判定"。

6 地理标志集体商标和地理标志证明商标特有事项的审查

根据《商标法实施条例》第四条和《集体商标、证明商标注册和管理办法》的有关规定，地理标志集体商标和地理标志证明商标的注册申请需要提供主体资格证明、地理标志所标示地区人民政府或行业主管部门的批准文件、申请人的检测能力证明材料等，因此，在对地理标志集体商标和地理标志证明商标进行审查时，除对其标志进行审查外，还应当对其申请人主体资格、使用管理规则、检验检测能力等特有事项进行审查。

6.1 指定商品的审查

6.1.1 地理标志集体商标和地理标志证明商标商品申报注意事项

地理标志集体商标和地理标志证明商标指定使用的商品的审查以《类似商品和服务区分表》为基本依据，但地理标志强调的是商品的特定品质及其与生产地域自然因素、人文因素之间的关联性，因此：

地理标志所标示的商品通常为农产品、食品、葡萄酒、烈性酒，还包括部分传统手工艺品等其他产品。单一的仅由自然因素或者仅由人文因素决定特定品质的，如：与产地自然因素没有关联的手工艺品、地方小吃或与产地人文因素没有关联的纯工业产品、矿产、野生动植物等，不能作为地理标志集体商标和地理标志证明商标指定使用的商品。

地理标志集体商标和地理标志证明商标指定使用的商品应明确、具体，且应与地理标志名称密切关联。例如"静宁苹果"地理标志证明商标核定使用的商品是"新鲜苹果"，而不是"新鲜水果"；"象州大米"地理标志证明商标核定使用的商品是"大米"，而不是"米"。

地理标志集体商标和地理标志证明商标的指定商品多为单一商品，特殊情况下可能指向《类似商品和服务区分表》中的多个商品或类别。例如："建阳建盏"指定商品为第21类"瓷器；日用瓷器（包括盆、碗、盘、壶、餐具、缸、罐）"，"宜昌白山羊"指定商品包括第29类"羊肉；羊（非活）"和第31类"羊（活的）"。

6.1.2 指定商品类似关系的判定

地理标志集体商标和地理标志证明商标指定商品与在先商标指定商品间的相同类似关系判定，以《类似商品和服务区分表》作为基本依据。但地理标志集体商标和地理标志证明商标与在先商标相同、近似的判定，仅以其指定商品相同或包含关系为基础。例如，"西瓜"与"苹果"同属3105类似群组，如果地理标志集体商标和地理标志证明商标指定商品为"西瓜"，在先商标指定商品为"苹果"，则该地理标志集体商标和地理标志证明商标与该在先商标不判定为相同、近似；如果在先商标指定商品为"新鲜水果"，由于"西瓜"包含在"新鲜水果"商品项目中，则该地理标志集体商标和地理标志证明商标与该在先商标判定为相同、近似。

6.2 申请人主体资格的审查

《民法典》第一百二十三条规定，民事主体依法就地理标志享有专有的权利。因此地理标志集体商标和地理标志证明商标的申请人首先应为民事主体。

其次，地理标志是其产地从事相关生产经营活动的市场主体共有的权利，因此，地理标志集体商标和地理标志证明商标申请人应当是经该地理标志所标示地区县级以上人民政府或行业主管部门同意、对该地理标志产品特定品质具备监督检测能力、不以盈利为目的的团体、协会或者其他组织，一般为社会团体法人、事业单位法人，且其业务范围与所监督使用的地理标志产品相关。

公司和农民专业合作社等因是营利性主体，不能作为地理标志集体商标和地理标志证明商标注册人。

申请人应当提交其依法成立的主体资格证明文件。主体资格证明文件包括事业单位法人证书、社会团体法人登记证书等。

申请地理标志集体商标注册的团体、协会或者其他组织，应当由来自该地理标志标示的地区范围内的成员组成。

6.3 地理标志所标示地区县级以上人民政府或者行业主管部门批准文件的审查

地理标志集体商标和地理标志证明商标注册申请人应当提交该地理标志所标示地区县级以上人民政府或行业主管部门同意其申请注册并监督管理该地理标志的批准文件。

地理标志所标示的地域范围为一个县、市范围内的，由该县、市人民政府或者行业主管部门出具批准文件；地域范围为两个以上县、市范围的，由其共同上一级人民政府或者行业主管部门出具批准文件。

例如：

晋州山楂

商标类型：地理标志证明商标
指定商品：第31类新鲜山楂
申请人：晋州市盛林山楂协会
生产地域范围：晋州市的马于镇、总十庄镇、东里庄镇境内

(晋州山楂的生产地域虽仅是晋州市的若干镇，但该地理标志所标示地区为"晋州"，因此，应由晋州市以上人民政府或行业主管部门出具批准文件)

商标类型：地理标志证明商标
指定商品：第31类香梨
申请人：巴音郭楞蒙古自治州库尔勒香梨协会
生产地域范围：孔雀河流域和塔里木河流域，塔克拉玛干沙漠北边缘，冷热空气聚集冲击地带的库尔勒市、尉犁县、轮台县、库车县、新和县、沙雅县、阿克苏市、阿瓦提乡和分布在这些地区里的国营农（团）场

(该地理标志名称虽为"库尔勒香梨"，但其生产地域范围不仅仅在库尔勒市，还包括其所属的巴音郭楞蒙古自治州的其他县乡以及阿克苏等其他地区，因此，应由新疆维吾尔自治区人民政府或行业主管部门出具批准文件)

6.4 申请人监督检测证明能力的审查

申请人自身具备监督检测能力的，提交其检测资质证明、检测设备清单和检测人员名单，即认定其具有监督检测该地理标志产品特定品质的能力。

申请人自身不具备监督检测能力而委托他人检测的，提交明确的对地理标志产品特定品质检测的委托合同、受委托检测方的检测资质证书、检测设备清单和检测人员名单，即认定申请人具有监督检测该地理标志产品特定品质的能力。

6.5 地理标志所标示的生产地域范围的审查

地理标志所标示地区的生产地域范围可以是县志、农业志、产品志、年鉴、教科书中所表述的地域范围，也可以由地理标志所标示地区的人民政府或行业主管部门出具的地域范围证明文件确定。地理标志所标示的地域范围为一个县、市内的，由该县、市人民政府或行业主管部门出具证明文件；地域范围为两个以上县、市范围的，由其共同上一级人民政府或行业主管部门出具证明文件。跨省的由中央人民政府相关行业主管部门或相应省人民政府协商解决。

该地域范围可以与所在地区的现行行政区划名称、范围不一致。

生产地域范围可以以下方式之一或其组合界定：
(1) 行政区划；
(2) 经纬度的方式；
(3) 自然环境中的山、河等地理特征为界限的方式；
(4) 地图标示的方式；
(5) 其他能够明确确定生产地域范围的方式。

但表述应当清晰、明确、具体。如"主要分布""主要包括"等含糊表述则不符合要求。通过多种方式表述的其产品地域范围应相互一致，不能互相冲突。

6.6 地理标志产品特定质量、信誉或其他特征与该地域自然因素、人文因素关系说明的审查

地理标志集体商标和地理标志证明商标指定商品的特定质量、信誉或者其他特征应主要由该地理标志所标示的地区的自然因素或者人文因素所决定。根据生产地域的自然因素、人文因素在地理标志产品特定品质形成过程中的决定作用大小，可分为以下三种情形：

6.6.1 主要由当地的自然条件决定的

例如：

商标类型：地理标志证明商标
指定商品：第31类鲜葡萄
申请人：吐鲁番地区葡萄产业协会

（吐鲁番盆地种植葡萄已经有2000年的历史，该地区高温、干燥，降水极少，高热量、高温差、高光照，独特的水土、光热等自然条件决定了"吐鲁番葡萄"具有皮薄、肉脆、高糖低酸、高出干率等独特的品质）

商标类型：地理标志证明商标
指定商品：第30类茶叶
申请人：安溪县茶业总公司

（"安溪铁观音"属半发酵茶，产于福建省安溪县境内，产区属亚热带海洋性季风气候，群山环抱，土层厚，有机质含量高。产区的土壤、海拔、积温、降水、温度和湿度，加上独特的初制工艺，造就了"安溪铁观音"外形紧结重实、色泽乌绿油润、冲泡后香气浓郁持久、汤色金黄明亮、浓艳清澈、滋味醇厚、鲜爽甘甜的独特品质）

6.6.2 自然因素和人文因素均起主要决定作用的

例如：

绍兴黄酒

商标类型：地理标志证明商标
指定商品：第 33 类黄酒
申请人：绍兴市黄酒行业协会

（绍兴黄酒的特定品质是由鉴湖水及独特的生产工艺所决定的。产地内四季分明，雨水充沛，适宜酿酒所需的微生物生长。鉴湖水系水质清澄，富含微量元素和矿物质。绍兴黄酒采用精白糯米为原料，配以鉴湖水酿制，形成色泽橙黄、清亮透明、味醇厚、柔和鲜爽的品质）

6.6.3 主要由人文因素决定的

例如：

商标类型：地理标志证明商标
指定商品：第 21 类瓷器
申请人：景德镇陶瓷协会

（景德镇瓷器以当地出产的"高岭土＋瓷石"独特的二元配方为主，用铁、铜、钴等氧化物，配制成不同色料，施于泥坯或瓷胎之表面，经高温或低温焙烧成景德镇瓷器，使景德镇瓷器具有色彩缤纷、晶莹悦目、风格独特、白如玉、明如镜、薄如纸、声如磬的特点）

仅由自然因素或者仅由人文因素决定的产品，不符合地理标志概念。

例如：

商标类型：地理标志证明商标
指定商品：第 14 类宝石
申请人：泗水县泗滨砭石协会

（申请人提供的材料仅能证明该标志所指定商品的品质与该标志所标示的地区的自

然因素有密切联系,但未能证明其特定品质的形成与产地的人文因素存在必然关系,没有声誉,不符合地理标志商标注册的条件,违反《商标法》第十六条的规定)

南汇甜瓜

商标类型:地理标志集体商标
指定商品:第31类新鲜甜瓜
申请人:上海市浦东新区农协会

[申请人提交的《南汇农业志》《南汇县续志(1986—2001)》《南汇甜瓜生产技术操作规程》等材料表明,"南汇甜瓜"采用大棚种植方式,人工控制生长环境,这种模式下的生长环境可在任意地区复制,其特定品质的形成与产地的自然环境因素无必然联系,不符合地理标志概念,违反《商标法》第十六条的规定]

商标类型:地理标志集体商标
指定服务:第43类餐馆、饭店等
申请人:灵宝市小吃协会

("小吃"是一类在口味上具有特定风格特色的食品的总称,是一个地区不可或缺的重要特色。但小吃因包含多种产品,其口味和产品品质不尽相同,不符合地理标志产品特定品质应确定单一的要求,且申请人所报地理标志"灵宝小吃"指定在第43类餐饮等服务上,服务是人为的活动,与当地的自然因素无任何关联,故服务商标不符合地理标志概念,违反《商标法》第十六条的规定)

6.7 地理标志客观存在及其声誉证明材料的审查

地理标志客观存在及声誉情况的证明材料是地理标志确权的重要依据,以下证据材料为判定地理标志是否客观存在的主要依据:

(1) 县志、农业志、产品志、年鉴、教科书;
(2) 上述之外的公开出版的书籍、国家级专业期刊、古籍等材料;
(3) 其他可以证明该地理标志产品客观存在及声誉情况的材料。

地理标志客观存在及其声誉证明材料可以是原件,也可以是加盖出具单位公章的封面、版权页、内容页的复印件。

上述证明材料应对该地理标志的名称及其声誉等有清晰明确的记载。

例如:" "地理标志证明商标的客观存在证据为公开出版的书籍《苍山

县志》，其中记载："苍山大蒜是山东省的著名土特产品，因产地苍山县而得名，具有头大瓣齐、皮薄如纸、洁白似玉、粘辣清香、营养丰富等特点，在国内外享有盛誉。苍山县由此而成为国家优质大蒜生产、出口的基地县，被誉为大蒜之乡。"

6.8 使用管理规则的审查

地理标志集体商标和地理标志证明商标使用管理规则的审查除适用本章4.1.2小节和4.2.2小节外，还应对其指定商品的特定质量、信誉或者其他特征及生产地域范围等进行审查。

6.8.1 指定商品特定品质的审查

地理标志商品特定品质包括该商品的感官特征、理化指标或其特殊的制作方法。

感官特征包括形状、尺寸、颜色、纹理等视觉特征和嗅觉、味觉感知等。理化指标包括所属族、种等生物特征，重量、密度、酸碱度等物理特征，水分、蛋白质、脂肪、微量元素含量等化学特征。制作方法包括对加工技术的描述以及最终产品的质量标准，如动物产品的饲养过程、屠宰方法等，植物产品的种植过程、收获实践、储存方式等，传统手工艺品的原材料、配料和制作过程等。

例如：

商标类型：地理标志证明商标
指定商品：第31类苹果
申请人：烟台市苹果协会

（烟台苹果果型端正、果面光洁、色泽鲜艳、汁多爽口、肉质松脆。果形指数0.8以上，着色面积80%以上，可溶性固形物含量达到15%以上，果实硬度8.0kgf/cm^2以上，总酸含量≤0.4%）

商标类型：地理标志证明商标
指定商品：第31类大葱
申请人：济南市章丘区大葱产业协会

（章丘大葱具有四大特点：高、长、脆、甜。株高一般在1.5米，高的可达1.8~2

米,葱白长0.6米,长的可达0.8米以上,径粗3~5厘米,单株重0.5千克左右,葱叶色鲜绿,葱白色泽洁白,平滑光润,落地即断,具有汁多丝少、质地脆嫩、嚼之无丝的品质特点)

地理标志集体商标和地理标志证明商标指定商品特定品质不明确、不客观,或者该商品的特定质量、信誉或其他特征不由当地的自然因素和人文因素决定的,适用《商标法》第十六条第二款规定予以驳回。

例如:

昌吉火烧
CHANG JI HUO SHAO

商标类型:地理标志集体商标
指定商品:第30类火烧
申请人:昌吉市种子协会

(申请人提交的相关材料表明,"昌吉火烧"是新疆一种手工制作的面点,以精面粉、精油、蜂蜜为主要原料,生产者会根据各自的习惯,掺入花生、蜜瓜泥、核桃仁、鸡蛋、鲜玫瑰泥、蜜樱等不同辅料。因工艺特殊,选料考究,外酥内软,香甜可口,被誉为回民食品中独具特色的传统营养食品。由于"昌吉火烧"加工后成品的特定品质不一致,理化指标无法固定,不符合地理标志概念,引用《商标法》第十六条予以驳回)

6.8.2 指定商品的特定质量、信誉或者其他特征与该地理标志所标示地区的自然因素关系的审查

在审查地理标志产品的特定品质与生产地域特定的自然地理环境之间关系时,应重点对两者间的因果关系进行审查。某个具体时间、某个具体环境要素对产品的某一项特定品质产生具体影响的因果关系表述应推理清晰、完整。仅仅罗列产地的气温、光照、降水、土壤、河流等自然条件的,判定为不符合要求。

同时将产地的人文因素一并表述的,应包括种植区域(如山前山后、朝向)、种植时节的选择,特殊的生产建筑(如流入磨坊),当地特有的生产技术等。

例如:关于"金乡黑蒜",金乡常年10月上旬日平均气温在17.6℃,有利于蒜苗在入冬前形成5叶1心的壮苗,从而安全越冬。翌年3月下旬至4月上旬为大蒜起身期,是大蒜生长的最关键时期,需要较高的地温,金乡这一时期常年平均气温为12.3℃,十分适宜……。金乡黑蒜就是由完整、饱满、未剥皮、无霉点的金乡大蒜,用当地弱碱性水浸泡晾干后,在60℃~90℃的高温高湿密制容器中经过40天特殊发酵而成的。

6.8.3 生产地域范围的审查

地理标志集体商标、地理标志证明商标使用管理规则中关于地理标志产品生产地域范围的表述参见本章 6.5 "地理标志所标示的生产地域范围的审查"。

6.9 外国人或者外国企业申请地理标志集体商标和地理标志证明商标的审查

外国人或者外国企业在中国申请地理标志集体商标和地理标志证明商标注册的,同样应遵循本部分的规定,但根据《集体商标、证明商标注册和管理办法》第六条第二款的规定,外国人或者外国企业申请地理标志集体商标和地理标志证明商标注册的,申请人应当提供该地理标志以其名义在原属国受法律保护的证明。因此,申请人如提供了有效的上述证明,则视为申请人已符合本章 6.2、6.3、6.5、6.6、6.7 小节的要求。

第十章　复制、摹仿或者翻译他人驰名商标的审查审理

1　法律依据

《商标法》

第十三条　为相关公众所熟知的商标，持有人认为其权利受到侵害时，可以依照本法规定请求驰名商标保护。

就相同或者类似商品申请注册的商标是复制、摹仿或者翻译他人未在中国注册的驰名商标，容易导致混淆的，不予注册并禁止使用。

就不相同或者不相类似商品申请注册的商标是复制、摹仿或者翻译他人已经在中国注册的驰名商标，误导公众，致使该驰名商标注册人的利益可能受到损害的，不予注册并禁止使用。

第十四条　驰名商标应当根据当事人的请求，作为处理涉及商标案件需要认定的事实进行认定。认定驰名商标应当考虑下列因素：

（一）相关公众对该商标的知晓程度；

（二）该商标使用的持续时间；

（三）该商标的任何宣传工作的持续时间、程度和地理范围；

（四）该商标作为驰名商标受保护的记录；

（五）该商标驰名的其他因素。

在商标注册审查、管理商标工作的部门查处商标违法案件过程中，当事人依照本法第十三条规定主张权利的，商标局根据审查、处理案件的需要，可以对商标驰名情况作出认定。

在商标争议处理过程中，当事人依照本法第十三条规定主张权利的，商标评审委员会根据处理案件的需要，可以对商标驰名情况作出认定。

在商标民事、行政案件审理过程中，当事人依照本法第十三条规定主张权利的，最高人民法院指定的人民法院根据审理案件的需要，可以对商标驰名情况作出认定。

生产、经营者不得将"驰名商标"字样用于商品、商品包装或者容器上，或者用于广告宣传、展览以及其他商业活动中。

第四十五条第一款　已经注册的商标，违反本法第十三条第二款和第三款、第十五条、第十六条第一款、第三十条、第三十一条、第三十二条规定的，自商标注册之

日起五年内,在先权利人或者利害关系人可以请求商标评审委员会宣告该注册商标无效。对恶意注册的,驰名商标所有人不受五年的时间限制。

《商标法实施条例》

第三条 商标持有人依照商标法第十三条规定请求驰名商标保护的,应当提交其商标构成驰名商标的证据材料。商标局、商标评审委员会应当依照商标法第十四条的规定,根据审查、处理案件的需要以及当事人提交的证据材料,对其商标驰名情况作出认定。

2 释义

驰名商标是知识产权领域重要的法律概念。驰名商标保护是《商标法》的重要内容之一,即从保护驰名商标持有人利益和维护公平竞争及消费者权益出发,对可能利用驰名商标的知名度和声誉,造成市场混淆或者公众误认,致使驰名商标持有人的利益可能受到损害的商标注册行为予以禁止,从而为驰名商标提供相对于普通商标更为有力的法律保护。

在商标异议案件审查和不予注册复审、无效宣告案件审理中,涉及请求驰名商标保护的,以本指南为原则进行个案判定。

3 驰名商标认定的原则

3.1 个案认定原则

首先,请求驰名商标保护的当事人(以下简称当事人)只有在具体的商标案件中,认为系争商标构成对其已为相关公众所熟知商标的复制、摹仿、翻译并且容易导致混淆或者误导公众,致使其利益可能受到损害时才可以提起驰名商标认定。其次,在需要认定驰名商标的案件中,驰名商标的认定结果只对本案有效。曾被认定为驰名商标的,在本案中可以作为驰名商标受保护的记录予以考虑。

3.2 被动保护原则

商标注册部门可以在具体的商标案件中应当事人的请求就其商标是否驰名进行认定,并在事实认定的基础上作出决定或裁决。当事人未主张驰名商标保护的,商标注册部门不予主动认定。

3.3 按需认定原则

当事人商标确需通过认定驰名商标依据《商标法》第十三条予以保护的,商标注册部门可就其商标是否驰名进行认定。如果根据在案证据能够适用《商标法》其他条款对当事人商标予以保护的,或系争商标的注册使用不会导致混淆或者误导公众,致使当事人利益可能受到损害的,商标注册部门无须对当事人商标是否驰名进行认定。

3.4 诚实信用原则

当事人请求驰名商标保护应当遵循诚实信用原则，对所述事实及所提交证据材料的真实性、准确性和完整性负责，并书面承诺依法承担不实承诺的法律责任。当事人若在国家企业信用信息公示系统和"信用中国"网站被列入异常经营名录、严重违法失信名单、失信联合惩戒对象名单，以及近三年存在股权冻结、欠税、刑事犯罪等情形的，不再对当事人商标是否驰名进行认定。

4 适用要件

4.1 《商标法》第十三条第二款的适用要件

适用《商标法》第十三条第二款须符合下列要件：
（1）当事人商标在系争商标申请日前已经驰名但尚未在中国注册；
（2）系争商标构成对当事人驰名商标的复制、摹仿或者翻译；
（3）系争商标所使用的商品或者服务与当事人驰名商标所使用的商品或者服务相同或者类似；
（4）系争商标的注册或者使用，容易导致混淆。

4.2 《商标法》第十三条第三款的适用要件

适用《商标法》第十三条第三款须符合下列要件：
（1）当事人商标在系争商标申请日前已经驰名且已经在中国注册；
（2）系争商标构成对当事人驰名商标的复制、摹仿或者翻译；
（3）系争商标所使用的商品或者服务与当事人驰名商标所使用的商品或服务不相同或者不相类似；
（4）系争商标的注册或者使用，误导公众，致使当事人的利益可能受到损害。

5 驰名商标的判定

驰名商标是指在中国为相关公众所熟知的商标。

5.1 相关公众

相关公众包括但不以下列情形为限：
（1）商标所标示的商品或者服务的消费者；
（2）商标所标示的商品的生产者或者服务的提供者；
（3）商标所标示的商品或者服务在经销渠道中所涉及的经营者和相关人员等。

5.2 考虑因素

认定是否构成驰名商标，应当视个案情况综合考虑下列各项因素：
（1）相关公众对该商标的知晓程度；

（2）该商标使用的持续时间；
（3）该商标的任何宣传工作的持续时间、程度和地理范围；
（4）该商标作为驰名商标受保护的记录；
（5）该商标驰名的其他因素。

5.3 相关证据

认定驰名商标可以根据下列证据予以综合判定：

（1）该商标所使用的商品或者服务的合同、发票、提货单、银行进账单、进出口凭据、网络电商销售记录等相关材料；

（2）该商标所使用的商品或者服务的销售区域范围、销售网点分布及销售渠道、方式的相关材料（包括传统经营方式和非传统经营方式）；

（3）涉及该商标的媒体广告、评论、报道、排名及其他宣传活动材料（包括传统媒体和非传统媒体）；

（4）该商标所使用的商品或者服务参加展览会、博览会的相关材料；

（5）该商标的最早使用时间和持续使用情况的相关材料；

（6）该商标在中国及其他国家、地区的注册证明；

（7）该商标被认定为驰名商标并给予保护的相关法律文件，以及该商标被侵权或者假冒的情况；

（8）具有资质的会计师事务所出具的使用该商标的商品或者服务的销售额、利润、纳税等经营情况的财务审计报告以及广告投放情况的广告审计报告；

（9）具有公信力的权威机构公布的使用该商标的商品或者服务的销售额、利税额、产值的统计及市场占有率、广告额统计等，例如统计部门出具的统计证明、税务部门出具的纳税证明等；

（10）使用该商标的商品或者服务在全国同行业中的排名或市场占有率。国家行业主管部门的证明、国家行业主管部门官方公开数据、在民政部登记的全国性行业协会公开或半公开的数据及出具的证明、权威评价机构的评价等能够证明行业排名或市场占有率的材料均可以作为证据；

（11）使用该商标的商品或者服务获得国家发明专利的情况以及当事人自主创新的其他情况；

（12）使用该商标的商品或者服务的技术作为国家标准、行业标准的情况；

（13）该商标获奖情况；

（14）其他可以证明该商标知名度的材料。

5.4 认定驰名的其他证据要求

（1）该商标使用商品或者服务的销售、经营情况应当有销售合同、发票等有效证据支持。当事人应提供销售合同或销售发票等证据证明该商标使用商品或者服务已在多省（自治区、直辖市）销售、经营。

证明当事人经济指标的企业年度报告或者上市公司的上市年报应提交原件或经公证的复印件。纳税额应当有税务机关出具的纳税证明原件、经公证的纳税证明复印件或经公证的电子版纳税证明打印件支持。

（2）当事人应提交该商标的广告合同、发票、广告载体等证据，用以证明该商标宣传的广告费用、形式载体、持续时间、覆盖范围等情况。

（3）上述证据原则上以系争商标申请日之前的证据为限，该商标为未注册商标的，应当提供证明其持续使用时间不少于五年的证据材料；该商标为注册商标的，应当提供证明其注册时间不少于三年或者持续使用时间不少于五年的材料。

（4）当事人提交的域外证据材料，应当能够据以证明该商标为中国相关公众所知晓。

对请求认定该商标为驰名商标的，不能满足上述全部条件，但当事人已提交的在案证据能够证明该商标在市场上确实享有较高声誉，足以认定为驰名商标的，也可以认定。

驰名商标的认定，不以该商标在中国注册、申请注册或者该商标所使用的商品或者服务在中国实际生产、销售或者提供为前提，该商标所使用的商品或者服务的宣传活动，亦为该商标的使用，与之有关的材料可以作为判断该商标是否驰名的证据。

（5）用以证明该商标持续使用的时间和情况的证据材料，按照商业惯例，应当能够显示所使用的商标标识、商品或者服务、使用日期和使用人。

（6）当事人请求驰名商标保护应当遵循诚实信用原则，并对事实及所提交的证据材料的真实性负责。对于当事人提交虚假材料或者有不良企业信用记录的，不予认定。

5.5 驰名商标持有人再次请求驰名商标保护

请求保护的商标具有曾被作为驰名商标受保护记录的，如驰名商标持有人已提交该商标作为驰名商标予以保护时的驰名状态延及本案的证据，其再次请求驰名商标保护的范围与已被作为驰名商标予以保护的范围基本相同，且对方当事人对该商标驰名无异议，或者虽有异议，但异议理由和提供的证据明显不足以支持该异议的，可以根据该保护记录，结合相关证据，给予该商标驰名商标保护。

6 复制、摹仿或者翻译他人驰名商标的判定

6.1 复 制

复制是指系争商标与他人驰名商标相同。

6.2 摹 仿

摹仿是指系争商标抄袭他人驰名商标，沿袭他人驰名商标的显著部分或者显著特征。

驰名商标的显著部分或者显著特征是指驰名商标赖以起主要识别作用的部分或者特征，包括特定的文字、字母、数字或者其组合方式及字体表现形式、特定图形构成方式及表现形式、特定的颜色组合等。

6.3 翻　译

翻译是指系争商标将他人驰名商标以不同的语言文字予以表达，且该语言文字已与他人驰名商标建立对应关系，并为相关公众所熟知或习惯使用，或者易使相关公众误认为该语言文字与他人驰名商标具有相当程度的联系。

7 混淆、误导可能性的判定

7.1 混淆、误导的主要情形

混淆、误导主要包括以下情形：

（1）相关公众对商品或者服务的来源产生误认，认为标识系争商标的商品或者服务系由驰名商标所有人生产或者提供；

（2）使相关公众联想到标识系争商标的商品的生产者或者服务的提供者与驰名商标所有人存在某种联系，如投资关系、许可关系或者合作关系；

（3）足以使相关公众认为系争商标与他人驰名商标具有相当程度的联系，而减弱驰名商标的显著性；

（4）系争商标的注册使用可能贬损驰名商标的市场声誉；

（5）系争商标的注册使用可能不正当利用驰名商标的市场声誉。

7.2 混淆、误导的判定要件

混淆、误导的判定不以实际发生混淆、误导为要件，只需判定有无混淆、误导的可能性即可。

7.3 混淆、误导可能性判定的考虑因素

混淆、误导可能性的判定，应当综合考虑下列各项因素：

（1）系争商标与他人驰名商标的近似程度；

（2）他人驰名商标的独创性；

（3）他人驰名商标的知名程度；

（4）系争商标与他人驰名商标各自使用的商品或者服务的关联程度；

（5）其他可能导致混淆、误导的因素。

8 恶意注册的判定

复制、摹仿或者翻译他人驰名商标申请注册的，自该商标注册之日起五年内，驰名商标所有人或者利害关系人可请求宣告该系争商标无效，但对属于恶意注册的，驰名商标所有人请求宣告系争商标无效不受五年的时间限制。

判定系争商标申请人是否具有恶意可考虑下列因素：

（1）系争商标申请人与驰名商标所有人曾有贸易往来或者合作关系；

（2）系争商标申请人与驰名商标所有人共处相同地域或者双方的商品或者服务有

相同的销售渠道和地域范围；

（3）系争商标申请人与驰名商标所有人曾发生其他纠纷，可知晓该驰名商标；

（4）系争商标申请人与驰名商标所有人曾有内部人员往来关系；

（5）系争商标申请人注册系争商标后具有以牟取不当利益为目的，利用驰名商标的声誉和影响力进行误导宣传，胁迫驰名商标所有人与其进行贸易合作，向驰名商标所有人或者他人索要高额转让费、许可使用费或者侵权赔偿金等行为；

（6）驰名商标具有较强独创性；

（7）其他可以认定为恶意的情形。

9 典型案例

案例一："外研社"商标异议案

（1）商标信息。

外研社

被异议商标
指定商品：游戏器具、纸牌等

引证商标
使用商品：书籍、印刷出版物等

（2）审查要点。

本案中，异议人提交的经济指标列表、财务审计报告及纳税证明、产品销售发票复印件、行业主管部门出具的分析报告、所获荣誉和奖项、媒体报道等证据可以证明，异议人在先注册并使用在"书籍、印刷出版物"商品上的"外研社 FOREIGN·LANGUAGE·TEACHING·AND·RESEARCH·PRESS 及图"商标在被异议商标申请注册之前经长期使用与广泛宣传已具有较高知名度，为相关公众所熟知。被异议商标"外研社"与异议人商标文字"外研社"文字组合完全相同。被异议商标指定使用的"游戏器具、纸牌"等商品与异议人商标主要使用的"印刷出版物"等商品同属文体用品，销售渠道、消费群体均有重合。因此，被异议商标的申请注册已构成对异议人商标的抄袭和摹仿，易误导公众，致使异议人的利益可能受到损害，违反了《商标法》第十三条第三款的相关规定。

案例二："SKECHERS"商标异议案

（1）商标信息。

SKECHERS

被异议商标
指定商品：剃须刀、剪刀等

SKECHERS

引证商标
使用商品：男人、女人和小孩的鞋；男人、女人和小孩的衣服等

(2) 审查要点。

本案中，异议人提交的年度财务报告、销售收入专项审计报告、完税证明、广告宣传资料、国内外媒体相关报道等证据可以证明，异议人注册并使用在"男人、女人和小孩的鞋"等商品上的"SKECHERS"商标在被异议商标申请注册之前经长期使用与广泛宣传已具有较高知名度，为相关公众所熟知。被异议商标字母构成与异议人商标完全相同。被异议商标指定使用的"剃须刀"等商品与异议人商标主要使用的"男人、女人和小孩的鞋"等商品均属于日常消费品，消费群体存在重合。因此，被异议商标的申请注册已构成对异议人驰名商标的复制，易误导公众，致使异议人的利益可能受到损害，违反了《商标法》第十三条第三款的相关规定。

案例三："酷狗 Ku Gou"商标无效宣告案

（1）商标信息。

争议商标
指定服务：提供卡拉 OK 服务等

申请人未注册商标
使用服务：提供在线音乐（非下载）

（2）审理要点。

本案中，申请人提交的行业协会出具的证明、纳税金额证明、宣传使用合同及发票等证据可以证明，在争议商标申请日前，经过申请人多年的使用和宣传，申请人"酷狗"商标在"提供在线音乐（非下载）"服务上已构成驰名商标。争议商标完整包含"酷狗"二字，其他要素又是"酷狗"对应的汉语拼音，与申请人"酷狗"商标高度近似。争议商标指定使用的"提供卡拉 OK 服务"等服务与申请人商标主要使用的服务在服务对象、服务内容和特点上高度相近。因此，争议商标的注册易使相关公众认为其提供者与申请人之间具有某种关联关系，从而容易导致混淆，损害申请人利益，违反了 2001 年《商标法》第十三条第一款的相关规定。

案例四："施华洛及图"商标无效宣告案

（1）商标信息。

施华洛世奇

争议商标
指定服务：婚纱摄影等

引证商标
指定商品：宝石等

（2）审理要点。

《商标法》第四十五条第一款规定，申请人以《商标法》第十三条之规定宣告争议商标注册无效的期限为自商标注册之日起五年内，但对恶意注册的，驰名商标所有人不受五年的时间限制。本案中，根据申请人提交的证据以及商标注册部门查明的事实可知，在争议商标申请注册之前，申请人的"施华洛世奇""施华洛"等品牌通过数十家国内知名报刊、网站等媒体进行了大量的宣传报道。且引证商标在人民法院相关判决书中已被认定已为相关公众所熟知，在原商标评审委员会作出的多件无效宣告裁定中亦有此认定。故本案认定引证商标指定使用在"宝石"商品上已为相关公众所熟知，争议商标构成对引证商标的复制、摹仿；争议商标核定使用的"婚纱摄影"等服务与引证商标核定使用的"宝石"等商品存在一定关联性；且在多件无效宣告裁定中亦有认定被申请人在实际使用中具有攀附申请人高知名度商标的主观故意，已在法院生效判决中予以确认；故争议商标虽已注册满五年，但其使用在指定服务上易使消费者误认为其指定服务来源于申请人或与申请人之间存在密切关联，损害申请人权益。因此，争议商标的注册违反了2001年《商标法》第十三条第二款的相关规定。

案例五："✓"商标异议复审案

（1）商标信息。

被异议商标
指定商品：人用药等

引证商标
指定商品：服装等

（2）审理要点。

本案中，申请人的引证商标经其长期、广泛的使用与宣传，已经形成了极高知名度和广泛的影响，为社会公众广为知晓。依据修改后的《商标法》第十四条，可以认定引证商标为"服装、鞋、帽"商品上的驰名商标。被异议商标与申请人具有独创性的引证商标均为纯图形商标，整体视觉效果相近，虽然被异议商标指定使用的"人用药"等商品与申请人引证商标核定使用的"服装"等商品关联性不强，但鉴于申请人引证商标已为社会公众广为知晓，被异议商标申请注册在"人用药"等商品上，易误导公众并损害申请人驰名商标的利益。因此，被异议商标的申请注册违反了《商标法》第十三条第三款的相关规定。

第十一章　擅自注册被代理人或者被代表人商标的审查审理

1 法律依据
《商标法》
第十五条第一款 未经授权，代理人或者代表人以自己的名义将被代理人或者被代表人的商标进行注册，被代理人或者被代表人提出异议的，不予注册并禁止使用。

2 释　义
本款是对代理人或者代表人明知是被代理人或者被代表人商标而在同一种或类似商品上恶意抢先注册行为的禁止性规定。

3 适用要件
认定代理人或者代表人未经授权，擅自注册被代理人或者被代表人商标的行为，须符合下列要件：
（1）系争商标注册申请人是商标所有人的代理人或者代表人；
（2）系争商标与被代理人、被代表人商标使用在同一种或者类似的商品或者服务上；
（3）系争商标与被代理人、被代表人的商标相同或者近似；
（4）代理人或者代表人不能证明其申请注册行为已取得被代理人或者被代表人的授权。

4 代理关系、代表关系的判定

4.1 代理人、代表人的含义
代理人不仅包括《民法典》中规定的代理人，也包括基于商事业务往来而可能知悉被代理人商标的经销商。
代表人系指具有从属于被代表人的特定身份、因执行职务行为而可能知悉被代表人商标的个人，包括法定代表人、董事、监事、经理、合伙事务执行人等人员。

4.2 代理人、代表人擅自注册行为的认定

在为建立代理或者代表关系的磋商阶段，代理人、代表人知悉被代理人、被代表人商标后进行注册，致使被代理人、被代表人利益可能受到损害的，属于《商标法》第十五条第一款所指代理人、代表人的擅自注册行为。

代理、代表关系结束后，代理人、代表人将被代理人、被代表人商标申请注册，致使被代理人、被代表人利益可能受到损害的，属于《商标法》第十五条第一款所指代理人、代表人的擅自注册行为。

虽非以代理人或代表人名义申请注册被代理人或被代表人的商标，但有证据证明，注册申请人与代理人或者代表人具有串通合谋行为的，属于《商标法》第十五条第一款所指代理人、代表人的擅自注册行为。对于串通合谋抢注行为，可以视情况根据商标注册申请人与上述代理人或者代表人之间的亲属、投资等关系进行推定。

4.3 证明代理关系、代表关系存在的证据

下列证据可以证明代理关系的存在：
（1）代理、经销合同；
（2）可以证明代理、经销关系的交易凭证、采购资料等；
（3）其他可以证明代理、经销关系存在的证据。

下列证据可以证明代表关系的存在：
（1）企业注册登记资料；
（2）企业的工资表、劳动合同、任职文件、社会保险、医疗保险等材料；
（3）其他可以证明一方当事人具有从属于被代表人的特定身份、因执行职务行为而可能知悉被代表人商标的证据材料。

5 被代理人、被代表人的商标

5.1 被代理人的商标

被代理人的商标包括：
（1）在合同或者授权委托文件中载明的被代理人商标；
（2）如当事人无约定，在代理关系已经确定时，被代理人在其被代理经销的商品或者服务上，已经在先使用的商标视为被代理人商标；
（3）如当事人无约定，代理人在其所代理经销的商品或者服务上所使用的商标，因代理人自己的广告宣传等使用行为，已足以导致相关公众认为该商标是表示被代理人的商品或者服务与他人商品或者服务相区别的标志，则在被代理人的商品或者服务上视为被代理人的商标。

5.2 被代表人的商标

被代表人的商标包括被代表人已经在先使用的商标和其他依法属于被代表人的商标。

6 代理人、代表人取得商标注册授权的判定

被代理人、被代表人所作出授权的内容应当包括代理人、代表人可以注册的商品或者服务及商标标志，且授权意思表示应当清楚明确。

代理人或者代表人应当提交以下证据材料证明授权事实的存在：

（1）被代理人、被代表人对代理人、代表人所作出的书面授权文件；

（2）其他可以认定被代理人、被代表人对代理人、代表人作出过清楚明确的授权意思表示的证据。

代理人、代表人虽然在申请注册时未取得被代理人、被代表人的明确授权，但被代理人、被代表人对该申请注册行为进行了事后追认的，视为代理人、代表人取得了被代理人、被代表人的授权。

商标申请注册时取得被代理人、被代表人授权，被代理人、被代表人事后反悔的，仍应认定代理人、代表人取得了被代理人、被代表人的授权。

7 典型案例

7.1 代理人以自己的名义将被代理人的商标进行注册的情形

案例：第 22737360 号"绿博士"商标（以下称争议商标）无效宣告案

（1）商标信息。

绿博士

指定商品：刀叉餐具等

（2）审理要点。

2017 年，国外某公司（以下称申请人）与天津某公司（以下称被申请人）签订了关于申请人"RISOLI"品牌系列产品在中国大陆地区的销售代理协议，被申请人为申请人在中国大陆地区的代理经销商；申请人的"RISOLI"品牌系列产品中包括"DR. GREEN"系列产品。早在 2015 年，申请人在中国地区的代理公司已宣传、销售标有"DR. GREEN"标识的产品。被申请人作为申请人的经销代理人，对申请人在先使用并具有较强独创性的"DR. GREEN"商标理应知晓。争议商标"绿博士"与申请人在先使用的"DR. GREEN"商标中文含义相近，且争议商标核定使用的刀叉餐具等商品与申请人在先使用的锅等商品在销售场所、销售渠道、消费对象等方面具有一定的关联性，属于类似商品。综上，争议商标的注册已构成 2013 年《商标法》第十五条第一款所指的代理人在未经被代理人授权的情况下申请注册被代理人商标的情形。

7.2 代表人以自己的名义将被代表人的商标进行注册的情形

案例：第 16899795 号"高原维金 GAOYUANWEIJIN 及图"商标（以下称争议商标）无效宣告案

（1）商标信息。

指定商品：啤酒、汽水等

（2）审理要点。

该案中，由青海某生物科技开发有限公司（以下称申请人）提交的企业营业执照、陈某宇（以下称被申请人）的身份信息、劳动合同等材料可知，青海某集团有限公司与被申请人陈某宇于 2014 年 12 月 27 日签订了无固定期限劳动合同，并安排其担任食品饮料部经理职务。申请人是青海某集团有限公司下设独资企业，成立日期为 2015 年 2 月 10 日，其法定代表人为被申请人陈某宇。上述证据可以证明，被申请人作为申请人的法定代表人，其对申请人拥有的"高原维金 GAOYUANWEIJIN 及图"商标理应知晓，可以认定二者存在 2013 年《商标法》第十五条第一款所指的代表关系。争议商标核定使用的啤酒、水（饮料）、矿泉水配料等商品与申请人"高原维金"商标涉及的饮料商品在消费对象、功能用途、消费渠道等方面存在交叉或重合之处，属于同一种或类似商品，被申请人在上述商品上未经授权注册申请人商标，已构成 2013 年《商标法》第十五条第一款所指的擅自注册被代表人商标的情形。

第十二章　特定关系人抢注他人
　　　　在先使用商标的审查审理

1　法律依据
《商标法》
第十五条第二款　就同一种商品或者类似商品申请注册的商标与他人在先使用的未注册商标相同或者近似，申请人与该他人具有前款规定以外的合同、业务往来关系或者其他关系而明知该他人商标存在，该他人提出异议的，不予注册。

2　释　义
本款是对除前款规定以外的合同、业务往来关系或者其他关系而明知他人商标，而在同一种或类似商品上恶意抢先注册行为的禁止性规定。

3　适用要件
认定特定关系人抢注他人在先使用商标须符合下列要件：
（1）他人商标在系争商标申请之前在先使用；
（2）系争商标注册申请人与商标在先使用人存在合同、业务往来关系或者其他关系，因该特定关系，注册申请人明知他人商标的存在；
（3）系争商标指定使用在与他人在先使用商标同一种或者类似的商品或者服务上；
（4）系争商标与他人在先使用商标相同或者近似。

4　"在先使用"的判定
本款所指在先使用既包括在实际销售的商品、提供的服务上使用商标，也包括对商标进行的推广宣传。

本款所指在先使用还包括在先使用人为标有其商标的商品或者服务投入市场而进行的实际准备活动。

在先使用人只需证明商标已经使用，无须证明商标通过使用具有了一定影响。

5　合同、业务往来关系及其他关系的判定

5.1　合同、业务往来关系及其他关系的含义
合同、业务往来关系是指双方存在代表、代理关系以外的其他商业合作、贸易往

来关系；其他关系是指双方商业往来之外的其他关系。对合同、业务往来或者其他关系范围的界定应当从维护诚实信用原则立法宗旨出发，以保护在先权利、制止不公平竞争为落脚点，只要因合同、业务往来关系或者其他关系而明知他人在先使用商标存在进行抢注的，均应纳入本款规定予以规制。

5.2　常见的合同、业务往来关系

常见的合同、业务往来关系包括：
（1）买卖关系；
（2）委托加工关系；
（3）加盟关系（商标使用许可）；
（4）投资关系；
（5）赞助、联合举办活动；
（6）业务考察、磋商关系；
（7）广告代理关系；
（8）其他商业往来关系。

5.3　常见的其他关系

常见的其他关系包括：
（1）亲属关系；
（2）隶属关系（例如除《商标法》第十五条第一款规定的代表人以外的其他普通员工）；
（3）商标申请人与在先使用人营业地址邻近。

因存在本章5.1、5.2小节列举以外的其他关系而知晓在先商标的，属于本款规定的其他关系。

5.4　证明合同、业务往来关系及其他关系存在的证据

下列证据可以证明合同、业务往来关系及其他关系的存在：
（1）合同；
（2）可以证明合同、业务往来关系的来往信函、交易凭证、采购资料等；
（3）企业的工资表、劳动合同、社会保险、医疗保险材料、户口登记证明等；
（4）其他证明特定关系存在的证据。

虽非以特定关系人名义申请注册，但有证据证明，注册申请人与特定关系人具有串通合谋行为的，属于《商标法》第十五条第二款所指特定关系人的抢注行为。对于串通合谋抢注行为，可以视情况根据商标注册申请人与上述特定关系人之间的亲属、投资等关系进行推定。

6 典型案例

6.1 因营业地址邻近明知他人商标存在而申请注册的情形

案例：第20680736号"煤研宾馆"商标（以下称争议商标）无效宣告案

（1）商标信息。

煤研宾馆

指定服务：住所代理（旅馆、供膳寄宿处）等

（2）审理要点。

本案中煤某宾馆（以下称申请人）提交的在案证据显示翁某（以下称被申请人）地址与申请人营业地址邻近，被申请人曾入住过申请人的酒店，加之，被申请人在获取争议商标专用权后向申请人发出了《商标侵权告知函》，并在电话联系中提出巨额转让费，可以推定被申请人有知晓并抢注申请人在先使用"煤研宾馆"商标的恶意。争议商标核定使用的住所代理（旅馆、供膳寄宿处）、自助餐厅等服务与申请人在先使用的"煤研宾馆"商标实际使用的酒店、住宿等服务属于类似服务，可以认定争议商标的注册已构成2013年《商标法》第十五条第二款所指的情形。

6.2 与他人具有委托加工关系明知他人商标存在而申请注册的情形

案例：第12035146号"CHOPPIES"商标（以下称争议商标）无效宣告案

（1）商标信息。

CHOPPIES

指定商品：洗衣粉等

（2）审理要点。

该案中，国外某公司（以下称申请人）提交的证据足以证明申请人通过凯瑞公司委托某化工有限公司（以下称被申请人）在中国境内加工"CHOPPIES"品牌洗衣粉，并由中国境内出口至博茨瓦纳。故可以认定，被申请人对于申请人的"CHOPPIES"商标使用在洗衣粉商品上是明确知晓的。申请人在洗衣粉商品上使用"CHOPPIES"商标，最终目的在于促使相关公众认牌购物，发挥该商标识别商品来源的功能，虽然此种识别功能的发挥未在中国境内市场完成，但被申请人作为申请人的贴牌加工商，明知申请人商标存在，却在同一种或类似商品上申请注册相同商标，明显违反诚实信用原则。争议商标已构成2013年《商标法》第十五条第二款所述情形。

第十三章　商标代理机构申请注册商标的审查审理

1　法律依据

《商标法》

第十九条第四款　商标代理机构除对其代理服务申请商标注册外，不得申请注册其他商标。

《商标法实施条例》

第八十四条第一款　商标法所称商标代理机构，包括经国家商标行政管理部门登记从事商标代理业务的服务机构和从事商标代理业务的律师事务所。

第八十七条　商标代理机构申请注册或者受让其代理服务以外的其他商标，商标局不予受理。

2　释　义

上述条款的立法宗旨是保护公共利益，防范商标代理机构利用其业务上的优势，恶意抢注他人商标牟利，扰乱商标市场秩序，侵害商标实际使用人的利益。

商标代理机构是指经备案的从事商标代理业务的服务机构和从事商标代理业务的律师事务所。未备案的，但经市场监督管理部门登记时标明从事商标代理、知识产权代理等业务的主体，或者未在市场监督管理部门登记标明从事商标代理等业务但有实际证据证明其从事商标代理业务的，视同商标代理机构。

商标代理服务是指商标代理机构接受委托人的委托，以委托人的名义办理商标注册申请、商标评审或者其他商标事宜，包括代理商标注册申请、变更、续展、转让、异议、撤销、评审、侵权投诉等有关事项，提供商标法律咨询，担任商标法律顾问，以及代理其他有关商标事务等。

3　商标代理机构申请注册商标的审查

商标代理机构除对其代理服务申请商标注册外，不得申请注册其他商标。商标代理机构的代理服务以《类似商品和服务区分表》中对应的第四十五类4506类似群服务内容为限，如有调整，按照审查时有效的《类似商品和服务区分表》执行。

商标代理机构在除代理服务以外的商品或者服务项目上申请注册商标的，其该商标注册申请不予受理；已经受理的，适用《商标法》第十九条第四款在实质审查中予以驳回。

商标代理机构在代理服务上申请注册商标的，不适用《商标法》第十九条第四款，依法予以审查。

第十四章　损害他人在先权利的审查审理

1　法律依据

《商标法》

第三十二条　申请商标注册不得损害他人现有的在先权利，……。

2　释义

本条规定的在先权利是指在系争商标申请注册日之前已经取得的，除商标权以外的其他权利，包括字号权、著作权、外观设计专利权、姓名权、肖像权、地理标志以及应予保护的其他合法在先权益。

"现有"是指系争商标申请注册日前已经享有并合法存续。系争商标核准注册时在先权利已不存在的，不影响系争商标的注册。

3　具体在先权利的审查审理

3.1　字号权

3.1.1　概述

将与他人在先登记、使用并具有一定知名度的字号相同或者基本相同的文字申请注册为商标，容易导致中国相关公众混淆，致使在先字号权人的利益可能受到损害的，应当认定为对他人在先字号权的损害，系争商标应当不予核准注册或者予以无效宣告。

当事人以具有一定市场知名度并已与企业建立稳定对应关系的企业名称的简称为依据提出主张的，适用本指南。

以事业单位及其他组织的名称、个人合伙及个体工商户的字号提出主张的，参照适用本指南。

3.1.2　适用要件

（1）在系争商标申请注册日之前，他人已在先登记或使用其字号。

（2）在系争商标申请注册日之前，该字号在中国相关公众中已具有一定的知名度。

（3）系争商标的注册与使用容易导致中国相关公众误以为该商标所标示的商品或者服务来自字号权人，或者与字号权人有某种特定联系，致使在先字号权人的利益可能受到损害。

原则上系争商标与在先字号相同或基本相同时容易产生混淆，但在个案中应根据在先字号的独创性、知名度对系争商标与字号是否构成基本相同进行判断。其次，对在先字号权的保护原则上应当以与字号权人实际经营的商品或者服务相同或者类似的商品或者服务为限，但在个案中应根据在先字号的独创性、知名度，以及双方商品或者服务的关联程度，具体确定该在先字号的保护范围。

3.2 著作权

3.2.1 概述

未经著作权人的许可，将他人享有著作权的作品申请注册商标，应认定为对他人在先著作权的损害，系争商标应当不予核准注册或者予以无效宣告。

"作品"是指受到《著作权法》保护的客体。在先著作权是指系争商标申请注册日之前，作品已经创作完成。

3.2.2 适用要件

（1）在系争商标申请注册之前他人已在先享有著作权，且该著作权在保护期限内。

在先享有著作权的事实可以用下列证据材料加以证明：在先公开发表该作品的证据材料，在先创作完成该作品的证据材料，著作权登记证书，通过继承、转让等方式取得在先著作权的证据材料等。对生效裁判文书中确认的当事人在先享有著作权的事实，在没有充分相反证据的情况下，可以予以认可。商标注册证或晚于系争商标申请注册日进行登记的著作权登记证书不能单独作为认定在先著作权成立的证据。

（2）系争商标与他人在先享有著作权的作品相同或者实质性相似。

（3）系争商标注册申请人接触过或者有可能接触到他人享有著作权的作品。

如果系争商标注册申请人能够证明系争商标是独立创作完成的，则不构成对他人在先著作权的损害。

（4）系争商标的注册申请未经著作权人许可。

系争商标注册人主张系争商标的注册申请取得了著作权人许可的，应承担许可事实的举证责任。

典型案例："peppapig及图"商标无效宣告案

（1）商标信息。

指定服务：广告、替他人推销等

（2）审理要点。

首先，申请人"Peppa·Pig"角色形象表现形式独特，具有较强的独创性，属于著作权法保护的美术作品。申请人提交的知识产权转让相关协议及"Peppa·Pig"美术作品在美国的著作权登记证书、作品图样等证据足以形成完整证据链，证明申请人在先享有"Peppa·Pig"美术作品的著作权。中国与美国均为《伯尔尼公约》成员国，申请人在美国取得的著作权亦受中国著作权法的对等保护。其次，系争商标的图形部分与申请人享有著作权的涉案作品在构成要素、表现形式、设计细节等方面高度相近，给公众的视觉效果几无差异，已构成著作权法意义上的实质性相似。再次，申请人提交的证据可以证明，在争议商标申请日期之前，众多国内媒体已对小猪佩奇系列图书及游戏进行了报道，被申请人在争议商标申请日前完全有可能接触到申请人作品。本案争议商标文字部分亦与申请人涉案作品动画角色名称完全相同。争议商标的申请注册难谓巧合。最后，被申请人未经申请人许可。综上，争议商标的申请注册损害了申请人的在先著作权。

3.3 外观设计专利权

3.3.1 概 述

未经许可，将他人享有专利权的外观设计申请注册商标，致使在先外观设计专利权人的利益可能受到损害的，应认定为对他人在先外观设计专利权的损害，系争商标应当不予核准注册或者予以无效宣告。

3.3.2 适用要件

（1）在系争商标申请注册及使用之前他人已在先享有外观设计专利权，且该外观设计专利权在保护期限内。

当事人应提交外观设计专利证书、年费缴纳凭据、专利登记簿副本等证据材料证明外观设计专利的授权公告日早于系争商标注册申请日及使用日。

（2）系争商标的注册与使用容易导致相关公众产生混淆，致使在先专利权人的利益可能受到损害。在判断混淆可能性时，既可以就系争商标与外观设计的整体进行比对，也可以就系争商标的主体显著部分与外观设计的要部进行比对。外观设计专利中的文字仅保护其特殊表现形式，其读音、含义并不在专利权保护范围内。

（3）系争商标的注册申请未经专利权人许可。

系争商标注册人主张系争商标的注册申请取得了外观设计专利权人许可的，应承担许可事实的举证责任。

3.4 姓 名 权

3.4.1 概 述

未经许可，将他人的姓名申请注册商标，给他人姓名权可能造成损害的，系争商标应当不予核准注册或者予以无效宣告。

他人的姓名包括本名、笔名、艺名、译名、别名等。

"他人"是指系争商标申请注册时在世的自然人。系争商标核准注册时自然人已不在世的，不适用本规定。

3.4.2 适用要件

（1）姓名具有一定的知名度，与自然人建立了稳定的对应关系，在相关公众的认知中，指向该姓名权人。

（2）系争商标的注册给他人姓名权可能造成损害。

在个案中综合考虑姓名的知名程度以及系争商标指定的商品或者服务与姓名权人知名领域的关联程度，具体确定该在先姓名权的保护范围。

明知为他人的姓名，却基于损害他人利益的目的申请注册商标的，应当认定为对他人姓名权的损害。

（3）系争商标的注册申请未经姓名权人许可。

系争商标注册人主张系争商标的注册申请取得了姓名权人许可的，应承担许可事实的举证责任。

3.4.3 涉及姓名权保护的其他问题

使用姓名申请注册商标，不符合上述姓名权保护适用要件，但误导公众、妨害公序良俗或者有其他不良影响的，依据《商标法》第十条第一款第（七）项、第（八）项的规定进行审查审理。

典型案例："屠呦呦"商标无效宣告案

（1）商标信息。

屠 呦 呦

指定商品：眼镜等

（2）审理要点。

申请人屠呦呦为药学家，在争议商标申请日之前已在中国公众中具有较高知名度，"屠呦呦"稳定指向申请人。被申请人在未经申请人许可的情况下，将与申请人姓名完全相同的文字"屠呦呦"作为争议商标进行注册，有可能使相关公众认为该商标指定使用的眼镜等商品来源于申请人，或来源于申请人授权的其他主体。因此，争议商标的申请注册损害了申请人的在先姓名权。

3.5 肖像权

3.5.1 概述

未经许可，将他人的肖像申请注册商标，给他人肖像权可能造成损害的，系争商标应当不予核准注册或者予以无效宣告。

肖像是通过影像、雕塑、绘画等方式在一定载体上所反映的特定自然人可以被识别的外部形象。

"他人"是指系争商标申请注册时在世的自然人。系争商标核准注册时自然人已不在世的，不适用本规定。

3.5.2 适用要件

（1）在相关公众的认知中，系争商标图像指向该肖像权人。

将他人的肖像照片作为商标申请注册的，不以他人具有公众知名度为保护前提。

将他人的肖像画作为商标申请注册的，系争商标图像应具有足以使相关公众识别为特定自然人的特征，与该自然人之间形成了稳定的对应关系。

（2）系争商标的注册给他人肖像权可能造成损害。

将他人的肖像照片作为商标申请注册的，不以容易使相关公众认为标记有该商标的商品或者服务系经过该自然人许可或者与该自然人存在特定联系为保护前提。

将他人的肖像画作为商标申请注册的，在个案中以系争商标的注册使用是否容易使相关公众认为标记有该商标的商品或者服务系经过该自然人许可或者与该自然人存在特定联系，具体确定该在先肖像权的保护范围。

明知为他人的肖像，却基于损害他人利益的目的申请注册商标的，应当认定为对他人肖像权的损害。

（3）系争商标的注册申请未经肖像权人许可。

系争商标注册人主张系争商标的注册申请取得了肖像权人许可的，应承担许可事实的举证责任。

3.5.3 涉及肖像权保护的其他问题

使用肖像申请注册商标，不符合上述肖像权保护适用要件，但误导公众、妨害公序良俗或者有其他不良影响的，依据《商标法》第十条第一款第（七）项、第（八）项的规定进行审查审理。

典型案例："真英雄及图"商标无效宣告案

（1）商标图样。

指定商品：服装等

（2）审理要点。

申请人系牙买加籍田径运动员，多次打破短跑世界纪录，在比赛获胜后常以射箭姿势作为其庆祝动作。通过大量新闻报道，申请人及其招牌庆祝动作在争议商标申请注册之前已经在中国公众当中具有较高知名度。争议商标中的人物形象和动作姿态容易使相关公众将其认知为申请人及其招牌庆祝动作，从而误认为争议商标使用的服装等商品系经过申请人许可或者与申请人存在特定联系。被申请人未经申请人许可，申请注册争议商标，损害了申请人的在先肖像权，争议商标予以宣告无效。

3.6 地理标志

3.6.1 概述

将与在先地理标志相同或者近似的文字、图形等申请注册为商标，容易误导公众，致使在先地理标志权利人的利益可能受到损害的，系争商标应当不予核准注册或者予以无效宣告。

地理标志是指标示某商品来源于某地区，该商品的特定质量、信誉或者其他特征，主要由该地区的自然因素或人文因素所决定的标志。

3.6.2 适用要件

（1）系争商标申请注册时，地理标志已经客观存在。

（2）系争商标的注册和使用容易误导公众，致使在先地理标志相关合法权益可能受到损害。应当综合考虑系争商标与在先地理标志的近似程度，地理标志客观存在情况及其知名度、显著性、相关公众的认知，系争商标注册申请人是否具有不当攀附地理标志知名度的主观恶意等因素进行判断。

（3）地理标志在系争商标申请注册时已经作为集体商标或者证明商标申请注册的，适用商标权保护有关规定，不适用本章规定。

（4）系争商标中有商品的地理标志，若该商标已经善意取得注册，即使商品并非来源于地理标志所标示的地区，仍继续有效。

3.6.3 涉及地理标志保护的其他问题

对于商标与在先地理标志相同或者近似，容易误导公众的，当事人在商标异议、评审程序中，同时主张《商标法》第三十二条和《商标法》第十条第一款第（七）项或者第十六条第一款，并符合相关适用要件的，优先适用第十条第一款第（七）项或者第十六条第一款的规定。

3.7 有一定影响的商品或者服务名称、包装、装潢

3.7.1 概述

将与他人有一定影响的商品或者服务名称、包装、装潢相同或者近似的文字、图形等申请注册为商标，容易导致相关公众混淆，致使他人合法权益可能受到损害的，应当认定为对他人有一定影响的商品或者服务名称、包装、装潢的损害，系争商标应当不予核准注册或者予以无效宣告。

有一定影响的商品或者服务名称、包装、装潢是指，并非仅由功能性形状构成，具有显著性，并且在系争商标申请注册之前已经具有一定知名度，相关公众能够以之区分商品或者服务来源的标志。

3.7.2 适用要件

（1）当事人主张在先权益的商品或者服务名称、包装、装潢在系争商标申请注册之前已具有一定影响。

（2）系争商标的注册与使用容易导致相关公众产生混淆或误认，致使在先有一定影响的商品或者服务名称、包装、装潢权益可能受到损害。

应当综合考虑系争商标与商品或者服务名称、包装、装潢的近似程度以及系争商标指定的商品或者服务与名称、包装、装潢有一定影响的商品或者服务的关联程度进行判断。

（3）他人有一定影响的商品或者服务名称、包装、装潢未申请注册为商标。

已作为商标申请注册的有一定影响的商品或者服务名称、包装、装潢适用商标权保护规定，不适用本章规定。

典型案例："可立停"商标无效宣告案

（1）商标图样。

指定商品：成药、医药制剂等

（2）审理要点。

申请人早在1994年已获得卫生部门批准使用"可立停"作为其磷酸苯丙哌林口服液药品的商品名称。经过一定规模的实际使用，在争议商标申请注册之前，申请人"可立停"药品商品名称已经在相关公众当中具有一定影响。被申请人与申请人均为药品生产企业，争议商标注册使用在止咳类药品上，容易导致相关公众对商品来源产生混淆。因此，争议商标的申请注册损害了申请人在先有一定影响的商品名称所享有的民事权益，属于《商标法》第三十二条"损害他人现有的在先权利"所指情形。

3.8 其他应予保护的合法在先权益

3.8.1 概述

除字号权、姓名权、肖像权、著作权、外观设计专利权、有一定影响的商品或者服务名称外的合法权利或者权益，如作品名称权益、作品中的角色名称权益等。作品名称、作品中的角色名称等在系争商标申请注册之前已具有较高知名度，作为商标使用在相关商品或者服务上容易导致相关公众误认为其经过在先标志权益人许可或者与在先标志权益人存在特定联系，在先标志权益人提出主张的，系争商标应当不予核准注册或者予以无效宣告。

3.8.2 适用要件

（1）在先权益归属明确，合法存续。

（2）请求保护的在先标志具有较高知名度。

（3）系争商标注册申请人主观上存在恶意。

（4）系争商标使用在指定商品或者服务上容易导致相关公众误认为其经过在先标志权益人的许可或者与在先标志权益人存在特定联系。此要件应当综合考虑系争商标与在先标志的近似程度、在先标志的知名程度和知名领域以及系争商标指定的商品或者服务与在先标志知名领域的关联程度等因素。

典型案例："哈利波特 Halibote 及图"商标无效宣告案

（1）商标图样。

$$\text{哈利波特}$$
$$\mathcal{Halibote}$$

指定商品：医用营养食物、营养补充剂、婴儿食品、婴儿奶粉、婴儿尿裤、婴儿尿布、人用药等

（2）审理要点。

某娱乐公司对江川某商务有限公司注册的"哈利波特 Halibote 及图"商标提出无效宣告请求。本案在案证据显示，申请人是《哈利·波特》系列电影的出品方。在争议商标申请日前，《哈利·波特》系列小说及电影已经在国内进行了广泛的宣传、播放，具有较高知名度。"哈利·波特"作为申请人电影作品中的主角名称也因此为相关公众所熟知，其知名度的取得是申请人创造性劳动的结晶。争议商标的显著识别文字与申请人电影作品的主角名称"哈利·波特"相同，考虑到影视作品衍生商业市场广泛，争议商标注册使用在"营养补充剂、婴儿食品、婴儿尿裤"等商品上，容易使相关公众误认为上述商品与申请人《哈利·波特》系列作品相关或者已经获得了申请人授权。因此，争议商标的注册使用可能会不正当地借用申请人基于其作品主角名称的知名度，损害申请人的在先合法权益。

第十五章 抢注他人已经使用并有一定影响商标的审查审理

1 法律依据
《商标法》

第三十二条 申请商标注册……，也不得以不正当手段抢先注册他人已经使用并有一定影响的商标。

2 释 义
上述规定是基于诚实信用原则，对已经使用并有一定影响的未注册商标予以保护，制止以不正当手段抢注的行为，弥补严格实行注册原则的不足。

未注册商标包括在系争商标申请日前未提出商标注册申请或者注册期满未续展丧失商标专用权的商标。

3 适用要件
（1）他人商标在系争商标申请日之前已经在先使用并有一定影响；

（2）系争商标与他人商标相同或者近似；

（3）系争商标所指定的商品或者服务与他人商标所使用的商品或者服务原则上相同或者类似；

（4）系争商标申请人采取了不正当手段。

是否构成本条款所指情形应对"一定影响"的程度和"不正当手段"的情形予以综合考虑。

4 已经使用并有一定影响商标的判定

4.1 含 义
在先未注册商标通过商业宣传和生产经营活动，发挥了识别商品或者服务来源的作用，并为中国一定范围的相关公众所知晓的，认定为"已经使用并有一定影响"。

法律规定不得作为商标使用的标识，不能认定为"已经使用并有一定影响的商标"。

相关公众的判定参照本编第十章5.1"相关公众"。

4.2 证据材料

证明未注册商标已经使用并有一定影响，可以提供下列证据材料：

（1）该商标最早使用时间或持续使用情况等相关资料；

（2）该商标所标示的商品或者服务的合同、发票、提货单、银行进账单、进出口凭据、电商平台交易单据或者交易记录等；

（3）该商标所标示的商品或者服务的销售区域范围、销售量、销售渠道、方式、市场份额等相关资料；

（4）该商标的使用人在广播、电影、电视、报纸、期刊、网络、户外等媒体发布的商业广告，以及上述媒体中所有涉及该商标的评论、报道及其他宣传活动资料；

（5）该商标所标示的商品或者服务参加展览会、博览会、拍卖等商业活动的相关资料；

（6）该商标的获奖等商誉资料；

（7）其他可以证明该商标已经使用并有一定影响的资料。

用以证明商标使用情况的证据材料，应当能够显示所使用的商标标识、商品或者服务、使用日期和使用人。

4.3 时 间

未注册商标原则上应当在系争商标申请日前已经在先使用并具有一定影响。

在系争商标申请日前虽曾使用并具有一定影响，但未持续使用的，还应对该商标的影响力是否持续至系争商标申请注册日予以判定。

5 不正当手段的判定

系争商标申请人明知或者应知他人在先使用未注册商标存在而抢先注册的，判定为采取了"不正当手段"，可综合考虑下列因素：

（1）系争商标申请人与在先使用人曾有贸易往来或合作关系，或者曾就达成上述关系进行过磋商；

（2）系争商标申请人与在先商标使用人共处相同地域或地缘接近，或者属于同行业竞争关系；

（3）系争商标申请人与在先使用人曾发生过其他纠纷，可知晓在先使用人商标；

（4）系争商标申请人与在先使用人曾有内部人员往来关系；

（5）系争商标申请人与在先商标使用人具有亲属关系；

（6）系争商标申请人利用在先使用人有一定影响商标的声誉和影响力进行误导宣传，胁迫在先使用人与其进行贸易合作，向在先使用人或者他人索要高额转让费、许可使用费或者侵权赔偿金等行为；

（7）他人商标具有较强显著性或较高知名度，系争商标与之相同或者高度近似；

（8）其他明知或者应知他人在先使用未注册商标存在的情形。

6 典型案例

案例一:"金鼎轩"商标无效宣告案

(1) 商标信息。

指定服务:饭店等

(2) 审理要点。

本案中,申请人提交了企业登记文件、报纸、杂志广告、报道、纳税证明、互联网网页等证据,基于餐饮服务特有的字号一般与商标同一、连锁经营、地域性强等特点,申请人上述证据可以证明,在争议商标申请注册前,"金鼎轩"作为申请人连锁经营酒楼字号及其提供的餐饮服务上的商标已具有一定影响。被申请人与申请人同处北京地区,具有知悉申请人使用"金鼎轩"的可能性。且被申请人在争议商标获准注册后,在没有取得餐饮业经营资格的情况下,利用该商标进行招商,实质是利用申请人商誉,以收取加盟费和商标使用费的方式牟取利益,主观意图、市场行为具有不正当性。争议商标的注册申请构成"以不正当手段抢先注册他人已经使用并具有一定影响的商标"之情形。

案例二:"陌陌"商标无效宣告案

(1) 商标信息。

陌陌

指定服务:安全保卫咨询、交友服务等

(2) 审理要点。

本案中,申请人提交的《陌陌移动社交软件》计算机软件著作权登记证书、陌陌社交 App 使用证据(包括线下推广活动资料、广告宣传、媒体报道)等证据可以证明在争议商标申请注册日前,申请人开发的"陌陌"移动社交软件产品在交友服务上已具有一定影响。被申请人营业执照内容显示其主要从事计算机软件开发等服务,作为同业竞争者,其对申请人在先使用并具有一定影响的"陌陌"商标应当知晓。在此情况下,被申请人在交友服务、婚姻介绍服务上申请注册"陌陌"商标难谓善意,争议商标在该两项服务上的注册申请构成"以不正当手段抢先注册他人已经使用并具有一定影响的商标"之情形。

案例三:"苏醒灵"商标无效宣告案

(1) 商标信息。

苏醒灵

指定商品:兽医用药等商品

(2) 审理要点。

本案中,申请人提交的科研项目合同、成果报告等文件显示"眠乃宁""苏醒灵"专项课题于1988年立项,1992年通过专家鉴定,1989年其研发人员在《中国林副特产》等杂志上发表关于药理作用、使用价值等内容的论文,受业内机构和专家肯定,荣获众多奖项,以上证据反映出该商标最早使用时间及持续使用情况,能够证明其在相关公众中具有一定影响。被申请人的法定代表人曾与申请人就"苏醒灵"兽药存在购销关系,可以推定其作为同一地域的同行业者对申请人具有显著性的"苏醒灵"标识理应知晓,但仍申请注册争议商标,违反诚实信用原则。争议商标的注册构成"以不正当手段抢先注册他人已经使用并有一定影响的商标"之情形。

案例四:"ムヒベビー"商标无效宣告案

(1) 商标信息。

指定商品:止痒水等商品

(2) 审理要点。

本案中,申请人提交的中国供应商网、网易等网站、《日本热销药图鉴》等书籍对申请人"ムヒ""ムヒベビー"驱蚊液、止痒药水等产品进行推介,把专门面向华语地区销售的液体状"ムヒ"产品命名为"无比滴",表明在争议商标申请注册前,申请人上述商标在止痒药水等商品上在先使用且影响力已及于中国相关公众。被申请人在产品销售中采用"日本无比滴""国内授权版本"等宣传语言,使用与申请人近乎相同的产品包装,由此推定其明知申请人商标的存在,有利用在先使用人有一定影响商标的声誉和影响力进行误导宣传之嫌。综合考虑申请人在案证据及被申请人的恶意情形,争议商标的注册申请构成"以不正当手段抢先注册他人已经使用并有一定影响的商标"之情形。

第十六章　以欺骗手段或者其他不正当手段取得商标注册的审查审理

1　法律依据

《商标法》

第四十四条第一款　已经注册的商标，违反本法第四条、第十条、第十一条、第十二条、第十九条第四款规定的，或者是以欺骗手段或者其他不正当手段取得注册的，由商标局宣告该注册商标无效；其他单位或者个人可以请求商标评审委员会宣告该注册商标无效。

2　释　义

上述规定是关于以欺骗手段或者其他不正当手段取得注册商标的处理。

申请商标注册应当遵守诚实信用原则，不得以弄虚作假的手段欺骗商标注册部门取得注册，也不得以扰乱商标注册秩序、损害公共利益、不正当占用公共资源或者以其他方式谋取不正当利益等其他不正当手段取得注册。

在商标异议和不予注册复审程序中可参照适用本条标准。

3　适用要件

3.1　以欺骗手段取得商标注册的行为

此种行为是指系争商标注册人在申请注册商标时，采取向商标注册部门虚构或者隐瞒事实真相、提交伪造的申请书件或者其他证明文件等手段骗取商标注册。该行为包括但不限于下列情形：

（1）伪造申请书件章戳或签字的行为；

（2）伪造、涂改申请人的身份证明文件的行为，包括使用虚假的身份证、营业执照等身份证明文件，或者涂改身份证、营业执照等身份证明文件上重要登记事项等行为；

（3）伪造其他证明文件的行为。

3.2　以其他不正当手段取得商标注册的行为

3.2.1　含　义

此种行为是指确有充分证据证明系争商标注册人采用欺骗手段以外的扰乱商标注

册秩序、损害公共利益、不正当占用公共资源或者以其他方式谋取不正当利益等其他不正当手段取得注册，其行为违反了诚实信用原则，损害了公共利益。对于只损害特定民事权益的情形，应适用《商标法》第四十五条及其他相应规定。

3.2.2 "以其他不正当手段取得注册"的情形

下列情形属于本条所指的"以其他不正当手段取得注册"：

（1）系争商标申请人申请注册多件商标，且与他人具有一定知名度或较强显著特征的商标构成相同或者近似的；

（2）系争商标申请人申请注册多件商标，且与他人字号、企业名称、社会组织及其他机构名称、有一定影响的商品名称、包装、装潢等构成相同或者近似的；

（3）其他可以认定为以不正当手段取得注册的情形。

3.2.3 考虑因素

系争商标申请人以不正当手段取得商标注册的，应当对系争商标具有使用意图或已经实际投入商业使用。对于使用意图的判定可以依据本编第二章4"考虑因素"进行。

系争商标申请人以不正当手段取得注册的商标，不限于系争商标申请人本人申请注册的商标，也包括与系争商标申请人具有串通合谋行为或者具有特定身份关系或者其他特定联系的人申请注册的商标。

3.2.4 适用的限制

根据在案证据能够适用商标法其他条款对系争商标不予注册或宣告无效的，不再适用《商标法》第四十四条第一款，恶意明显的例外。

第十七章 撤销注册商标案件的审查审理

1 法律依据

《商标法》

第四十九条 商标注册人在使用注册商标的过程中，自行改变注册商标、注册人名义、地址或者其他注册事项的，由地方管理商标工作的部门责令限期改正；期满不改正的，由商标局撤销其注册商标。

注册商标成为其核定使用的商品的通用名称或者没有正当理由连续三年不使用的，任何单位或者个人可以向商标局申请撤销该注册商标。商标局应当自收到申请之日起九个月内做出决定，有特殊情况需要延长的，经国家商标行政管理部门批准，可以延长三个月。

第五十四条 对商标局撤销或者不予撤销注册商标的决定，当事人不服的，可以自收到通知之日起十五日内向商标评审委员会申请复审。商标评审委员会应当自收到申请之日起九个月内做出决定，并书面通知当事人。有特殊情况需要延长的，经国家商标行政管理部门批准，可以延长三个月。当事人对商标评审委员会的决定不服的，可以自收到通知之日起三十日内向人民法院起诉。

《商标法实施条例》

第六十五条 有商标法第四十九条规定的注册商标成为其核定使用的商品通用名称情形的，任何单位或者个人可以向商标局申请撤销该注册商标，提交申请时应当附送证据材料。商标局受理后应当通知商标注册人，限其自收到通知之日起2个月内答辩；期满未答辩的，不影响商标局作出决定。

第六十六条 有商标法第四十九条规定的注册商标无正当理由连续3年不使用情形的，任何单位或者个人可以向商标局申请撤销该注册商标，提交申请时应当说明有关情况。商标局受理后应当通知商标注册人，限其自收到通知之日起2个月内提交该商标在撤销申请提出前使用的证据材料或者说明不使用的正当理由；期满未提供使用的证据材料或者证据材料无效并没有正当理由的，由商标局撤销其注册商标。

前款所称使用的证据材料，包括商标注册人使用注册商标的证据材料和商标注册人许可他人使用注册商标的证据材料。

以无正当理由连续3年不使用为由申请撤销注册商标的，应当自该注册商标注册公告之日起满3年后提出申请。

第六十七条 下列情形属于商标法第四十九条规定的正当理由：

（一）不可抗力；
（二）政府政策性限制；
（三）破产清算；
（四）其他不可归责于商标注册人的正当事由。

2 释义

商标注册人负有规范使用和连续使用注册商标并积极维护注册商标显著性的法定义务。上述条款是关于禁止自行改变注册商标、注册商标的注册人名义、地址或者其他注册事项等行为，以及撤销成为其核定使用的商品的通用名称及无正当理由连续三年不使用注册商标的规定。

3 是否存在自行改变注册商标、注册人名义、地址或者其他注册事项情形的判定

自行改变注册商标，是指商标注册人或者被许可使用人在实际使用注册商标时，擅自改变该商标的文字、图形、字母、数字、立体形状、颜色组合等，导致原注册商标的主要部分和显著特征发生变化。改变后的标志同原注册商标相比，易被认为不具有同一性。

自行改变注册商标的注册人名义，是指商标注册人名义（姓名或者名称）发生变化后，未依法向商标注册部门提出变更申请，或者实际使用注册商标的注册人名义与《商标注册簿》上记载的注册人名义不一致。

自行改变注册商标的注册人地址，是指商标注册人地址发生变化后，未依法向商标注册部门提出变更申请，或者商标注册人实际地址与《商标注册簿》上记载的地址不一致。

自行改变注册商标的其他注册事项，是指除注册商标、商标注册人名义、地址之外的其他注册事项发生变化后，注册人未依法向商标注册部门提出变更申请，致使与《商标注册簿》上登记的有关事项不一致。

存在上述行为之一的，且经地方市场监督管理部门责令商标注册人限期改正，但期满不改正的，依法予以撤销。

4 是否存在注册商标成为其核定使用商品的通用名称情形的判定

4.1 含义

注册商标成为其核定使用商品的通用名称，是指原本具有商标显著特征的注册商标，在市场实际使用过程中，退化为其核定使用商品的通用名称。

4.2 判定

判定系争商标是否属于商品的通用名称，应当从商标标志整体上进行审查，且应当认定通用名称指向的具体商品，对与该商品类似的商品不予考虑。

判定系争商标是否属于商品的通用名称，关键是判定该商标的功能是区分不同商

品还是区分不同商品来源，如商标的主要功能是区分不同商品，应判定为通用名称。除依据本编第四章3.1"仅有本商品的通用名称、图形、型号的"部分审查审理外，还可以参考辞典、专用工具书、国家或者行业标准、相关行业组织的证明、市场调查报告、市场上的宣传使用证据以及其他主体在同种商品上使用该商标标志的证据进行审查审理。

判断注册商标成为其核定使用商品的通用名称的时间点，一般应以提出撤销申请时的事实状态为准，案件审查审理时的事实状态可以作为参考。

4.3 适用要件

（1）注册商标在其获准注册之时尚未成为其核定使用商品的通用名称；

（2）注册商标在市场实际使用过程中，丧失了其识别商品来源的功能，在被提出撤销申请时已成为其核定使用商品的通用名称。

判定注册商标是否成为其核定使用商品的通用图形、型号，参照上述关于通用名称判定标准进行。

5 连续三年不使用注册商标情形的判定

5.1 含义和时间起算

连续三年不使用注册商标，是指一个注册商标在其有效期内不使用，且该状态不间断地持续三年以上。

连续三年不使用注册商标的时间起算，应当自申请人向商标注册部门申请撤销该注册商标之日起，向前推算三年。

5.2 商标使用的判定

商标的使用，是指商标的商业使用。包括将商标用于商品、商品包装或者容器以及商品交易文书上，或者将商标用于广告宣传、展览以及其他商业活动中，用于识别商品来源的行为。

对商标注册人提供的商标使用证据，应结合其市场主体类型、实际经营形式、商标注册情况综合判断其是否真实、公开、合法地使用商标。

商标注册人应当在核定使用的商品上使用注册商标。商标注册人在核定使用的商品上使用注册商标的，在与该商品相类似的商品上的注册可予以维持。商标注册人在核定使用商品之外的类似商品上使用其注册商标，不能视为对其注册商标的使用。

系争商标实际使用的商品不属于《类似商品和服务区分表》中的规范商品名称，但其与系争商标核定使用的商品仅名称不同，本质上属于同一商品的，或是实际使用的商品属于核定商品下位概念的，可以认定构成在核定商品上的使用。

系争商标核准注册时，核定的未实际使用商品与已实际使用商品在《类似商品和服务区分表》中不属于类似商品，但因《类似商品和服务区分表》的变化，在案件审理时属于类似商品的，以案件审理时的事实状态为准，可以维持未实际使用商品的注册。系争商标核准注册时，核定的未实际使用商品与已实际使用商品在《类似商品和服务区分表》中属于类似商品，但因《类似商品和服务区分表》的变化，在案件审理时不属于类似商品的，以核准注册时的事实状态为准，可以维持未实际使用商品的注册。

系争商标实际使用的商品未在中国境内流通而直接出口的，可以认定构成核定商品的使用。

以下情形，不被视为商标法意义上的商标使用：
（1）商标注册信息的公布或者商标注册人关于对其注册商标享有专用权的声明；
（2）未在公开的商业领域使用；
（3）改变了注册商标主要部分和显著特征的使用；
（4）仅有转让或许可行为而没有实际使用；
（5）仅以维持商标注册为目的的象征性使用。

5.3 商标使用在指定商品上的具体表现形式

（1）采取直接贴附、刻印、烙印或者编织等方式将商标附着在商品、商品包装、容器、标签等上，或者使用在商品附加标牌、产品说明书、介绍手册、价目表等上；
（2）商标使用在与商品销售有联系的交易文书上，包括使用在商品销售合同、发票、票据、收据、商品进出口检验检疫证明、报关单据、电子商务经营的交易单据或者交易记录等上；
（3）商标使用在广播、电视、互联网等媒体上，或者在公开发行的出版物中发布，以及以广告牌、邮寄广告或者其他广告方式为商标或者使用商标的商品进行的广告宣传；
（4）商标在展览会、博览会上使用，包括但不限于在展会印刷品及其他资料、工牌、指示牌和背景牌等处用于指示商品和服务来源的使用；
（5）商标使用体现在国家机关、检测或鉴定机构及行业组织出具的法律文书、证明文书上；
（6）其他符合法律规定的商标使用形式。

5.4 商标使用在指定服务上的具体表现形式

（1）商标直接使用于服务场所，包括使用于服务的介绍手册、服务场所招牌、店堂装饰、工作人员服饰、招贴、菜单、价目表、奖券、办公文具、信笺以及其他与指定服务相关的用品上；
（2）商标使用于和服务有联系的文件资料上，如发票、汇款单据、提供服务协议、维修维护证明、电子商务经营的交易单据或者交易记录等；
（3）商标使用在广播、电视、互联网等媒体上，或者在公开发行的出版物中发布，以及以广告牌、邮寄广告或者其他广告方式为商标或者使用商标的服务进行的广告宣传；

（4）商标在展览会、博览会上使用，包括但不限于在展会印刷品及其他资料、工牌、指示牌和背景牌等处用于指示商品和服务来源的使用；

（5）商标使用体现在国家机关、检测或鉴定机构及行业组织出具的法律文书、证明文书上；

（6）其他符合法律规定的商标使用形式。

5.5 系争商标不存在连续三年不使用情形的举证责任由系争商标注册人承担

用以证明系争商标不存在连续三年不使用的情形的证据材料，应当符合以下要求：

（1）能够显示出使用的系争商标标识。

（2）能够显示出系争商标使用在指定使用的商品或者服务上。

（3）能够显示出系争商标的使用人，既包括商标注册人自己，也包括商标注册人许可的他人以及其他不违背商标权人意志使用商标的人；如许可他人使用的，应当能够证明许可使用关系的存在。

（4）能够显示出系争商标的使用日期，且应当在自撤销申请之日起向前推算三年内。

（5）能够证明系争商标在《商标法》效力所及地域范围内的使用。

仅提交下列证据，不视为商标法意义上的商标使用：

（1）商品销售合同或提供服务的协议、合同；

（2）书面证言；

（3）难以识别是否经过修改的物证、视听资料、网站信息等；

（4）实物与复制品。

6 典型案例

案例一：第 10691087 号"PHILLIPS"商标撤销复审案

（1）商标信息。

PHILLIPS

指定商品：金属支架

（2）审理要点。

本案中，商标注册人提交了注册人与广东省某公司、某国际贸易公司签订的购销合同，合同中显示"PHILLIPS"商标及铁支架商品，签订时间亦在本案指定期间。商标注册人还提交了增值税专用发票，发票显示的商品名称、数量、金额与前述购销合同可以形成一一对应关系，能够证明前述购销合同已经实际履行。而且，证据中显示的铁支架商品属于"PHILLIPS"商标核定使用的金属支架商品，因此在案证据已经可以证明"PHILLIPS"商标在核定使用商品上进行了实际使用。

案例二：第 7040019 号"一丸土"商标撤销复审案

（1）商标信息。

指定商品：茶具、茶壶等

（2）审理要点。

商标注册人提交的证据包括商标使用授权书、淘宝店铺"一丸土工作室"首页截图、淘宝店铺掌柜 fiships 为张某霞的认证材料、店铺交易记录、紫砂壶包装盒照片、中国胶粘剂交易平台采购紫砂杯及微信采购对话记录等。上述证据能够证明"一丸土"商标在"紫砂壶；紫砂杯"商品上进行了商标法意义上的使用。虽然"紫砂壶；紫砂杯"商品不属于《类似商品和服务区分表》中的规范商品名称，但其实际上属于系争商标核定使用的"茶具；茶壶"商品中的一种，可以认定构成在"茶具；茶壶"商品上的使用，并在"陶器；瓷器；日用陶器（包括盆、碗、盘、缸、坛、罐、砂锅、壶、炻器餐具）"等类似商品上对"一丸土"商标一并维持注册。

案例三：第 5417364 号"宜派 ipai 及图"商标撤销复审案

（1）商标信息。

指定商品：汽车等

（2）审理要点。

经在国家税务总局全国增值税发票查验平台上对商标注册人提交的三张深圳增值税普通发票进行查验，发现其中一张发票显示的商品名称、金额均与平台所录信息不符，另外两张发票经查验显示无此票信息。鉴于商标注册人的主要证据真实性存疑，该项证据应不予认可，"宜派 ipai 及图"商标应予以撤销。

案例四：第 11666678 号"六堡茶"商标撤销案

（1）商标信息。

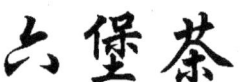

指定商品：茶

(2) 审查要点。

广西某公司提供的证据材料"中华人民共和国国家标准 GB/T 32719.4—2016"显示，六堡茶已被囊括进黑茶概念里，从 2017 年 1 月 1 日该国家标准施行之日起，"六堡茶"即成为法定的商品通用名称；该公司提交的相关网络搜索结果，也可作为"六堡茶"在茶行业通用性使用的佐证。且商标注册人怠于维护商标专用权，致使行业内大量以"六堡茶"命名的公司涌现。广西某公司提交的证据足以证明"六堡茶"商标在其核定使用的第 30 类"茶"部分核定使用商品上已成为通用名称，与《商标法》第四十九条规定的成为其核定使用的商品的通用名称之情形相符。

案例五：第 602490 号"工"商标撤销案

(1) 商标信息。

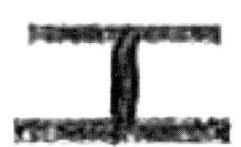

指定商品：钢丝绳卡头

(2) 审查要点。

商标注册人提交了"工"商标不使用正当理由的相关证据材料。证据显示，2009 年 10 月 30 日商标注册人因资不抵债由青岛市四方区人民法院民事裁定破产清算，主管部门青岛市市北区发展和改革局出具说明函，说明"工"商标作为无形资产计入资产冲减负债。本案经审查认为，商标注册人的不使用正当理由成立，"工"商标予以维持。

第十八章 《商标法》第五十条的审查审理

1 法律依据

《商标法》

第五十条 注册商标被撤销、被宣告无效或者期满不再续展的,自撤销、宣告无效或者注销之日起一年内,商标局对与该商标相同或者近似的商标注册申请,不予核准。

2 释 义

注册商标被撤销、被宣告无效或者期满不再续展的,商标注册人的商标专用权不再存在。在此种情况下,其他单位或者个人提出与该商标相同或者近似的商标注册申请,在权利上不存在冲突问题,理应允许。但是,被撤销、被宣告无效或者被注销的注册商标,在被撤销、被宣告无效或者被注销之前,除了连续三年不使用这种情形外,毕竟已经使用,并或多或少在市场上产生一定的影响。为了避免市场上同时存在不同主体提供使用相同或者近似商标的商品或者服务,使消费者对商品或者服务的来源产生混淆,有必要适用《商标法》第五十条以设置一定时间的隔离期限。

因此,本条明确规定,注册商标被撤销、被宣告无效或者期满不再续展的,自撤销、宣告无效或者注销之日起一年内,商标注册部门对与该商标相同或者近似的商标注册申请,不予核准。

3 适用情形

做出审查决定时,他人在先相同或者近似的注册商标被撤销(因连续三年不使用而被撤销的除外)的,自撤销公告之日起未满一年的,应适用《商标法》第五十条予以引证。

做出审查决定时,他人在先相同或者近似的注册商标被宣告无效的,自宣告无效决定或者裁定的应诉期届满之日起未满一年的,应适用《商标法》第五十条予以引证。

做出审查决定时,他人在先相同或者近似的注册商标有效期满不再续展的,自注册商标有效期届满之日起未满一年的,应适用《商标法》第五十条予以引证。

做出审查决定时,他人在先相同或者近似的注册商标因连续三年不使用被撤销的,自撤销公告之日起,不适用《商标法》第五十条的规定。

第十九章 审查意见书

1 法律依据

《商标法》

第二十九条 在审查过程中，商标局认为商标注册申请内容需要说明或者修正的，可以要求申请人做出说明或者修正。申请人未做出说明或者修正的，不影响商标局做出审查决定。

《商标法实施条例》

第十一条 下列期间不计入商标审查、审理期限：……（二）当事人需要补充证据或者补正文件的期间以及因当事人更换需要重新答辩的期间……。

第二十三条 依照商标法第二十九条规定，商标局认为对商标注册申请内容需要说明或者修正的，申请人应当自收到商标局通知之日起 15 日内作出说明或者修正。

2 释义

在审查过程中，商标注册部门认为商标注册申请内容需要说明或者修正的，可以通过发出审查意见书的形式，要求申请人做出说明或者修正。

（1）审查意见书是商标注册部门依据《商标法》及其实施条例的有关规定，认为商标注册申请涉及不符合规定，但经说明或修正后有可能克服前述障碍等情形的，视审查实际情况需要，依职权要求商标注册申请人或其代理人在法定期限内对其商标注册申请作出说明或者修正，并提供相应补充证据或补正文件的法定程序。审查意见书不是商标注册审查的必经程序，仅在案情复杂、确有必要时启动。

（2）审查意见书原则上一次性告知需要说明或者修正的事项，对于申请人、代理人完全相同的多件商标注册申请，若存在涉嫌恶意注册等相同事由，要求商标注册申请人或其代理人作统一说明或者修正的，可以并案发出一份审查意见书。

（3）依据《商标法》第二十八条和《商标法实施条例》第十一条第一款第（二）项的规定，商标注册申请人或其代理人在法定期限内提供补充证据或补正文件的，自审查意见书签发之日起至商标注册申请人或其代理人提供补充证据或补正文件之日止的期间，不计入商标审查期限；法定期限届满，商标注册申请人或其代理人未提供补充证据或补正文件的，自审查意见书签发之日起至法定期限届满之日止的期间，不计入商标审查期限。

（4）申请人对其商标注册申请提供的补充证据或补正文件，应当使用规范的文件格式并按要求规范填写。提供的补充证据或补正文件应当为原件、经公证的复印件或者由原件出具方盖章或签字的复印件。申请人修正其商标注册申请时，可以声明放弃商标非显著部分的专用权，但不得对商标进行修改。

3 适用情形

下列情形可启动审查意见书程序：

（1）具有《商标法》第十条第一款第（二）项、第（三）项、第（四）项和第二款但书规定情形的，经申请人提供补充证据或补正文件后，相关商标注册申请具有准予初步审定的可能性。

（2）商标含有与我国国家名称相同或者近似的文字，但其整体是企事业单位简称的（适用此条需具备以下条件：申请人主体资格是经国务院或其授权的机关批准设立的，申请人名称是经名称登记机关依法登记，申请注册的商标与申请人名称的简称一致，简称是经国务院或其授权机关批准）。

（3）"地市级及以上行政区划地名＋公共事业名称"组成的商标，具有获得相关部门授权其在商标注册申请指定的商品或者服务项目上使用该标志申请注册商标的可能性。

（4）在报纸、杂志、期刊、新闻刊物等4项商品上，申请注册含有国家名称、县级以上行政区划地名，中央国家机关所在地特定地点的名称或标志性建筑物的名称及缺乏显著特征的标识等情形，需申请人提供有关部门核发的报纸、期刊出版许可证明等相关证据材料，以证明该标识是经批准使用的报纸、期刊名称。

（5）申请注册的商标直接涉及国内外知名的重大赛事、展会等活动，但经查询公开信息能够推定该申请人与该赛事、展会等活动的主办方存在关联，具有获得主办方授权其在商标注册申请指定的商品或者服务项目上使用该标志申请注册商标可能性。

（6）申请注册的商标直接涉及国家重大工程项目，但经查询公开信息能够推定该申请人与该工程项目存在关联，具有获得相关部门授权其在商标注册申请指定的商品或者服务项目上使用该标志申请注册商标可能性。

（7）申请注册的商标直接涉及国家级公园等公共设施，但经查询公开信息能够推定该申请人与公共设施存在关联，具有获得相关部门授权其在商标注册申请指定的商品或者服务项目上使用该标志申请注册商标可能性。

（8）商标中包含具有一定知名度的自然人的姓名或肖像，且并非申请人本人的姓名或肖像，易导致消费者对商品或者服务的来源产生误认，如经查询公开信息能够推定该自然人和申请人存在关联的可能性，可以要求申请人提供该自然人授权其在商标注册申请指定的商品或者服务项目上以该自然人的姓名或肖像申请注册商标的相关补充证据或补正文件。

（9）商标注册申请人与引证商标的所有人同为我国公民且姓名、地址均相同，仅身份证号码的个别数字或字母因公民身份号码编码规则变化导致不同，疑似同一主体的；或者外国申请人国籍、姓名、地址均相同，仅护照号码因护照更换导致不同，疑似同一主体的；以及外国申请人的英文名称、英文地址由于语种、缩写形式等原因具有极其细微差异，疑似同一主体的，可以要求申请人提供补充证据或补正文件，说明其与引证商标的所有人是否系同一主体。

（10）申请信息错误或者无法核实的，由于申请人或其代理机构填写商标申请信息有误，与申请人主体资格证明文件不一致的，以及申请人在商标注册申请文件中提供的营业执照在国家企业信用信息公示系统中无法查询到的情形，可以要求申请人通过变更或者更正程序消除错误，或者提供补充证据或补正文件，说明其营业执照真实有效。

（11）商标中含有难以确定书写是否规范的汉字的，可以要求申请人提供补充证据或补正文件，说明其出处。

（12）声音商标、颜色组合商标等具有符合《商标法》第十一条第二款规定的可能性，可以要求申请人提供补充证据或补正文件，说明其经过长期使用取得显著特征，可能予以初步审定。

（13）三维标志商标中的三维形状部分不具有显著特征，需要申请人声明放弃三维形状部分专用权。

（14）商标中包含不宜由某一申请人独占使用的非显著部分，需要申请人声明放弃专用权。

（15）对审查决定有重大影响的在先商标处于变更、转让或申请人名义更正程序中，但变更、转让或更正决定在该商标注册申请的法定审查周期内无法作出的，可以发审查意见书告知申请人可以依法提交请求暂缓审查的书面申请，等待在先案件审理结果的期间，不计入该商标注册申请的审查期限。

（16）涉嫌不以使用为目的的恶意商标注册申请，可以要求申请人就申请注册商标意图及使用情况作出说明。

（17）集体商标、证明商标注册申请内容需要说明或者修正。

（18）其他确有必要适用的情形。

附　录

《商标审查审理指南 2021》的说明

一、制定的必要性

党的十八大以来,我国经济社会发展环境、知识产权保护制度体系均发生了历史性变化。以习近平同志为核心的党中央把知识产权工作摆在更加突出的位置,习近平总书记多次作出"提高知识产权审查质量和审查效率"等重要指示。在中央政治局第二十五次集体学习时,习近平总书记强调要提高知识产权保护工作法治化水平、完善知识产权审查制度。《知识产权强国建设纲要(2021—2035年)》和《"十四五"国家知识产权保护和运用规划》中强调要建设一流商标审查机构。社会公众也对深化知识产权领域"放管服"改革和商标便利化改革提出更多期待。

与此同时,商标法等相关法律法规进一步修订完善。近年来打击商标恶意抢注和囤积注册行为、管控重大不良影响商标、审查审理流程优化、商标注册审签机制改革、深化商标注册便利化改革等实践经验和改革成果需要总结和巩固。形式审查、商品服务和商标检索要素的分类、马德里商标国际注册等各项程序规范需要进一步梳理和明确,商标审查审理实体性规定需要进一步充实和完善,在保护市场主体合法商标权益的同时,更加注重维护国家利益与社会公共利益。

面对新时代知识产权工作更新更高的任务和要求,国家知识产权局根据《中华人民共和国商标法》(以下简称《商标法》)及《中华人民共和国商标法实施条例》(以下简称《商标法实施条例》),在《商标审查及审理标准》(原国家工商行政管理总局商标局、商标评审委员会共同制定,以下简称《标准》)的基础上,总结提炼近年来商标审查审理理论和实践的最新成果,整合商标各项业务指南、说明、内部规程,制定了《商标审查审理指南 2021》(以下简称《指南》)。《指南》是规范商标各项业务程序的规程,是指导商标审查审理工作的重要依据,也是社会公众办理商标注册申请或者其他商标事务的具体指引,对加强知识产权保护中央事权、优化商标注册审查工作流程、提升商标审查审理质量和效率具有重要意义。

二、制定总体思路和考虑因素

制定《指南》的总体思路是:认真落实习近平总书记关于知识产权工作的重要指示论述精神,坚持正确政治方向,坚持依法行政,以商标知识产权"严保护"为导向,以严格商标审查审理标准一致为目标,形成一部覆盖商标业务全流程、体例统一、内容完备的商标审查审理指南,为支撑商标事业高质量发展,提升知识产权治理能力现代化水平提供依据。

贯彻上述总体思路,制定工作过程中坚持了以下工作原则:

一是坚持正确方向。全面贯彻落实习近平总书记关于知识产权工作重要指示论述精神,贯彻落实党中央决策部署,坚持服务知识产权强国建设大局。

二是坚持回应人民群众关切。优化商标授权确权程序,明确商标审查审理各项原则和具体要求,以公开促进公平公正。

三是坚持依法立规。根据民法典、商标法第四次修正及相关法律、法规、司法解释,制定、细化配套规定,严格在法律框架下做好《指南》制定工作,确保延续性、稳定性与前瞻性、开放性的统一,处理好与其他知识产权法律制度的关系。

四是坚持严格保护。维护商标法立法宗旨,完善以强化保护为导向的商标审查政策,坚决打击商标恶意抢注、囤积注册等违法行为,严格驰名商标认定要求,加大对不良影响商标的管控力度,更加强调对商标显著性的根本要求,引导申请人恪守诚实信用原则,合理提交商标注册申请,维护商标体系有效良性运转,促进商标知识产权的高质量创造。

五是坚持立足实际。全面总结近年来商标审查审理实践经验,巩固、确认和发展商标注册审查审理工作成果,提高商标审查审理的精细化水平,适应新技术新业态发展要求,确保公共利益和激励创新兼得。

六是坚持融合统一。协调商标各项业务程序要求一致,合并商标审查和商标审理适用标准为一编,兼顾不同程序考虑因素的差异,进行科学化、体系化的集成,同时实现标准适用一致性和个案原则的有机统一。规范用词用语,参照相关法律法规及规范,统一用词用语80余个。

三、主要内容

《指南》分上、下两编,上编为"形式审查和事务工作编",系对现行各流程形式审查标准和工作规程的系统梳理和优化,下编为"商标审查审理编",系商标审查审理实体性标准。

(一)关于上编"形式审查和事务工作编"

"形式审查和事务工作编"依照商标业务模块划分为五个部分,共二十五章。各部分依次明确了各商标申请业务的形式审查,商品服务和商标检索要素分类,商标变更、续展、转让等其他商标业务的审查,马德里商标国际注册审查以及商标申请事务的处理。该编依照《商标法》及其实施条例等法律、法规、规章及有关国际条约的规定,整合商标局对外发布的各项业务申请指南、相关书式说明以及相关规程,按照便利申请人的原则和公平、公开的要求重新组织内容。该编各章一般先列明法律依据,而后按照对应业务运行顺序编排内容。此外,该编还对商标审查审理涉及的用词、用语进行了全面的梳理和规范。各部分内容如下:

第一部分:商标申请形式审查(第一章至第五章)

《指南》第一部分"商标申请形式审查"依据《商标法》及其实施条例的规定和行政程序基本原则,修改、整合各项商标申请业务现有申请指南、相关规程,总结实践经验撰写。

第一章为"形式审查的一般性要求"。该章是对商标申请形式审查的一般性规定的归纳和概括，确认了商标申请形式审查书面审查、一次性告知和确保效率三项基本原则。该章所确定的形式审查程序、申请文件的基本要求和身份证明文件、主体资格证明文件的规定适用于该编第一部分、第三部分及第四部分相关业务。

第二章为"注册申请形式审查"。该章详细阐述了商标注册申请的法律依据、途径方式、形式审查内容，明确形式审查结论的若干情形，为有优先权要求的申请人提供了清晰指引，并明确了撤回商标注册申请的相关审查规定。该章还首次系统性整理、规范了新型商标图样提交的要求（见该章3.1.4）。

第三章为"异议形式审查"。该章包括异议申请的法律依据、申请形式审查、答辩及补充证据材料的审查、异议人变更等内容。该章完善了邮寄提交、通过邮政企业以外的快递企业递交异议申请的邮寄日期证明规定；明确了利害关系人分类；细化了不予受理及补正情形；增加了异议申请驳回规定。该章对在先权利人与利害关系人、答辩材料、补充证据材料的规定（见该章3、4、5）在商标评审形式审查和国际异议形式审查中同样适用。

第四章为"评审形式审查"。该章包括商标评审各项申请的法律依据、评审案件类型、各项评审申请的申请文件要求及形式审查、评审答辩及补充证据材料的要求、变更及解除代理等内容。

第五章为"撤销注册商标申请形式审查"。该章包括撤销连续三年不使用注册商标申请及撤销成为通用名称商标申请两种撤销申请审查的法律依据、申请文件与具体审查内容、期限计算、文件送达、使用证据的接收、审查过程中的变更、审查结论和撤回申请等相关内容。该章对注册商标尤其是马德里国际注册商标注册满三年的起算标准进行了明确。同时，针对连续三年不使用注册商标撤销程序要求，为提高文件送达率，更好地保护权利人合法权益，在文件主送商标权利人之外，增列了不同情形下向相关当事人抄送文件的情况（见该章1.4.2）。

第二部分：商品服务和商标检索要素的分类（第六章至第九章）

对商品服务和商标检索要素的分类由商标注册部门依职权主动进行。申请人申请注册的商标图样需划分检索要素，申报的商品及服务项目需要划分类似群。《指南》第二部分"商品服务和商标检索要素的分类"参照相关国际公约规定，总结商品服务分类和商标文字、图形等检索要素分类现有规程和实践经验撰写。

第六章为"商品服务分类"。该章阐明了商标注册工作中商品服务分类的法律依据、申报原则、分类原则和基本要求，特别是对商品服务申报工作中常见问题进行了归纳和列举。

第七章为"商标文字检索要素分类"。该章包括商标名称及汉字分卡、拼音分卡、英文分卡、字头分卡、数字分卡、意译分卡及特殊情形下分卡的工作要求及典型示例。

第八章为"商标图形要素分类"。我国自1988年5月开始使用基于《建立商标图形要素国际分类维也纳协定》的《商标图形要素国际分类》，并不断进行调整。该章归纳了需要进行图形要素分类的七种情形，并确认了图形要素划分原则，列举了若干典型图例。

第九章为"商标其他检索要素分类"。该章主要阐述了声音商标的要素划分原则。

第三部分：其他商标业务审查（第十章至第十二章）

《指南》第三部分"其他商标业务审查"是对依据《商标法》第四章"注册商标的续展、变更、转让和使用许可"以及《商标法实施条例》第四章"注册商标的变更、转让、续展"进行的相关审查工作梳理，相关业务不对形式审查和实质审查做明确界分。

第十章为"商标变更类申请"。该章包括商标注册人/申请人名称或者地址的变更，商标注册申请人的代理机构的变更，国内文件接收人（外国申请人/注册人）的变更和商标申请/注册事项的更正四部分内容。为适应商标注册便利化改革，该章明确写入以下便利化举措：一是明确了申请人名义发生多次变更的，可一次变更到现名义而无须逐次变更（见该章1.2）；二是明确变更申请的撤回和中止具体情形和审查内容（见该章1.7）；三是限定申请变更代理机构的应为在注册申请中的商标，已注册商标无须申请变更代理机构（见该章2.3）。

第十一章为"商标权的处分类申请"。该章包括注册商标/注册申请的转让和移转、注册商标的使用许可备案（变更许可人、被许可人名称，许可提前终止）、注册商标专用权质押登记、注册申请的商品/服务项目的删减、注册商标的注销和注册商标有效期满未续展的注销六节内容。商标转让/移转涉及民事权利处分，在实践中存在一定争议，该章针对相关问题进行了重点回应：一是阐明了不同类型移转申请的办理方式（见该章1.2.2）；二是列举了容易导致混淆或者其他不良影响的转让的具体情形（见该章1.7）；三是明确对于转让人名下领土延伸至中国受保护的马德里国际注册商标，与申请转让的国内注册商标构成相同、近似商标的，应一并办理转让（见该章1.5）。

第十二章为"注册商标的续展"。除了各程序一般性规定，还列明了不予核准续展申请的具体情形。

第四部分：马德里商标国际注册审查（第十三章至第十八章）

《指南》第四部分"马德里商标国际注册审查"在《商标法》及其实施条例、马德里商标国际注册相关国际条约基础上，总结和梳理世界知识产权组织相关规定、国内相关规程以及实践经验撰写，包括马德里商标国际注册审查全部业务的审查具体要求和内容。各章中涉及马德里商标国际注册相关申请书式的说明是以世界知识产权组织最新公布的英文书式为范例撰写而成。

第十三章和第十四章分别为"马德里商标国际注册申请审查"和"马德里商标国际注册后续业务申请审查"。在相关程序中，我国系原属国，国家知识产权局为原属局，其职能主要为证明提交国际注册申请的商标在国内已经申请或者注册、申请人符合相关资格以及提交的书式齐全、填写合规，国际规费的转交以及国内商标失效后的通知。因此第十三章和第十四章的内容主要是相关资格、条件与申请书式的审查、规费和国际注册商标效力终止的通知。马德里商标国际注册及后续业务申请的全流程，从申请、补正、缴费到需要经商标局回复的不规范通知，再到商标无效的通知，为申请人填写申请、审查员的审查工作提供清晰客观的标准。

第十五章为"商标国际异议形式审查"。该章包括马德里体系领土延伸至中国的国际商标异议的申请、答辩回文、补充材料及撤回申请的审查。

第十六章为"马德里商标领土延伸申请审查"。马德里商标领土延伸申请由世界知识产权组织国际局进行形式审查后通知国家知识产权局。实质审查前将指定的商品和服务项目翻译成中文以便检索比对。马德里商标领土延伸申请实质审查标准与国内商标注册申请实质审查标准相同。

第十七章和第十八章分别为"领土延伸至中国的国际注册后续业务形式审查"和"领土延伸至中国的国际注册后续业务实质审查"。前者包括国际注册转国内申请、国际注册代替国内注册加注申请和国际更正分拣；后者包括国际注册的名称或者地址变更、转让、续展、删减、注销、合并、放弃等。由于国际注册商标的后续业务既有与国内后续业务相同或者相似的业务类型，也有马德里国际注册体系框架下的国际部分注销、国际删减、国际合并、国际放弃等国内后续业务不涉及的业务类型，因此，此两章在撰写时一方面与国内后续业务在审查标准和流程上尽量保持一致，另一方面考虑马德里商标国际注册的特殊性，满足国际条约的相关规定，将国际后续业务的审查审理标准按照形式审查和实质审查进行了梳理，形成了操作性比较强的两个章节，对国际后续业务涉及的所有类型的审查标准作了相对详尽的规定。

第五部分：商标申请事务处理（第十九章至第二十五章）

《指南》第五部分"商标申请事务处理"以商标申请指南、《商标注册档案管理办法》《关于商标电子申请的规定》等规范和实践为基础，系统梳理了文件接收和送达、缴费、档案管理、电子申请等商标申请事务相关内容。

第十九章为"商标申请文件的接收"。该章介绍了商标收文工作规程，商标申请日、提交日及期限届满日的计算方法以及代理机构备案的程序。

第二十章为"商标费用"。该章包括商标规费项目、缴费期限及缴费日、缴纳方式和退款等内容。

第二十一章为"商标文件的送达"。该章整理了商标文件的送达方式及对应解释说明，对收件人、送达日作出了明确规定，并对退件的处理、文件查询的具体方式予以规范。

第二十二章为"出具和补发证明文件"。该章明确了商标注册部门所出具的证明文件仅有"出具优先权证明文件""马德里国际商标出具商标注册证明""商标变更、转让、续展证明"和"补发商标注册证"四类。该章还列明了相关审查事项和不予补发证明文件的情形。

第二十三章为"商标档案"。该章包括商标档案的定义和形式，商标档案的归档范围、整理原则、归档要求、保管和销毁等事项，重点对不同主体如何查阅和复制商标档案作出规定和说明（见该章3）。

第二十四章为"商标公告"。该章列举了由商标注册部门发布的30种商标公告类型，并对马德里商标国际注册公告进行了说明。

第二十五章为"电子申请有关规定"。该章包括电子申请用户、商标数字证书、电子申请的接收、电子发文及电子商标注册证等内容，并规定了电子申请的相关注意事项,指出了电子申请不同于其他形式申请的特殊要求。

(二) 关于下编"商标审查审理编"

《指南》下编"商标审查审理编"共十九章,是在《标准》基础上修订、完善而成,有延续,也有创新。在体例上,《指南》不再采用审查和审理分列的做法,而是按照商标法条文顺序排列各章节,明确审查审理不同环节考虑因素的差异。在各章内容编排上,除概述章外,《指南》在各章设立"释义"部分,嵌入指导案例,以更好地说明相关条款的适用,增强指引的确定性。在内容上,《指南》根据近年来法律、理论和实践的发展,对商标审查审理实体性规范进行了增补、完善和修改,具体如下:

1. **设置"概述"章**

该章统领全篇,明确了商标审查审理的基本原则、范围和基本概念:

关于基本原则。该章根据现行商标法的规定以及商标授权确权实践中的普遍观点,明确商标审查审理工作的五项基本原则,分别为:诚实信用原则,以注册为主、以使用为补充的原则,保护合法在先权利原则,标准执行一致与个案审查原则以及防止权利滥用原则(见该章1)。

关于商标审查审理范围。该章将绝对理由和相对理由概念在《指南》中固定,区分审查和审理程序,并严格依照《商标法》及其实施条例的规定,从概念、法条适用等方面明确各审查和审理程序的边界(见该章2)。

关于基本概念。该章参照域外商标立法惯例,对商标法中基本概念的内涵和外延予以明确,对商标、商标的显著特征、商标相同与近似、同一种与类似商品或者服务、混淆、商标的使用、不正当手段与恶意这七个商标法律的基本概念予以解释说明(见该章3)。

2. **新增"不以使用为目的的恶意商标注册申请的审查审理"(下编第二章"不以使用为目的的恶意商标注册申请的审查审理")**

《商标法》第四次修正在第四条第一款中增加了"不以使用为目的的恶意商标注册申请,应当予以驳回"的规定。为适应该修改,在广泛吸纳各界意见基础上,结合相关规范及商标审查审理的实践,《指南》新增该章,以明确审查审理实践中"不以使用为目的的恶意商标注册申请"的认定和适用:

一是阐明"不以使用为目的的恶意商标注册申请"的含义。《商标法》第四条所规定的"不以使用为目的的恶意商标注册申请"是指"申请人并非基于生产经营活动的需要,而提交大量商标注册申请,缺乏真实使用意图,不正当占用商标资源,扰乱商标注册秩序的行为"(见该章2)。

二是明确判断是否构成不以使用为目的的恶意商标注册申请的考虑因素,包括申请人基本情况、申请人提交商标注册申请整体情况等(见该章4)。

三是依照审查实践,归纳、列举了九种"不以使用为目的的恶意商标注册申请"典型情形和兜底情形,并以嵌入案例的形式进行具体的解释、说明(见该章5、6)。同时,认可申请人基于防御目的申请与其注册商标相同或者近似的商标以及为具有现实预期的未来业务,预先适量申请商标的行为(见该章2)。

四是厘清了审查、异议和评审环节考虑因素和适用情形的差异。

在考虑因素上,判断是否构成"不以使用为目的的恶意商标注册申请",注册审查程序中以发现的线索为主,异议、评审程序中以在案证据为主(见该章4);在适用情形方面,明确由于程序功能和材料差异,部分情形仅在异议和评审程序考量,如"对同一主体具有一定知名度或者较强显著性的特定商标反复申请注册,扰乱商标注册秩序的"情形(见该章5)。

此外,《指南》汲取成熟实践经验,特别强调"不以使用为目的恶意申请注册的商标,不限于申请人本人申请注册的商标,也包括与申请人具有串通合谋行为或者具有特定身份关系或者其他特定联系的自然人、法人或者其他组织申请注册的商标"以及"商标转让不影响对商标申请人违反《商标法》第四条情形的认定",防止当事人串通合谋规避法律规定(见该章5)。

3. 充实和完善了《商标法》第十条审查审理相关内容(下编第三章"不得作为商标标志的审查审理")

《商标法》第十条规定了不得作为商标使用的标志,该条在审查、审理程序中的适用标准是本次修订重点之一。相较于《标准》上篇第一部分"不得作为商标标志的审查",《指南》调整了内容撰写逻辑,将原有的法律依据+各款适用十节整合为"法律依据""释义"和"具体适用"三节,以更方便理解各条款适用的情形及相互关系。其修订内容大致如下:

一是区分特定类型商标不同情形下的审查审理条款适用。

区分涉国家名称商标不同情形下的审查审理款项适用。对标志中含有与我国国家名称相同或者近似的文字,但因与其他要素相结合,整体与国家名称不相同或者近似的,整体上已不再与我国国家名称相同或者近似的,为防止我国国家名称的滥用,《指南》明确该情形属于《商标法》第十条第一款第(八)项规定的不良影响情形(见该章2.1、3.1.1、3.8.2.3)。

区分涉民族名称商标不同情形下的审查审理款项适用。《标准》规定,标志本身及其构成要素与民族名称相同或者近似,并丑化或者贬低特定民族的,判定为带有民族歧视性,适用《商标法》第十条第一款第(六)项。《指南》进一步明确,标志所含文字、图形等内容本身并非丑化、歧视任何民族,但作为商标使用和注册,可能伤害民族尊严和感情,有害于民族团结、民族平等的,属于《商标法》第十条第一款第(八)项规定的"有其他不良影响"的情形(见该章2.6、3.6、3.8.3.4)。

二是修改、充实《商标法》第十条第一款第(七)项"带有欺骗性,容易使公众对商品的质量等特点或者产地产生误认的"具体适用情形。

调整"易使消费者对指定商品或者服务的内容产生误认的"表述。《标准》"易使消费者对指定商品或者服务的内容产生误认"条目下案例应属于《商标法》第十一条规制的情形,此次将其调整到"商标显著特征的审查审理"章节下,将原条目修改为"容易使公众对服务的内容、性质等特点产生误认的"并新增相关案例(见该章3.7.1.5)。

列入首字为"国"字的标志的审查审理标准（见该章3.7.1.1）。

增加与公众人物肖像相同或者近似的标志的审查审理标准。《标准》仅就"商标由他人姓名构成，未经他人许可，易导致公众对商品或者服务来源产生误认"的情形做了明确规定。为满足实践需要，《指南》增加了标志与公众人物肖像相同或者近似，容易导致公众误认的情形（见该章3.7.2.6）。

增加与具有一定知名度的教育院校、体育组织、环保组织、慈善组织等机构的名称、标志相同或者近似的标志的审查审理标准（见该章3.7.2.7）。

明确与重要赛事、重要展会、重大考古发现名称、标志等相同或者近似的标志的审查审理标准。《标准》在"其他易导致公众误认的"条目下例举了"环渤海国际自行车赛""渝洽会"等案例。随着商标注册申请中此类标志数量的增加，为了给审查员和申请人明确指引，此次修订将类似情形提炼归纳为单独条目，即"与重要赛事、重要展会、重大考古发现名称（含规范简称）、标志等相同或者近似的，未经主办方或者主管单位授权，容易导致公众误认的"，适用《商标法》第十条第一款第（七）项（见该章3.7.2.8）。

三是修订《商标法》第十条第一款第（八）项"具有其他不良影响"的释义及判断方式，整合并充实具体适用情形。

充实细化具有政治不良影响的标志的情形。《标准》列举了"具有政治不良影响"的标志的四种情形。此次修订充实细化了相关内容，新增了"与党的重要理论成就、科学论断、政治论述等相同、近似，或与国家战略、国家政策、党和国家重要会议等相同、近似，易使公众与之产生联想的""由具有政治意义的事件、地点名称等构成的"等情形，将"具有政治上不良影响"的情形增至七种（见该章3.8.2）。

完善与国家、地区或者政治性国际组织领导人姓名相同或者近似的标志的审查审理标准。此次修订将"与国家、地区或者政治性国际组织领导人姓名相同或者近似的"条目细分为两条，即"与我国党和国家领导人姓名相同或者近似的"和"与公众知晓的其他国家、地区或者政治性国际组织领导人姓名相同或者近似的"，增加文字阐述说明和案例（见该章3.8.2.1、3.8.2.2）。

调整完善涉及国名滥用的标志的审查审理标准。此次修订将标志含有我国国名、导致国名滥用相关规定调整至"有损国家主权、尊严、形象或者危害国家安全、破坏国家统一的"条目下，明确标志中含有与我国国家名称相同或者近似的文字，因与其他要素相结合，整体上已不再与我国国家名称相同或者近似的，适用该项禁止性规定，并相应增加该规定的例外情形（见该章3.8.2.3）。

将《标准》中除"有害于社会主义道德风尚"和"具有政治上不良影响"以外的不良影响的情形整合，调整为"对我国经济、文化、民族、宗教、社会易产生消极、负面影响，损害公共利益，扰乱公共秩序的"若干情形，并依照审查实践的发展充实新的情形（见该章3.8.3）。

新增与我国国家级新区、重点开发区域名称相同或者近似的标志具有不良影响的认定标准。《指南》明确，标志与我国整体发展战略关系密切的国家级新区或者国家级重点开发区域名称（含规范简称）等相同或者近似，作为商标使用和注册有害于我国经济、社会公共利益的，适用《商标法》第十条第一款第（八）项。申请人提供书面证明文件证明其获得国务院及其授权部门同意的除外（见该章3.8.3.1）。

细化含不规范汉字标志的审查审理。增加标志中的汉字是否属于不规范汉字的判断标准，明确汉字为书法体或者笔画经图形化、艺术化设计，或者明显系外文中的汉字，不易使公众特别是未成年人对其书写产生错误认知的，可不视为不规范汉字（见该章3.8.3.3）。

增加有害于民族、种族尊严或者感情的标志具有不良影响的认定标准。《指南》明确：标志本身并非丑化、歧视任何民族，但作为商标使用和注册，可能伤害民族尊严或者感情，有害于民族团结、民族平等的，适用《商标法》第十条第一款第（八）项。标志中含有可能伤害种族尊严和感情的文字、图形等的，亦适用该项禁用规定（见该章3.8.3.4）。

增加警衔、消防救援衔、海关关衔、外交衔级等职衔相关标志具有不良影响的认定标准。《指南》明确，此类标志易与上述特定主体产生联系，引起混淆或者误导，损害公共利益、扰乱公共秩序的，适用《商标法》第十条第一款第（八）项（见该章3.8.3.7）。

增加与我国突发公共事件特有词汇相同或者近似的标志具有不良影响的认定标准。为遏制部分申请人将公共卫生事件、社会安全事件、重大自然灾害、重大事故灾难等公共事件特有词汇申请注册为商标、扰乱社会公共秩序的行为，《指南》明确：标志及其组成部分与我国突发公共事件特有词汇相同或者近似，易使公众将其与该事件产生联系，扰乱、危害社会公共秩序的，适用《商标法》第十条第一款第（八）项（见该章3.8.3.8）。

增加与国家重大工程、重大科技项目等名称相同或者近似的标志具有不良影响的认定标准。《指南》明确：标志与我国政治、经济、文化、社会发展关系密切的国家重大工程、重大科技项目等名称相同或者近似的，除非标志由国家相关部门授权的适格主体申请注册，否则会对我国社会公共利益和公共秩序产生消极、负面影响的，适用《商标法》第十条第一款第（八）项（见该章3.8.3.9）。

增加与烈士姓名相同或者含烈士姓名的标志的审查审理标准。《英雄烈士保护法》出台后，实践中对与烈士姓名相同或者包含烈士姓名的商标注册申请审查较为严格，引起社会舆论较大反应。《指南》在制定过程中，就该问题广泛征求了法院、专家、商标代理机构的意见，总结审查实践经验，明确应当结合标志的构成要素、指定的商品服务、申请人所在地域与该烈士的关联程度等因素，综合判断标志的注册和使用是否可能损害烈士的名誉、荣誉或者产生其他不良影响（见该章3.8.3.10）。

四是完善含有地名的商标具体审查审理条款适用（见该章3.9）。

完善含地名的标志适用禁用规定的除外情形。新增一种例外情形，即明确商标"由组成地名的文字和其他文字构成，整体构成有别于地名，不易使消费者联想到地名，亦不易导致产地误认的"，不在适用《商标法》第十条第二款的情形之列（见该章3.9.1.5)。

增加"地市级以上行政区划地名+公共事业名称"标志的审查审理标准。新增一条特殊规定，即明确在申请人和申请标志同时具备一定条件的情况下，由地市级及以上行政区划地名和公共事业名称组成的标志可予以初步审定（见该章3.9.5)。

4. 修改并充实了普通商标显著特征审查审理相关内容（下编第四章"商标显著特征的审查审理")

《商标法》第十一条规定了缺乏显著特征，不得作为商标注册的标志。《指南》在整合《标准》上篇第二部分"商标显著特征的审查"和下篇第九部分"经使用取得显著特征的标志审理标准"的基础上，修订和补充了《商标法》第十一条在商标审查审理程序中适用相关内容。具体如下：

一是明晰相关概念。完善了对商标显著特征概念的阐释，新增对"通用名称""仅直接表示""质量""主要原料""功能""重量""数量"等概念的阐释（见该章2.1、2.2)。

二是首次阐明各类缺乏显著特征情形禁止注册的理论依据（见该章2、3、4)。

三是补充指定在服务上商标显著性审查审理相关内容。商标注册实质审查要考虑该商标申请指定的商品或者服务类别，虽然《商标法》第十一条只提到商品而未提到服务，但《商标法》第四条第二款同时规定"本法有关商品商标的规定，适用于服务商标"，故《指南》在2"释义"、3"具体适用：缺乏显著特征的"、4"具体适用：经过使用取得显著特征的"这三节，均重点补充了涉及服务类别的相关解释和案例。

四是将商标经使用取得显著特征的判断从以"国内相关公众的认知"为准改为以"相关公众的认知"为准（见该章2.4)。

五是修改、增列"其他缺乏显著特征的"情形。将"商品的外包装"（见该章3.3.5）和"指定商品的容器或者装饰性图案"（见该章3.3.6）分列为两种商标缺乏显著特征的情形，增列"日常用语"（见该章3.3.12)、"仅有申请人（不包括自然人）名称全称的"（见该章3.3.10)、"网络流行词汇和网络流行表情包"（见该章3.3.13)、"常用标志符号"（见该章3.3.14)、"节日名称"（见该章3.3.15)、"格言警句"（见该章3.3.16）等情形作为"其他缺乏显著特征的"情形并增加图例予以阐释。

六是改变了由缺乏显著特征文字部分和图形相对独立组成的商标显著性判断规则。《标准》规定，商标由不具备显著特征的标志和其他要素构成，其他要素或者整体能够起到区分商品和服务来源作用的，则该商标具备显著特征。但这一规定存在模糊商标专用权保护范围等问题，也与当前商标授权确权的实践不一致。基于此，《指南》改变了上述规定，指出："若商标由独立文字部分和独立其他要素组成，文字部分不具备显著特征，则该商标整体应被认定为缺乏显著特征。"同时规定了此种情况下的审查意见书程序。

5. 充实和完善了商标相同、近似审查审理相关内容（下编第五章"商标相同、近似的审查审理")

《指南》在《标准》上篇第三部分"商标相同、近似的审查"基础上，对商标相同、近似判定相关内容进行了修订和大量补充、完善，具体如下：

一是完善基本概念（见该章2）。该章参照相关司法解释，对商标相同、商标近似、同一种商品、同一种服务、类似商品和类似服务这六个基本概念的定义进行了完善。

二是新增对《类似商品和服务区分表》中未涵盖的商品和服务判定类似关系的考虑因素（见该章2）。新增"对于《类似商品和服务区分表》未涵盖的商品，应当基于相关公众的一般认知力，综合考虑商品的功能、用途、主要原料、生产部门、消费对象、销售渠道等因素认定是否构成同一种或者类似商品；对于《类似商品和服务区分表》未涵盖的服务，应当基于相关公众的一般认知力，综合考虑服务的目的、内容、方式、对象、场所等因素认定是否构成同一种或者类似服务"。

三是完善商标相同、近似的判定原则和方法。新增商标相同、近似隔离观察判定方法（见该章3.1）。区分不同程序，细化判定商标近似的考虑因素：在商标注册申请实质审查程序中，判定相同、近似主要考虑商标标志本身的近似程度；在其他程序中，还应考虑"在先商标的显著性""在先商标的知名度""相关公众的注意程度"及"商标申请人的主观意图"等因素（见该章3.2）。

四是完善商标相同的判断标准。在文字商标相同的判断上，该章删除了关于"混淆、误认"的要求，认定"商标使用的语种相同，且文字构成、排列顺序完全相同。因字体、字母大小写或者文字排列方式有横排与竖排之分使两商标存在细微差别，或者仅改变汉字、字母、数字等之间的间距、颜色"的，即可认定为相同商标（见该章4.1），混淆为商标相同的结果而非判断要件。在图形商标相同的判断上，该章进一步强调图形商标相同，是指"商标图形在构图要素、表现形式等视觉上"基本无差别（见该章4.2）。

五是完善商标近似判断具体适用。结合商标审查审理实践，强调商标近似判断中显著部分的功能，增加多种商标判定为近似或者判定为不近似的情形，丰富大量案例，使商标近似标准更具指导性和针对性。同时，对部分案例增加文字注释，便于准确理解。

在图形商标的近似判断上，将《标准》中的"商标完整地包含他人在先具有一定知名度或者显著性较强的图形商标……判定为近似商标"改为"商标包含他人在先具有较高知名度或者显著性较强的图形商标……判定为近似商标"，去掉原"完整地"三字，保护范围扩大，保护力度加强（见该章5.2.2）。

在组合商标汉字部分相同或者近似判定上，增列不认定近似的例外情形，即"但汉字作为商标的非显著识别部分或者非主要识别部分，商标外观区别明显，不易使相关公众对商品或者服务的来源产生混淆的，不判为近似商标"（见该章5.3.1）。

增加普通商标与集体商标、证明商标相同、近似的审查标准（见该章6）。

6. 修改并充实了三维标志商标显著性等内容（下编第六章"三维标志商标的审查审理"）

《指南》在《标准》上篇第四部分"立体商标审查标准"基础上，对三维标志商标的审查审理进行了较大幅度的修改和补充：

一是与商标法以及国际惯例保持一致，统一采用"三维标志商标"表述，不再使用"立体商标"概念。

二是修改三维标志商标显著性的判断规则。进一步明确商品自身的三维形状、商品包装或者容器的三维形状不具有作为商标的显著特征，即使经过设计，具有独特的视觉效果，也不能仅依据其独创性当然认为其具有作为商标的显著特征，只有经过长期或者广泛使用起到了区分商品来源作用的，才可以取得显著特征（见该章3.2.1、3.2.2）；强调当三维标志商标由缺乏显著特征的三维形状和具有显著特征的其他平面要素组合而成时，对其保护为整体保护，申请人应当声明放弃不具有显著特征的三维形状部分的商标专用权，且放弃专用权说明需在商标公告和商标注册证上予以加注（见该章3.2.4.3）。

三是对不具备固有显著特征的三维标志商标经过长期或者广泛使用取得显著特征的，增设审查意见书程序要求（见该章3.2.5）。

四是充实三维标志商标功能性审查。进一步强调所谓"使商品具有实质性价值的三维形状"，指的是该"三维形状是为使商品的外观或造型具有美学价值"（见该章3.3.3）。

五是调整三维标志商标之间相同、近似的审查审理标准。增加仅由三维形状构成的三维标志商标之间近似判断标准，明确其近似判断依靠整体视觉效果进行（见该章3.4.1.1）。三维标志商标由三维形状和平面要素组成的，依照三维形状是否具有显著特征区分情形进行近似判断（见该章3.4.1.2、3.4.1.3）。

7. 修改并充实了颜色组合商标审查审理有关内容（下编第七章"颜色组合商标的审查审理"）

《指南》在《标准》上篇第五部分"颜色组合商标的审查"基础上，对颜色组合商标的审查审理进行了较大幅度的修改和补充：

一是增列《商标法实施条例》第十三条、第四十三条作为法律依据。

二是完善颜色组合商标定义，增加颜色组合商标的保护对象、使用方式、显著性的说明。进一步强调颜色组合商标是指由两种或者两种以上颜色按照"特定方式进行组合构成的"商标。清晰指出单一颜色不能作为商标申请注册。首次阐明颜色组合商标的保护对象是"以特定方式使用的颜色组合本身"，不包括商标图样中呈现的形状，包含文字、图形等要素的指定颜色组合商标不属于颜色组合商标。增加对颜色组合商标使用方式的说明。增加对颜色组合商标显著性的阐述，并对显著特征的审查审理标准予以完善。明确指出颜色组合商标一般缺乏固有显著性，"需要通过长期或广泛的使用，与申请主体产生稳定联系，具备区分商品或者服务来源的功能，才能取得显著特征"（见该章2）。

三是增加对于颜色组合商标禁用条款的审查及图例和注释（见该章3.1）。

四是补充颜色组合商标显著性判定的考虑因素，发出审查意见书要求申请人提交使用证据的要求（见该章3.2）和判定使用取得显著特征的考虑因素（见该章3.2.2），并增加图例和注释进一步阐述。

五是将颜色组合商标的形式审查挪至上编，明晰审查审理不同环节的权责范围。

六是细化颜色组合商标相同、近似的认定标准。明确颜色组合商标之间、颜色组合商标和普通商标之间相同、近似的审查均应当结合在商业活动中的具体使用方式和整体的视觉效果综合判断（见该章3.3.1、3.3.2），并以图例和注释结合的方式详细阐述。

8. 完善声音商标审查审理相关内容（下编第八章"声音商标的审查审理"）

《指南》在《标准》上篇第六部分"声音商标的审查"基础上，对声音商标的审查审理进行了完善：

一是在法律依据中增列《商标法实施条例》第四十三条。

二是明确声音商标一般缺乏固有显著性，需要通过长期或者广泛使用，与申请主体产生稳定联系，具备区分商品或者服务来源的功能，才能取得显著特征（见该章2）。

三是将声音商标形式审查的内容挪至上编，以明晰审查审理不同环节的权责范围。

四是完善声音商标禁用条款和显著特征的审查。增加声音商标违反禁用条款的示例（见该章3.1），增加声音商标显著特征的审查考虑因素（见该章3.2），在其他缺乏显著特征的声音部分增加列举类型"使用商品时或提供服务时难以避免或通常出现的声音"（见该章3.2.2），增加判定声音商标是否经过使用取得显著特征的注意要点（见该章3.2.3）。

9. 充实和完善了集体商标、证明商标审查审理相关内容（下编第九章"集体商标、证明商标的审查审理"）

《指南》该章在《标准》上篇第七部分"集体商标、证明商标的审查"基础上重新撰写了相关内容，进行了大范围的充实和完善。

一是调整内容编排方式。将原有的"法律依据、相关解释、普通集体商标的审查、普通证明商标的审查和地理标志集体商标、证明商标的审查"五节调整和扩充为"法律依据、释义、集体商标和证明商标标志的审查、集体商标和证明商标特有事项的审查、地理标志集体商标和地理标志证明商标标志的审查、地理标志集体商标和地理标志证明商标特有事项的审查"六节，不再使用普通集体商标、普通证明商标的概念。

二是增列《商标法》第八条、第十条第二款、第十一条作为该章法律依据。

三是增加集体商标和证明商标标志审查的内容。在明确集体商标、证明商标标志的审查应当适用普通商标审查的有关规定的同时（见该章3.1、3.3），强调集体商标、证明商标是否具有显著特征，不仅要考虑商标标志本身的含义、呼叫和外观构成，还要结合商标指定的商品或者服务类别、相关公众的认知习惯、所属行业的实际使用情况等，进行个案判断（见该章3.2）；明确含无其他含义的县级以上行政区划地名的集体商标和证明商标的审查（见该章3.4）。

四是补充、完善集体商标和证明商标特有事项审查。在《标准》相应内容基础上，进一步细化对申请人主体资格的审查标准（见该章4.1.1、4.2.1）和使用管理规则的审查标准(见该章4.1.2、4.2.2),充实对集体商标、证明商标指定商品或者服务品质审查的标准(见该章4.1.3、4.2.3)和证明商标注册人监测能力的审查标准(见该章4.2.4)。

五是增加地理标志集体、证明商标标志的审查。包括禁用条款的审查、显著特征的审查和相同、近似的审查。明确地理标志集体、证明商标禁用条款审查既需要符合集体商标、证明商标的一般性标准,也有特殊适用性规定;明确地理标志集体、证明商标和普通商标的近似判断一般规则,如地理标志集体、证明商标"BA+商品名称"不与在先普通商标"AB"判为近似商标,大小地名包含关系的审查规则等(见该章5)。

六是充实和修改地理标志集体、证明商标特有事项审查。明确地理标志集体、证明商标所申报商品与其他商品的类似判断以《类似商品和服务区分表》作为基本依据,但仅以其指定商品相同或者包含关系为基础(见该章6.1),规范申请人主体资格的审查(见该章6.2),明晰申请人的监督检测证明能力(见该章6.4)和商品产地范围的审查(见该章6.5),细化地理标志集体、证明商标商品特定质量、信誉或者其他特征与该地域自然因素、人文因素关系说明的审查(见该章6.6),补充地理标志客观存在及其声誉证明材料的审查(见该章6.7),进一阐明使用管理规则的审查(见该章6.8)。此外,该章还对外国人或者外国企业申请地理标志集体、证明商标的审查进行了说明(见该章6.9)。

10. 充实和完善了涉及驰名商标审查审理相关要求(下编第十章"复制、摹仿或者翻译他人驰名商标的审查审理")

该章对《商标法》第十三条在商标审查审理中的适用进行了说明。《指南》在《标准》下篇第一部分"复制、摹仿或者翻译他人驰名商标审理标准"基础上,充实和完善了驰名商标审查审理相关内容,除增加嵌入案例外,对认定原则、相关内容判定均进行了完善,更加强调对驰名商标的严认定、强保护:

一是完善"按需认定原则"含义(见该章3.3)。明确了"根据在案证据能够适用《商标法》其他条款对当事人商标予以保护的"案件无须对当事人商标是否驰名进行认定。

二是更加强调诚实信用。在认定原则中增加"诚实信用原则",明确了当事人应对所述事实及所提交证据材料的真实性、准确性和完整性负责,并规定了由于当事人存在失信行为导致影响驰名商标认定的具体情形(见该章3.4、5.4)。

三是增加了对已认定驰名商标再次予以保护的相关规定(见该章5.5)。明确了具体的适用条件和驰名商标持有人再次请求驰名商标保护需要提交的证据资料,进一步规范了驰名商标保护工作。

四是更新了证据提交范围(见该章5.3)。在证据提交方面对非传统经营方式、非传统媒体形成的使用证据予以认可,并根据实际情况增加了部分证据提交的形式。

五是细化"翻译"他人驰名商标的定义(见该章6.3),合并表述"混淆"和"误导"的具体情形(见该章7.1),以更符合商标审查审理的实践。

11. 修订了关于代理人、代表人抢注商标的审查审理相关内容（下编第十一章"擅自注册被代理人或者被代表人商标的审查审理"）

该章是对《商标法》第十五条第一款在商标审查审理程序中适用的说明。《指南》在《标准》下篇第二部分"擅自注册被代理人或者被代表人商标审理标准"基础上作出了一定修订：

一是将五年内提出无效宣告申请的相关表述挪至《指南》上编，以明晰审查审理不同环节的权责范围。二是依据《民法典》规定，修改代理人、代表人取得商标授权认定规则。《标准》依据原民法通则无权代理默示追认的规则，规定"被代理人、被代表人知晓该申请注册行为且在合理时间内不表示反对的，视为代理人、代表人取得了被代理人、被代表人授权"，《指南》依据民法典无权代理追认规则的变化，删除了该表述（见该章6）。

12. 修订了关于特定关系人抢注商标的审查审理相关内容（下编第十二章"特定关系人抢注他人在先使用商标的审查审理"）

该章是对《商标法》第十五条第二款在商标审查审理程序中适用的说明。《指南》在《标准》下篇第三部分"特定关系人抢注他人在先使用商标审理标准"基础上作出了一定修订：

一是将五年内提出无效宣告申请的相关表述挪至《指南》上编，明晰审查审理不同环节的权责范围。二是调整关于"在先使用"的判定标准，取消仅在中国市场使用的限制（见该章4），以更加符合商标法诚实信用原则和信赖利益保护立法本意。三是在"其他关系"的列举中增加了"商标申请人与在先使用人营业地址邻近"关系（见该章5.3）。

13. 完善了商标代理机构申请注册商标的审查审理相关内容（下编第十三章"商标代理申请注册商标的审查审理"）

《指南》该章在承继《标准》上篇第九部分"商标代理机构申请注册商标的审查"的基础上，进一步完善了相关内容：一是增列《商标法实施条例》第八十四条作为法律依据。二是明确商标代理机构范围。增加"未备案的，但经市场监督管理部门登记时标明从事商标代理、知识产权代理等业务的主体，或者未在市场监督管理部门登记标明从事商标代理等业务但有实际证据证明其从事商标代理业务的，视同商标代理机构"（见该章2）。三是对代理服务的内容进行了补充说明（见该章3）。

14. 修订和补充了损害他人在先权利的审查审理相关内容（下编第十四章"损害他人在先权利的审查审理"）

该章是对《商标法》第三十二条前半段内容"申请商标注册不得损害他人现有的在先权利"在商标审查审理程序中适用的说明。《指南》在《标准》下篇第四部分"损害他人在先权利审理标准"的基础上，重新编排，修订并补充了相关内容：

一是依据《民法典》《反不正当竞争法》等相关法律的制定、修改，修订了姓名权、肖像权的具体表述（见该章3.4、3.5），将"知名商品特有名称、包装、装潢"改为"有一定影响的商品或者服务名称、包装、装潢"并对应调整内容（见该章

3.7)。

二是修订了判断系争商标与外观设计相同或者近似的标准,基于对侵权后果的考虑,将"系争商标的注册与使用容易导致相关公众产生混淆,致使在先专利权人的利益可能受到损害"作为判断系争商标是否损害在先外观设计专利权的要件之一。在判断混淆可能性时,既可以就系争商标与外观设计的整体进行比对,也可以就系争商标的主体显著部分与外观设计的要部进行比对(见该章3.3.2)。

三是增加"地理标志"作为独立的在先权利类型,明确适用要件及法条竞合关系(见该章3.6)。

四是明确有一定影响的商品或者服务名称、包装、装潢属于在先权利的范畴(见该章3.7),作品名称、作品中的角色名称应作为"其他应予保护的合法在先权益"加以保护(见该章3.8)。

15. **修订和补充了抢注他人已经使用并有一定影响的商标审查审理相关内容(下编第十五章"抢注他人已经使用并有一定影响商标的审查审理")**

该章是对《商标法》第三十二条后半段内容"申请商标注册……,也不得以不正当手段抢先注册他人已经使用并有一定影响的商标"在商标审查审理程序中适用的说明。《指南》在《标准》下篇第五部分"抢注他人已经使用并有一定影响商标审理标准"的基础上,修订并补充了相关内容:

一是进一步明确《商标法》第三十二条中的"他人已经使用并有一定影响的商标"为未注册商标,包括"在系争商标申请日前未提出商标注册申请或者注册期满未续展丧失商标专用权的商标"(见该章2)。

二是完善适用考虑因素。指出认定是否构成"抢注他人已经使用并有一定影响的商标"的情形应对"一定影响"的程度和"不正当手段"的情形予以综合考虑(见该章3)。

三是取消商标使用需在中国的限制。不再要求"已经使用并有一定影响"中的商标在中国已经在先使用(见该章4.1、4.2)。

四是明确不得作为商标使用的标识,不能认定为"已经使用并有一定影响的商标"(见该章4.1)。

五是完善"不正当手段"的判定考虑因素。将系争商标申请人与在先使用人的磋商情况、亲属关系,在先未注册商标的知名度等因素列入判定"不正当手段"的考虑因素中(见该章5)。

16. **完善了关于《商标法》四十四条第一款"以欺骗手段或者其他不正当手段取得注册"的审查审理相关内容(下编第十六章"以欺骗手段或者其他不正当手段取得商标注册的审查审理")**

该章是对《商标法》第四十四条第一款具体适用的说明。《指南》对《标准》下篇第六部分"以欺骗或者其他不正当手段取得商标注册审理标准"相应内容进行了一定的完善。

一是在广泛吸纳各界意见基础上,增加了"在商标异议和不予注册复审程序中可参照适用"该章标准的规定（见该章2）。

二是增加了《商标法》第四十四条第一款"适用的限制"，"根据在案证据能够适用商标法其他条款对系争商标不予注册或宣告无效的，不再适用《商标法》第四十四条第一款，恶意明显的例外"。考虑到实践中存在部分申请人滥用该条款，《指南》因此增加了上述该条适用的限制，避免打击恶意的最后条款"口袋化"，虚化其他条款的适用（见该章3.2.4）。

17. 完善了撤销注册商标案件的审查审理相关内容（下编第十七章"撤销注册商标案件的审查审理"）

《指南》在《标准》下篇第七部分"撤销注册商标案件的审查审理"基础上，进一步理顺撰写体例，将是否存在自行改变注册商标情形的判定和是否自行改变注册人名义、地址或者其他注册事项的判定合并撰写，调整了"连续三年不使用注册商标情形的判定"（见该章5）内容编排。并完善了具体内容：

一是细化"是否存在注册商标成为其核定使用商品的通用名称情形"的判定规则（见该章4.2）。

二是完善商标使用的判定标准，适应实践发展需要，明确非规范实际使用商品构成核定商品上使用的情形，指出"系争商标实际使用的商品未在中国境内流通而直接出口的，可以认定构成核定商品的使用"（见该章5.2）。

三是充实商标使用的具体表现形式。将互联网、电商平台交易单据、交易记录纳入商标使用的判定中（见该章5.3、5.4）；将商标使用"体现在国家机关、检测或鉴定机构及行业组织出具的法律文书、证明文书上"增列为商标使用的具体表现形式（见该章5.4）。

18. 完善了《商标法》第五十条适用的标准（下编第十八章"《商标法》第五十条的审查审理"）

该章除在《标准》上篇第十部分"关于《商标法》第五十条的适用规定"基础上进一步规范表述外，还对《商标法》第五十条的适用范围、适用情形和时限计算方式予以细化（见该章3）。

19. 明确了审查意见书的适用（下编第十九章"审查意见书"）

《指南》该章相较于《标准》上篇第十一部分"审查意见书的适用"对应内容，明确指出"审查意见书签发之日起至商标注册申请人或其代理人提供补充证据或补正文件之日止的期间，不计入商标审查期限"（见该章2），并列举了审查员可以通过发出审查意见书的形式，要求申请人做出说明或者修正的17种具体情形和兜底情形（见该章3）。